本书受教育部人文社科青年项目"电商普惠对农村居民消费能力提升的影响研究"（项目编号：21XJC790006）、四川农业大学马克思主义理论与思想政治教育专项"唯物史观视野下中国共产党土地制度改革研究"（项目编号：2021ZDM05）资助

新时代"三农"问题研究书系

城乡关系演变下农村产业融合发展机制研究

CHENGXIANG GUANXI YANBIAN XIA
NONGCUN CHANYE RONGHE FAZHAN JIZHI YANJIU

刘明辉 ○ 著

西南财经大学出版社
Southwestern University of Finance & Economics Press
中国·成都

图书在版编目(CIP)数据

城乡关系演变下农村产业融合发展机制研究/刘明辉著.—成都:西南财经大学出版社,2022.8
ISBN 978-7-5504-4585-7

Ⅰ.①城… Ⅱ.①刘… Ⅲ.①农业产业—产业发展—研究—中国 Ⅳ.①F323

中国版本图书馆 CIP 数据核字(2022)第 140653 号

城乡关系演变下农村产业融合发展机制研究
刘明辉 著

策划编辑:何春梅
责任编辑:周晓琬
责任校对:余 尧
封面设计:何东琳设计工作室
责任印制:朱曼丽

出版发行	西南财经大学出版社(四川省成都市光华村街55号)
网　　址	http://cbs.swufe.edu.cn
电子邮件	bookcj@swufe.edu.cn
邮政编码	610074
电　　话	028-87353785
照　　排	四川胜翔数码印务设计有限公司
印　　刷	郫县犀浦印刷厂
成品尺寸	170mm×240mm
印　　张	15
字　　数	268 千字
版　　次	2022 年 8 月第 1 版
印　　次	2022 年 8 月第 1 次印刷
书　　号	ISBN 978-7-5504-4585-7
定　　价	88.00 元

1. 版权所有,翻印必究。
2. 如有印刷、装订等差错,可向本社营销部调换。

前言

改革开放以来,"城市优先"成为我国推动经济增长的主要战略抓手,为我国经济取得瞩目成就发挥了举足轻重的作用。但是,由于绝大多数劳动力、资本、土地等要素集聚在城市,诱发了农村地区农村产业空心化、农村留守人口老龄化、农村从业人员女性化、农村环境治理无序化等系列"乡村病"。因此,城乡融合、农村产业融合是我国进入新时代实现高质量发展和区域协调的客观要求,也是推动农业农村现代化的执本之举,亟待推进。

新中国成立初期,我国城乡关系在多数时间处在分离状态。城乡统筹的发展路线在我国肇始于2003年的十六届三中全会。2012年,党的十八大提出进一步推动城乡发展一体化。进入新时代,党的十九大指出我国社会主要矛盾已经发生转变,强调通过实施乡村振兴战略,扭转城乡发展不平衡、农村发展不充分的局面,补足全面建设小康社会短板。乡村振兴是党和政府对新时代城乡关系发展的深刻认识,旨在从根本上解决我国农业不发达、农村不兴旺、农民不富裕的"三农"问题。其中,推动农村"产业兴旺"是推进乡村振兴的战略重点。

城乡关系演变的各个阶段都需要关注农业发展问题。农业是国民经济的基础,肩负着保障粮食安全、保护生态环境、保证数亿农民就业和增收的重要使命。然而,当前我国农业仍未能从根本上改变粗放的生产方式,加之农业生产比较优势的渐趋衰退、国内外农产品价格倒挂以及农业生产的立体式污染等问题,对我国农业发展形成了巨大冲击,构成了实现农业现代化的极大挑战。如何降低农业生产成本、提高农业经济收益、破解农民增收困境以及盘活农村生产要素等成为农业现代化的先决条件。当下,信息技术的迅猛发展加速冲击着传统的生产模式,新一轮的信息、技术为农村产业发展带来前所未有的发展机遇,农村产业融合已成为突破传统农业发展方式的重要途径。

目前，我国农业与二三产业之间的融合趋势向好，尤其是第二产业对农业的中间投入已有较大提升。但是，我国农村产业融合仍处在起步发展阶段，仍存在诸多问题，如产业链脱节、要素链脱钩、利益链不完善、融资难度大、税收支持力度不够、公共产品供给不足等严重束缚了农村产业的深度融合。从整体上看，产业融合链的断裂或融合体制的脆弱多可归结于政府、市场和经营主体三个层面。因此，本书在城乡关系演变背景下从"政府、市场、经营主体"三个维度研究农村产业融合发展作用机制，并在此基础上提出推动农村产业融合发展的政策建议，对我国走出传统产业分工、剥离传统农业落后的生产方式、提升农产品附加值、实现农业现代化具有重要意义。

本书受教育部人文社科青年项目"电商普惠对农村居民消费能力提升的影响研究（21XJC790006）"、四川农业大学马克思主义理论与思想政治教育专项"唯物史观视野下中国共产党土地制度研究（2021ZDM05）"项目资助。感谢我的导师刘灿教授，感谢导师在本书写作中给予的指导和帮助，也要感谢西南财经大学政治经济学研究所各位老师的教导和指点，同时也对给予我帮助的老师、同学和家人表示感谢！

刘明辉
2022 年 3 月

目录

1 导论 / 1

1.1 选题背景与研究意义 / 1
1.1.1 选题背景 / 1
1.1.2 研究意义 / 3

1.2 国内外文献综述 / 5
1.2.1 国内外关于城乡关系的研究 / 5
1.2.2 国内外关于农村产业融合发展的研究 / 14
1.2.3 研究述评 / 21

1.3 核心概念界定 / 22
1.3.1 城乡关系 / 22
1.3.2 城乡关系演变 / 22
1.3.3 农村产业融合 / 23
1.3.4 农村产业融合发展 / 24

1.4 研究思路与研究内容 / 25
1.4.1 研究思路 / 25
1.4.2 研究内容 / 26

1.5 研究方法 / 27

1.6 可能的创新点与不足 / 28
1.6.1 可能的创新点 / 28
1.6.2 可能的不足 / 29

2 理论基础与理论框架 / 31

2.1 理论基础 / 31

2.1.1 马克思主义城乡关系理论 / 31
2.1.2 二元经济理论 / 37
2.1.3 产业组织理论 / 44
2.1.4 交易费用与产权理论 / 48
2.1.5 分工与产业融合理论 / 54

2.2 基于"政府、市场、经营主体"三个维度的分析框架 / 58

2.2.1 政府政策支持与制度供给 / 58
2.2.2 要素市场配置 / 61
2.2.3 经营主体功能 / 63
2.2.4 政府、市场与经营主体的逻辑关系 / 64

2.3 "三个维度"分析框架的说明 / 64

3 "政府"维度的农村产业融合发展机制分析 / 66

3.1 政府、市场与经营主体关系辨析 / 66

3.1.1 政府与市场的关系 / 66
3.1.2 政府、市场作用下的经营主体 / 69

3.2 政府推动农村产业融合发展的经济学解释 / 73

3.3 政府推动农村产业融合发展的机制分解 / 77

3.3.1 产业政策支持与农业补贴 / 79
3.3.2 农业基础设施建设 / 83
3.3.3 打造公共服务平台 / 85
3.3.4 创新金融扶持 / 86
3.3.5 产权确认与保护 / 89

3.4 小结 / 92

4 "市场"维度的农村产业融合发展机制分析 / 93

4.1 要素市场机制与农村产业融合发展 / 93

4.2 要素市场的价格机制 / 94

4.2.1 土地市场的价格机制 / 95
4.2.2 劳动力市场的价格机制 / 98
4.2.3 资本市场的价格机制 / 100
4.2.4 技术市场的价格机制 / 101

4.3 要素市场的竞争机制 / 102

4.4 要素市场的信息机制 / 104

4.5 小结 / 107

5 "经营主体"维度的农村产业融合发展机制分析 / 108

5.1 政府与市场约束下经营主体理性行为分析 / 108

5.1.1 政府与市场的约束作用 / 108
5.1.2 双重约束下经营主体的有限理性行为 / 109

5.2 农村产业融合发展中经营主体之间的行为博弈 / 111

5.2.1 农户与农户之间的博弈分析 / 111
5.2.2 农户与企业之间的博弈分析 / 112
5.2.3 企业、合作组织与农户之间的博弈分析 / 113
5.2.4 家庭农场与合作社之间的博弈分析 / 115
5.2.5 概括性总结 / 116

5.3 "经营主体"行为与农村产业融合发展 / 116

5.4 小结 / 119

6 中国城乡关系演变下农村产业融合发展的历史进程与基本经验 / 120

6.1 中国城乡关系与农村产业融合进程 / 120
6.1.1 典型事实 / 120
6.1.2 阶段划分 / 125
6.1.3 "政府、市场、经营主体"三个维度的阶段性阐释 / 127
6.1.4 概括性总结 / 128

6.2 城乡二元分割阶段的农村产业融合发展 / 129
6.2.1 城乡二元分割阶段的典型事实 / 129
6.2.2 城乡二元分割阶段农村产业融合发展概况 / 133
6.2.3 "政府、市场、经营主体"三个维度的阶段性阐释 / 134
6.2.4 概括性总结 / 137

6.3 城乡关系缓和阶段的农村产业融合发展 / 137
6.3.1 城乡关系缓和阶段的典型事实 / 137
6.3.2 城乡关系缓和阶段农村产业融合发展概况 / 141
6.3.3 "政府、市场、经营主体"三个维度的阶段性阐释 / 142
6.3.4 概括性总结 / 146

6.4 城乡一体化的农村产业融合发展 / 148
6.4.1 城乡一体化阶段的典型事实 / 148
6.4.2 城乡一体化阶段农村产业融合发展概况 / 150
6.4.3 "政府、市场、经营主体"三个维度的阶段性阐释 / 151
6.4.4 概括性总结 / 154

6.5 小结 / 154

7 "政府、市场、经营主体"维度的中国农村产业融合发展实证检验 / 156

7.1 理论推导 / 157

        7.1.1　两种极端情境的考察 / 158
        7.1.2　一般情境考察 / 158
        7.1.3　农业生产的考察 / 159
    7.2　**农村产业融合发展水平的测度** / 160
    7.3　**模型构建与数据说明** / 165
        7.3.1　政府干预与农村产业融合发展 / 165
        7.3.2　市场化与农村产业融合发展 / 174
        7.3.3　农业经营主体成长与农村产业融合发展 / 176
    7.4　**小结** / 179

8　**国外农村产业融合发展的经验借鉴** / 181
    8.1　**日本农村产业融合发展的经验** / 181
        8.1.1　日本农村产业融合发展的基本现实 / 181
        8.1.2　日本农村产业融合发展的经验性事实 / 184
        8.1.3　日本农村产业融合发展的基本经验 / 186
    8.2　**韩国农村产业融合发展的经验** / 187
        8.2.1　韩国农村产业融合发展的基本现实 / 187
        8.2.2　韩国农村产业融合发展的经验性事实 / 189
        8.2.3　韩国农村产业融合发展的基本经验 / 190
    8.3　**法国农村产业融合发展的经验** / 190
        8.3.1　法国农村产业融合发展的基本现实 / 190
        8.3.2　法国农村产业融合发展的经验性事实 / 192
        8.3.3　法国农村产业融合发展的基本经验 / 195
    8.4　**荷兰农村产业融合发展的经验** / 195
        8.4.1　荷兰农村产业融合发展的基本现实 / 195
        8.4.2　荷兰农村产业融合发展的经验性事实 / 198
        8.4.3　荷兰农村产业融合发展的基本经验 / 199

8.5 美国农村产业融合发展的经验 / 199

 8.5.1 美国农村产业融合发展的基本现实 / 199

 8.5.2 美国农村产业融合发展的经验性事实 / 201

 8.5.3 美国农村产业融合发展的基本经验 / 202

8.6 小结 / 203

9 研究结论与政策建议 / 204

9.1 研究结论 / 204

 9.1.1 政府的制度供给与政策支持是农村产业融合发展的重要保障 / 204

 9.1.2 要素市场扭曲是制约农村产业融合发展的重要原因 / 205

 9.1.3 经营主体之间通过竞争与合作机制推动着农村产业融合发展 / 206

 9.1.4 我国实现农村产业融合发展需要从政府、要素市场与经营主体等多方面着手 / 206

 9.1.5 城乡关系演变与农村产业融合发展之间存在双向效应 / 207

9.2 政策建议 / 207

 9.2.1 深化体制机制改革，强化政府制度供给与服务 / 208

 9.2.2 大力促进竞争有效要素市场形成 / 209

 9.2.3 强化经营主体地位，优化经营主体功能 / 211

参考文献 / 214

1　导论

1.1　选题背景与研究意义

1.1.1　选题背景

党的十九大报告指出中国特色社会主义进入新时代，我国社会的主要矛盾已经转化为人民日益增长的美好生活需要和不平衡不充分的发展之间的矛盾。其中，城乡二元结构是这一矛盾的突出表现，并导致我国区域平衡发展和可持续发展的空间收窄。针对这一难题，党的十九大提出"乡村振兴战略"，以扭转城乡发展不平衡、农村发展不充分的局面，补齐全面建成小康社会的短板。2003年，党的十六届三中全会就明确提出"统筹城乡发展"，2012年，党的十八大报告提出"推动城乡发展一体化"，再到十九大报告提出的"城乡融合发展"，历次城乡关系的再述都体现了我国城乡关系的阶段特征和发展要求，是我国对城乡关系发展的深刻认识（刘明辉，卢飞，2019）。改革开放以来，我国经济取得了长足发展，但"城市偏向"[①]的发展战略在引致大量劳动力、资本、土地等要素向城市聚集的同时也诱发了农村产业空心化、农村留守人口老龄化、农村从业人员女性化、农村环境治理无序化等一系列"乡村病"，因此，解决好农业、农村和农民问题刻不容缓。这就要求打破传统工业化理念，走出传统的城乡产业分工模式，转变农业发展方式，开发农业多功能，延伸农业产业链、价值链，以农村产业融合发展实现乡村产业振兴，推动城乡融合发展。

我国是人口和农业大国，"三农"问题是关系国计民生的根本性问题。农业是国民经济的基础，肩负着保障粮食安全、保护生态环境、保证数亿农民就

---

① "城市偏向"是指政府为了实现特定目标而实施的一系列偏向于发展城市部门的政策。

业和增收的重要使命。然而，农业作为基础性行业仍未能从根本上改变粗放的生产方式，加之人民对农产品的消费需求的不断升级，引致落后的农业生产方式的可持续区间急剧收窄，对农业产业的发展形成了极大挑战。因此，推动实现农业现代化是我国构建现代化经济体系和全面建成社会主义现代化强国的关键举措。当前我国农业发展面临着严峻挑战，比如，部分地区粮食生产由微利转为亏损，农业生产要素比较优势下滑，多数农产品国内外价格倒挂，农业立体式污染、农村空心化、农业劳动力老龄化等问题凸显，究其原因就在于农业生产成本的提高和农业生产收益率低，农业发展仍是制约实现社会主义现代化的短板，如何激活农村要素资源、降低农业生产成本、提高农业经济收益以及破解农民增收困境等问题亟待解决。

随着信息技术的快速革新，新一轮的信息技术发展为农村产业发展带来历史机遇，产业融合发展已成为突破传统产业经济发展的重要途径。从国际上看，日本的六次产业化、法国的乡村旅游、韩国的新村运动在促进农村产业融合发展方面取得显著成效，这些做法都是在农村地区进行一二三产业的深度融合，让农民分享到二三产业的附加值，从而达到振兴农业和农村经济的目的。我国"十二五"时期末以来，党和政府高度重视农村产业发展问题。2015年正式提出推动农村一二三产业融合发展，之后，有关农村产业融合发展政策陆续出台，农村产业融合发展试点工作也取得一定成效，党的十九大、2018年的中央一号文件以及中央农村工作会议均强调要促进农村产业融合发展，拓展农业多功能，延伸农业产业链、价值链，以多种利益分配方式让农民分享产业融合的增值效应。农村产业融合发展不仅是由我国新时代农村发展的基本现实决定，也是我国城乡关系演变进程的客观要求，因此，我国农村产业融合发展亟待推动。

然而，目前我国农村产业发展滞后，产业融合发展程度较低，制约农村产业融合发展的体制机制障碍亟待打破。当前我国的市场经济体制还不完善，尤其是生产要素市场发展严重滞后，要素市场机制扭曲突出，由此引起了城乡之间、产业之间、地区之间的要素流动瓶颈、要素集聚功能受限、交易成本高昂等问题。在政府与市场的关系中，存在政府过度干预要素市场的问题，突出表现在，财政分权下地方政府在要素市场配置资源的过程中进行不当干预，拥有较强的控制权，对要素价格的定价范围过宽，定价机制不公开、不透明；也存在政府在维护市场秩序和建设市场规范中的缺位问题，体现在城乡之间的户籍壁垒、公共服务供给不均等、产权制度不健全等方面。而在经营主体层面，经营主体作为农村产业融合发展的直接推动力，却面临着主体组织化程度低、市场应对能力弱、利益链不完善、产业链脱节、要素链脱钩、融资难度大、税收支持力度不够、公共产品供给不足等问题，制约着经营主体功能的有效发挥。可以看出，我国农村产业融合发展滞后是受多重因素影响的，既有市场因素的制约，也有体制机制的约束，因而，如何深化体制改革、完善政府政策支持、推动机制创新、提升经营主体功能对推动我国农村产业融合发展具有重要意义。

本书认为，在对农村产业融合发展机制进行研究时，需要分析政府作用机制、要素市场配置以及经营主体有限理性行为等。为此，本书立足城乡关系演变的背景，运用城乡关系理论、二元结构理论、产业组织理论、交易费用与产权理论、分工与产业融合理论等相关理论，构建了一个政府、市场、经营主体三个维度的分析框架，研究我国城乡关系演变下农村产业融合发展机制及其内在规律，在理论与实证分析的基础上，借鉴国际经验，并结合我国的具体国情从政府、市场、经营主体三个维度提出相应的政策建议，以期丰富和拓展农村产业振兴和城乡融合发展的研究。

1.1.2 研究意义

1.1.2.1 理论意义

20世纪40年代，张培刚（Zhang，1949）在"Agriculture and Industrialization"一文中探讨了落后农业国实现工业化和现代化的问题，提出"农业国工业化"理论，论述了农业与工业在工业化过程中的地位、作用与相关关系，认为工业化不应以排斥农业、牺牲农业为代价，而是农业现代化和农村工业化的过程，并基于这一思想开启了农业产业化的研究。20世纪50年代，国外学者戴维斯和高柏（Davis & Goldberg，1957）在 A Concept of Agribusiness 一书中提出"Agribusiness"这一新概念，其最初的含义为农业的生产、加工、运销三方面的有机结合或综合，这一研究有效解释了工业经济时代的农业发展规律。20世纪70年代，不断发展的信息技术渗透到各产业间，出现产业交叉、产业融合、产业边界模糊的现象，传统的产业分工理论难以解释新经济问题，学者们关注到这种产业融合现象，并在学术研究上发展形成产业融合理论。产业融合首先出现的是在信息通信业，随着产业间的渗透融合，农业与相关产业的融合逐渐兴起。高新技术对农业领域的融合以及农业与二三产业的融合，逐渐成为现代农业发展的方向，客观需要促使农业创新发展。

第一，现有关于产业融合发展的文献多集中在融合现状、融合方式、融合效应等方面，涉及农村产业融合发展的研究还不多见，鲜有结合城乡关系演变背景研究农村产业融合发展机制的文献。本书将以城乡关系理论、二元结构理论、产业组织理论、交易费用与产权理论、分工与产业融合理论为基础,尝试构建"政府、市场、经营主体"三个维度的农村产业融合发展机制的理论分析架构,以期在阶段性、差异化的农村产业融合发展机制分析基础上探索一般性的农村产业融合分析框架,对产业融合理论做出进一步的拓展。

第二,现阶段我国推行的农村产业融合发展是对农村工业化、农业产业化等发展理念的拓展和升华,通过将新的现代生产要素引入传统农业部门,来激发农村农业发展的新活力,打破传统工业化理念,走出传统的城乡产业分工。因此,从多维度分析农村产业融合发展机制,对改造传统农业理论以及促进农业发展理论的创新有所贡献。

第三,城乡关系演变具有阶段性特征,现阶段我国城乡关系要走城乡融合发展之路。乡村产业兴旺成为推动城乡融合发展的经济基础,以农村产业融合发展助推城乡关系逐步走向融合,也有助于丰富和进一步拓展城乡关系理论。

1.1.2.2 现实意义

2017年,党的十九大提出"乡村振兴战略",明确指出要坚持农村农业优先发展,推动农村一二三产业融合发展。2018年,中央农村工作会议提出要走中国特色社会主义乡村振兴道路,强调要推动农村产业融合发展,重塑城乡关系,走城乡融合发展之路。2019年的中央一号文件再次强调发展壮大乡村产业,加快发展乡村特色产业、现代农产品加工业、乡村新型服务业,以及推进"互联网+农业"的数字乡村战略。农村产业融合发展是新时代构建农村"三新"(新产业、新业态、新模式)发展格局的关键路径,是促进农民增收、提振乡村经济、优化农村环境、提升农村居民幸福感的重大举措,是转变农业发展方式的核心动力。农村产业融合发展不仅是实现乡村振兴的"方法论",更是为矫正我国长期以来存在的"城乡二元结构"提供了重要动力。本书从"政府、市场、经营主体"三个维度构建起农村产业融合机制的一般性分析框架,并分析"三个维度"的我国农村产业融合发展的形成机理,在此基础上提出以深化体制改革、增强政府支持和制度供给、促进要素市场配置和培育壮大新型经营主体为核心思想的政策建议,对推动我国农村产业融合发展具有一定的现实意义。

第一,从多维度研究农村产业融合发展,对实现我国乡村产业兴旺目标有重要的应用价值。农村产业"接二连三,隔二连三"利于构建农村"三新"(新产业、新业态、新模式)发展格局。基于城乡关系走向融合的背景,本书研究了我国农村产业融合发展的基本现实、历史经验以及现实困境,对深刻地认识和理解我国农村产业融合发展的体制约束、市场约束以及现实因素具有一定的现实意义。

第二，本书对"政府"维度的农村产业融合发展的作用机制进行研究，有助于认识政府制度供给与服务对农村产业融合发展的重要性，对健全政府的政策支持框架和服务功能具有重要现实意义。本书具体从产业政策支持和农业补贴、基础设施建设、公共服务平台、产权确认与保护、金融支持角度分析政府制度供给与服务，有利于解决我国农村产业融合发展过程中存在的体制机制障碍、政府政策支持与服务不足等问题，有助于激发农村经济活力、促进乡村产业振兴。

第三，本书对"经营主体"维度的农村产业融合发展机制进行研究，有助于促进小农户与现代农业的有机衔接，让农民分享到产业融合发展的红利，将二三产业增值收益留在农村，解决农民持续增收难的困境。本书从主体组织化、利益联结机制、激励机制与共享机制角度分析经营主体的主体功能，有利于理解我国传统小农生产方式面临的生产、市场、政策、资本的弱势。分析中尤其注重如何保护小农户的利益问题，并对如何构建利益联机机制、共享机制，让农民分享到农业产业链、价值链延伸的红利提出有针对性的政策建议，具有重要的实践意义。

第四，本书对"市场"维度的农村产业融合机制构建进行研究，这对深入理解我国农村产业发展滞后现象，以及进一步发挥要素市场配置功能具有一定的现实意义。城乡二元体制下的要素流动瓶颈制约着乡村产业兴旺的新要素需求，新时代发展需要优化配置要素市场、促进城乡要素自由流动、发挥要素集聚功能带动农村产业融合发展，促进农业发展方式转变，振兴乡村经济，推动农业可持续发展。

1.2 国内外文献综述

1.2.1 国内外关于城乡关系的研究

1.2.1.1 国外关于城乡关系的研究

国外关于城乡关系的研究已经形成了一系列的经典理论，本书此部分主要梳理了马克思主义学者和发展经济学的学者对城乡关系的研究，为研究我国城乡关系演变的相关问题奠定理论基础。

(1) 马克思主义学者对城乡关系问题的研究

马克思、恩格斯对城乡关系的研究比较完整，诸多精辟的阐释体现在《1844经济学哲学手稿》《德意志意识形态》《共产党宣言》《英国工人阶级状况》《政治经济学批判》《资本论》等一系列经典著作中（李萍，安康，2010）。20世纪中期，马克思、恩格斯从生产力与生产关系的辩证关系角度分析城乡关系发展的客观规律，深刻地分析了资本主义国家城乡关系对立的根本原因，并阐释了城乡对立的消除、实现城乡融合与生产力水平、生产关系变革之间的规律性，在城乡关系发展的趋势上，认为是由初始的城乡混合过渡到城乡分割对立，再到城乡融合阶段的"合—分—合"演变过程。恩格斯（1973）在《共产主义原理》一书中提出"城乡融合"思想，认为城乡融合在消除工农的阶级差别、消除城乡人口分布不均的基础上，最终能够实现城乡共享社会文明与财富以及城乡共同发展。马克思（1995）在《政治经济学批判》中提出"乡村城市化"，他认为社会的不协调是城乡对立的直接原因，只有通过生产力的发展最终才会达到一种新境界，即当生产力发展到一定水平时，"城市和农村之间的对立也会消失"（马克思，恩格斯，1995）。马克思、恩格斯（1995）从分工角度分析通往"城乡融合"的路径，指出"通过消除旧的分工……使全体成员的才能得到全面的发展"。可以看出，马克思、恩格斯研究城乡关系的最终目标是实现城乡融合与人的全面自由发展。列宁（1995）认为城乡差别产生的主要原因是生产力发展水平的落后，其次还与商品经济的发展、农业生产的特性相关。他指出城乡对立是农村经济和文化落后的深刻原因之一，并强调要消灭工农差别。斯大林则认为要重视农业经济的发展、农户利益的保护以及工农联盟，因为社会主义制度是消灭工农差距、城乡对立的基础。马克思主义经典作家的思想和理论阐释了城乡对立的原因与表现形式、城乡融合的途径，对我国新时代重塑城乡关系、推动城乡融合发展、振兴乡村经济具有重要启示意义。

随着经济社会发展的变化，当代马克思主义学者认识到传统的理论难以解释城乡关系发生的新变化，于是他们在传统的马克思主义城乡关系理论的基础上，引入"空间"要素深入研究城乡关系问题。在《资本论》中，空间被看作是生产进行的载体，而非生产要素，因此马克思主义基本原理中对城市问题的研究并不占中心地位（Merrifield，2002）。18世纪中期以来的产业革命和科技革命改变了欧洲生产力布局，引致欧洲资本主义城市发生变革和人口涌向大工业城市，层出不穷的社会经济新现象催生了人们对一些新问题的研究思潮。尤其是城市地理分布格局以及城市内部生产形态的转变使人们开始关注城市问题。在此基础上，一些学者将传统的马克思主义基本原理引入到对新问题的阐释上，形成了新马克思主义，在针对城市问题的探讨上则形成了新马克思主义城市理论。在新马克思主义城市理论中，学者主要借助了马克思主义基本原理中的"生产决定消费、生产决定分配"的基本逻辑，以及"资本积累、资本循环"等的基本原理对城市的新问题给予解释。

列斐伏尔（Lefebvre，1991）整体上回答了资本主义发展的缘由、城市的变迁以及城市的最终归宿等问题。在列斐伏尔的著作《城市权利》中，他首先将"空间"看作是生产方式的内生产物，并将其认为是一种用于生产剩余价值的生产资料，正是空间这种生产方式成为资本主义原始积累的重要来源。在此基础上，列斐伏尔提出了空间三元一体的框架，具体的包括生产生活空间、生产生活空间之外受意识支配的空间以及意识被支配的空间，简单而言，即自然、精神和社会。他指出资本主义发展的原因在于空间生产，随着生产的进展，城市规模不断演变。但是在最终的归宿上，列斐伏尔将城市的空间规划等看作是资本主义进行社会分割、空间分割的工具，认为城市的发展需要最终落到社会主义制度下。

哈维（Harvey，1985）在空间生产理论的基础上，提出了资本在空间的转移规律，借鉴马克思"资本循环"和"再生产"理论，哈维指出了资本的三次循环过程，分别是投入到商品生产、建成环境以及公共事业等。此外，哈维在列斐伏尔空间三元一体的框架下，按照物质、资本、信息，以及社会关系等对其进一步划分。

卡斯泰尔与列斐伏尔、哈维的探讨视角不同。卡斯泰尔（Castells，1977）受结构马克思主义的影响，他将城市的功能主要界定为满足消费。在国家资本主义发展的大背景下，他认为"集体消费"是劳动力生产和进行再生产的重要保障，城市的发展需要首先满足消费，这种消费包括基础设施、文化设施等公共事业，因此要促进城市经济发展，就应该保障社会公共事业的"集体消费"。否则社会消费无法满足，就会出现消费危机，这时就需要争取更多的"空间权利"来实现社会消费效用的最大化，因此其最终归宿也落在社会运动上。整体上看，新马克思主义城市理论给出了具体化的城市经济的马克思主义理论分析框架（Gottdiener，1994），但是由于其缺乏联结宏观和微观的多层次理论，以及将阶级利益被看作城市经济的根本原因也被部分学者诟病（Pichvance，1995）。另外，还有部分学者指出了新马克思主义城市理论结构决定论的缺陷，即缺乏对人的意志以及城市具体的发展背景的考察，他们认为仅从资本积累、消费等的角度来考察是并不完善的。

（2）发展经济学者对城乡关系的研究

发展经济学是在20世纪40年代末期兴起的以发展中国家经济发展为研究对象的一门新兴学科，按照发展经济学的理论进展，可以将其演变进程分为三个阶段：第一个是20世纪40年代末期至60年代初期，以结构主义思想为基础的阶段；第二个是20世纪60年代中期至70年代末期，以新古典主义思想为基础的阶段；第三个是20世纪80年代后，强调法律、制度、历史等非经济因素对经济发展作用，以新古典政治经济学思想为基础的阶段。结合发展经济学学者对城乡关系相关问题的研究，本书将其分为20世纪50—60年代与20世纪70年代之后的两个阶段：前一阶段注重对城乡二元结构特征的研究；后一阶段则针对城乡平衡发展展开研究，在研究框架内引入制度因素，强调制度因素的重要性，并拓展到社会学、政治学等多学科范围的研究。

一是20世纪50—60年代关于城乡二元结构的研究。这一时期学者们从劳动力转移、资本积累、技术选择、地理发展等角度展开研究发展中国家出现的二元结构现象，提出了多种二元结构理论。1953年，伯克（Boeke，1953）在"Economics and Economic Policy of Dual Societies as Exemplified by Indonesia"一文中分析了印度尼西亚的社会二元结构特征：一是资本主义的传统社会；二是资本主义现代部门，两者不同的经济制度、社会文化制度导致传统部门、现代部门之间存在两种截然不同的行为模式。1954年，刘易斯（Lewis，1954）在"Economics Development with Unlimited Supply of Labour"一文中首次提出了发展中国家的"二元经济"模型，他认为发展中国家存在着性质完全不同的传统农业部门与现代部门，两部门的差别不仅是生产力与收入的不同，同时还表现在生产方式、经济性质、经济运行机制等方面。他认为要消除二元结构，就是要通过发现现代工业，推动农村剩余劳动力充分的转移，从而实现经济二元结构向一元结构的转化。1961年，费景汉和拉尼斯修正了刘易斯的二元结构模型，认为要实现两部门劳动生产率同步提高，以工农业的平衡发展实现二元结构的转换（Fei & Rains，1961）。乔根森（Jorgenson，1961）认为农业剩余的产出是工业部门增长的基础和前提，构建了著名的乔根森模型，探讨了工业部门的增长如何依赖农业部门的发展。1957年，缪尔达尔提出"地理二元结构"理论，运用"扩散效应""回流效应""循环积累因果关系"等解释二元结构的成因，赫希曼（1991）的"不平衡发展理论"、佩鲁（Perroux，1950）的"增长极"都强调了"城市中心论"。上述研究从不同角度探讨了城乡二元结构的原因、性质以及转化途径，多数强调以城市为中心、以城市带动农村的非均衡发展理念，这种具有城市偏向的思路不利于城乡协调发展。

二是 20 世纪 70 年代后关于城乡平衡发展的研究。20 世纪 70 年代以来，学者们发现传统的二元结构理论难以解释发展中国家的现实问题，因而从分工组织、市场分割、制度变迁以及社会学、政治学等角度拓展了传统的二元结构理论。利普顿（Lipton，1977）指出"城市偏向"的城乡关系，强调政府的过分保护政策将引起不公平的城乡关系。在对城乡关系的反思上，施特尔和泰勒（stohr & Taylor；1981）提出以农村为中心的"自下而上"的发展模式，认为其是解决发展中国家城乡发展失衡的关键所在，而朗迪勒里（Rondinelli，1983）对此观点提出疑问，强调城乡要平衡发展。20 世纪 80 年代以来，学者们更关注城乡一体化发展，并且认识到制度、法律、历史等因素对城乡关系的重要影响。受到新制度经济学的影响，发展经济学家开始认识到制度因素的存在及变迁对经济增长和发展的影响，比如速水佑次郎、拉坦（2000）将诱致性技术变迁理论扩展到诱致性制度变迁理论，强调制度变迁对经济发展的促进作用，宾斯旺格等（Binswanger et al.，1993）等认识到土地制度对农业发展的重要影响，并将制度因素纳入分析框架重新构建农业经济发展模式，这些引入制度因素的研究对发展中国家的农业经济、工业化发展以及城乡平衡发展产生了重要作用。塔可尼（Tacoli，1998）强调城乡关系研究着重关注社会文化变动对城乡关系的影响。为了推动城乡平衡发展，日本学者岸根卓郎（1985）提出构建"自然—空间—人类系统"的城乡融合社会理论，道格拉斯（Douglass，1998）提出城乡相互依赖的"区域网络模型"，加拿大的麦基（McGee，1989）发现亚洲国家城乡之间的传统差别和城乡之间的地域界线日益模糊，认为"Desakota"城乡一体化模式是城乡两大经济地理系统相互作用形成的全新"空间形态"。肯尼斯（Kenneth，2005）强调城乡相互联系是通过一系列的"流""跨越空间"而实现的，认为城乡"资源分配"和"民生战略"可观城乡关系的复杂性。范等（Fan et al.，2005）认为应纠正具有城市偏向的政策推动农业增长，从而改善城乡关系。该阶段对城乡关系的研究逐渐从"城市偏向"转向城乡平衡发展，研究视域和方法更加具体和深入，丰富和发展了城乡关系理论，为发展中国家处理城乡关系提供了理论指导。

1.2.1.2 国内关于城乡关系的研究

（1）新中国成立初期至 20 世纪末的城乡关系研究

一是 1949—1978 年的城乡关系研究。这一时期为计划经济时期。在 1958 年我国正式建立了城乡分离的体制，加上国家实行重工业优先发展的战略，城乡经济社会矛盾不断加剧，从而导致城乡二元结构特征显著，主要表现为工农产品不平等交换、城乡要素难以自由流动、城乡居民的权利与发展机会的不均衡、农民没有自由选择就业的机会（吴丰华，韩文龙，2018）。工农关系作为城乡关系的实质和核心，党和国家如何认识和处理工农关系实际上就决定了城乡关系的演变趋势。这一阶段"抑农重工"的主张占主导地位，国内学者对城乡关系的理论与实践方面展开了研究，主流的观点是重工抑农、重城抑乡。何国文（1958）认为必须坚定不移地执行优先发展重工业的方针，这是我国经济建设的现实决定的。同时，政府和学者们也指出了农业发展的重要性，1956年，毛泽东在《论十大关系》中强调"要处理好重工业、轻工业和农业之间的关系"，强调必须要协调好各产业之间的关系，在重视农业、轻工业发展的基础上才能更好地发展重工业。"一五"计划完成时我国工农业都得到很大发展，但农业相对更加落后，于是在"二五"计划时期提出了"在优先发展重工业的基础上，发展工业和发展农业同时并举"的方针。黄世杰（1963）指出要通过树立全面支援农业、农村集体经济发展放在首位的思想，制定一个正确支持农业技术改革的规划，同时要不断提高产品质量、劳动力生产率等，从而实现工业全面支援农业发展。巩农（1974）认为要加强工业支持农业发展，为农业发展健全地方工业服务体系，同时协调好农业、轻工业、重工业之间的关系。

二是1979—1992年的城乡关系研究。这一时期为改革启动和实践探索时期，党和政府认识到农业发展落后的基本现实，逐渐开始了家庭联产承包制度改革、提高粮食收购价格、废除统购统销以及放松户籍管理制度等改革。这一系列的改革措施初步改善了"三农"问题，改革初期的城乡关系有所缓和，但是1984年推行以城市改革为重点的决定又导致城乡经济发展差距拉大，城乡二元矛盾日益深化。城乡分离问题受到学者们的高度重视，学者们主要围绕城乡二元结构的成因、城乡关系的特征与发展趋势、消除二元结构的路径等方面展开研究。卢文（1986）指出，改革开放后，农村和城市都进行了改革，旧体制机制的改革也推动城乡关系有了新的发展。他还指出农村剩余劳动力将在农村发展第二、第三产业中就地消化，农村地区形成了一大批小城镇，城乡之间产品流通加快等是城乡关系的特点和基本发展方向。陈志中、徐文华（1986）指出改革开放后城乡关系已由分割、封闭的结构特征逐渐转变为一体化的网络型结构，乡镇企业正是其中的"转换器"，推动着城乡一体化发展。唐仁建（1987）认为农工一体化是实现城乡利益相对平衡的最佳选择，乡镇企业发展为农业现代化积累了资金、增加了农民收入，建设小城镇等推动着城乡利益平衡，但是乡镇企业反哺农村和农业只在农村地区进行，只有通过乡村农业和城市工业在更大范围内实现"横向一体化"发展才能根本消除城乡利益矛盾。对于我国城乡二元结构的成因，1988年，农业部的调研报告《二元社会结构——城乡关系：工业化、城市化》分析得出我国的户籍、教育、就业、保险等制度造成了我国城乡二元结构。丁家新（1990）指出改革开放以来，多年的经济体制改革在一定程度上松动了原有的城乡二元关系，但是以城市和工业为重点的经济发展战略使得城乡矛盾进一步加深，主要表现为投资向城市和工业倾斜、财政支农资金减少、工农产品价格"剪刀差"重新扩大等。对于这一时期我国城乡协调发展的路径，吴敬琏、周小川（1988）认为工业在汲取农业剩余实现自我发展后，需要为农业提供技术改造，带动城乡经济良性循环发展。丁泽霁（1991）指出应该加快改革阻碍农村农业发展的经济环境，在城市改革中协调城乡关系，发展农业生产。易炼红（1992）认为城乡利益关系的不合理已经严重阻碍我国经济协调发展，需要从完善分配体制、加强城乡产业结构合理发展的规划与政策支持、完善户籍制度以及农副产品供给制度等方面推动城乡协调发展。李迎生（1992）认为城乡关系仍应以城市为主导，加速工业化和城市化进程，直到物质技术条件具备再实施城乡一体化。

三是1993—2000年的城乡关系研究。这一时期为构建社会主义市场经济体制时期，学者们主要对城乡关系矛盾的特征，城乡一体化发展的现状、模式以及实现路径等进行了研究。城乡矛盾主要表现在城乡收入和消费变动不协调、农村人口城市化缓慢、城乡社会关系的不和谐（周叔莲等，1994），要通过资源优化配置促进城乡工业形成合理的分工关系（陈吉元等，1994），促进城乡和工农协调发展，才能解决体制带来的城乡矛盾（韩俊，1996）。为了推动城乡一体化发展，石玉顶（1998）认为要打破城乡二元就业体制，建立城乡一体的劳动力市场，推动城乡劳动力"双向流动"格局形成。范从来等（2000）认为过去具有"城市偏向"的城市化道路导致了"城市病""农村病"，应该从可持续的角度出发，通过推行新的城乡产业分割和城市增长极布局，实现城乡协调发展。冯雷（1999）通过对各地城乡一体化发展模式实地考察，概括出我国城乡一体化发展的运行机制，提出深化城乡流通体制改革、城乡产权制度改革、户籍制度改革、行政体制改革等政策思路。张玲（1999）指出要通过深化农村改革、土地制度改革、乡镇企业向小城镇集中、户籍制度改革等推动城乡经济一体化。刘华玲（1999）认为我国二元经济结构具有结构失衡、产品单一、城市工业与农村农业之间对立的特点，要通过强化城市功能、深化改革城乡融合政策、打破经济发展的地方化、提高农村的经济素质等促进城乡经济一体化发展。王铁生、张桂林（1999）认为要通过推动农业产业化、科技兴农、完善市场体系、乡镇企业发展、小城镇建设等推动城乡一体化发展。

(2) 21世纪以来的城乡关系研究

21世纪以来,党和政府重视和着力推进"三农"工作,确立了工业反哺农业、城市支持农村的方针,把城乡统筹、城乡一体化发展作为我国经济社会发展的重要方略。学者们主要围绕城乡统筹与城乡一体化的内涵、影响因素、实现路径、问题分析等角度展开研究。

关于城乡统筹与城乡一体化的内涵。目前,主要从社会发展史(叶昌友等,2009;张定鑫等,2017)、区域协调、生态统一、经济一体化(陈钊等,2008;迟福林,2009)等角度丰富其内涵。袁志刚(2008)从资源配置角度定义,认为城乡统筹就是通过市场和政府两种资源配置方式使得城乡生产要素和城乡商品服务在空间上配置均衡。冯雷(2010)认为它是第一二三产业的协调发展,城乡人民共同富裕的动态过程。吴业苗(2010)则认为城乡一体化是城市化发展的"顶级阶段",它要求城乡协调发展的基础上通过新农村建设和农村城镇建设来逐步缩小城乡发展差距,并最终消解城乡二元结构,吴丰华等(2013)认为城乡一体化是指打破城乡分割、分离、分立的状态,从经济、社会、政治、文化、生态五个方面促进城乡共同发展,要从完善市场体系、促进机会均等、取消户籍限制、树立现代理念、构建生态文明五个本源性问题破解城乡二元结构。武小龙(2018)从生态学"共生理论"出发构建了新时代"城乡对称互惠共生发展"的解释框架,认为城乡对称互惠共生发展的实现,要遵循平等公正的对称性发展观念,实现双向合作的互惠性发展路径,形成"政治共享、经济共荣、文化共融、社会共建、生态共治"五位一体的城乡共生发展格局。

城乡一体化的影响因素也是学者们关注的热点。焦必方等(2011)从城乡经济、生活和医疗教育融合三个角度构建指标体系测算我国各地区的城乡一体化水平,研究结果显示长江三角洲地区城乡一体化水平整体上呈现下降趋势。刘红梅等(2012)构建了中国城乡一体化影响因素的时空引力模型,研究显示农业技术进步、耕地经营规模等因素对城乡一体化呈显著正效应,有城市偏向的城乡收入分配体制、固定投资体制等对城乡一体化呈负效应,区域当期城乡一体化在空间上存在示范效应。李志杰(2009)测度出2007年我国城乡一体化水平,认为城乡一体化与各地区的地理分布和地理状况呈现很大的关联性。王颂吉和白永秀(2013)认为在"以经济增长为中心"的发展战略及相关制度安排的影响下,地方政府对生产要素配置存在明显的非农偏向,由此造成的要素错配可能是导致我国城乡二元经济结构转化滞后的重要原因。项继权和周长友(2017)认为在当前及未来一段时间内改革的重点应该转移到农村，着力破除农村的封闭性，推动城市人口、资本、技术和公共服务下乡，最终实现城乡之间发展要素的自由流动和公共资源的配置均衡，促进工农协调发展和城乡协调发展。

关于实现城乡一体化的路径。陈伯庚和陈承明（2013）认为新型城镇化是城乡一体化的核心内容和关键环节，实现城乡一体化要破除城乡二元户籍制度，缩小城乡收入差距，实现城乡金融资源的均衡配置，确立农民的主体地位和平等权利。魏后凯（2016）认为城乡综合改革需要进一步深入，并提出通过完善城乡公共服务体系来达到城乡之间要素的合理流动和均衡配置。李建国和李智慧（2017）认为要坚持以人为本的原则、生态文明的理念来建设中国特色新型城镇。国务院发展研究中心农村部课题组（2014）认为推动城乡二元结构向城乡发展一体化转变需要从五个角度出发：解决好"三农"问题、保障农民公平分享土地增值收益、缩小城乡劳动生产率、保障金融机构农村存款、推进城乡公共资源均衡配置。刘守英（2014）认为要从宅基地制度、征地制度以及建设用地的改革等方面逐渐消除城乡二元的土地结构，通过深化土地制度改革推动城乡一体化。

关于分析城乡一体化问题方面。陈钊（2011）认为具有城市偏向的户籍制度是我国城市化滞后于工业化、城市内部形成"二元分割"以及城乡差距不断扩大的城乡矛盾的根源，在分析我国城乡发展问题上需要增加城乡分割形成与演变的政治经济学视角。赵洋（2011）认为马克思主义经典作家的城乡关系思想是我国城乡关系理论的基石，从分治到统筹是当代中国城乡关系变迁的轨迹。白永秀和王颂吉（2013）提出以马克思主义的城乡关系理论为基础的人类社会会依次经历城乡依存、城乡分离、城乡融合三个阶段，这是我国城乡一体化发展的重要理论依据。吴振磊（2011）认为要以马克思经济学的城乡关系理论为主体，构建我国新型的现代城乡关系，以推进我国城乡经济社会一体化进程。张晖（2012）认为要以马克思恩格斯的城乡关系理论作为指导思考我国统筹城乡发展模式，从发挥政府主导作用、推进统筹城乡发展制度创新，大力发展现代农业、增强农村支持统筹城乡发展的能力，以及从发展特色小城镇等方面促进城乡和谐发展。蒋永穆等（2015）认为城乡经济关系的演进是一个自然的历史进程，在不同的城乡发展阶段，城市和农村发挥不同的作用。资本主义使城乡对立日益尖锐化，随着社会不断进步和发展，同时具备多种条件的情况下，城乡关系的对立会被逐渐地消灭。共产主义的重要标志就是实现城乡融合。

1.2.2 国内外关于农村产业融合发展的研究

1.2.2.1 国外关于农村产业融合发展的研究

（1）关于产业融合发展的研究

产业融合是现代产业发展的一种新特征与趋势，是信息技术革命和高新技术发展的产物，自20世纪70年代以来，产业融合问题受到学者们的高度关注。产业融合是产业经济研究的前沿领域，国外有关产业融合的研究颇为丰富。学者们主要从产业融合的内涵、产业融合的动因、产业融合的类型、产业融合的测度与识别、产业融合的效应等角度展开研究，研究的范围主要集中在电信、广播等领域。随着研究的进一步深入，研究范围逐渐拓展到信息、工业、农业等领域。

关于产业融合的内涵。最早对产业融合进行探讨的是美国学者罗森博格（Rosenberg，1963），他通过研究1840—1910年美国机械设备业的演化，发现机械设备业是不同技术作用于不相关联产业之间而自然形成的，因而将此产业的形成过程定义为技术融合。产业融合的传输环节离不开技术贡献，20世纪80年代，美国学者安东尼和法国作家罗拉、明克分别提出compuncation和telematique两个新词来解释数字融合的发展（张磊，2001）。随着数字技术在信息产业的广泛运用，约菲（Yoffie，1996）将产业融合定义为采用数字技术后各自独立产品之间的整合。格林斯坦和卡纳（Greenstein & Khanna，1997）以数字融合为基础，将产业融合定义为为了适应产业增长而出现的产业边界收缩或消失。日本学者植草益（2001）认为产业融合是由于技术进步与管制的放松，改变了原有企业间的竞争合作关系，从而导致产业的边界模糊。欧盟委员会（1997）认为产业融合是技术、产业、服务和市场多个层次的融合，新条件下的产业融合是促进就业与增长的重要动力。利德（Lind，2005）认为产业融合是由技术创新引发的产业边界模糊，从而降低了各产业间的进出壁垒。可以看出，学者们从市场或产业边界变化、技术渗透等角度阐释了产业融合的深刻内涵。

关于产业融合的动因。学者们主要从政策供给、技术创新、市场需求、市场供给、综合因素等角度进行了分析。学者们从不同的角度提到政策供给对产业融合的影响。放松管制可以激励企业技术创新，因而降低市场壁垒可为产业带来新产品（Lei，2000）。同时，雷（Lei，2000）认为技术创新是促使产业融合现象产生的内在动因，技术进步催生了产业融合，某一产业的技术创新使得产业之间形成共同的技术基础平台，进而影响其他产业产品的开发、竞争和价值创造。澳大利亚政府信息经济国家办公室（Australian Government National office for the Information Economy，2000）指出产业融合产生的根本动因在于市场需求和消费者愿景，数字技术是产业融合的必然条件，而非充分条件，产业融合的最重要动因是消费者的未来愿景。托马斯（Thomas，2002）认为产业融合的原因在于市场供给因素的变化，产业融合的驱动因素主要包括生产成本的降低、供给方式的简单化、管理的简单化、维护费用的降低、供给速度的加快、服务的改进等。吉尔沃尔德（Gillwald，2005）认为产业融合的动因有技术动因、经济动因、管制放松、全球化的数字通信网络等。金姆等（Kim et al.，2015）认为由于技术加速周期与之相应的市场的快速技术饱和，企业通过加速技术创新的速度以及结合其他市场的产品和服务特性，扩大了产品或服务的范围，最终导致了产业融合。杰姆等（Geum et al.，2016）运用韩国的产业融合微观数据分析产业融合产生的动因为技术增强、政策驱动效应、服务业集聚效应与技术驱动效应。

关于产业融合的类型。主要从产业或产品的性质、产业融合的过程、产业形成等多个层面对产业类型进行分类。格林斯坦和卡纳（Greenstein & Khanna，1997）认为产业融合过程中主要是通过产品的替代型融合或互补型融合来实现，其中，技术标准和知识产权在互补型融合中起重要作用，在此分类的基础上，施蒂格利茨（Stieglitz，2002）从供给与需求的产品或技术融合角度将产业融合分为技术替代融合、技术互补融合与产品替代性融合、产品互补性融合。柯林斯等（Collins et al.，1998）认为产业融合的过程是从传统产业内纵向产业关系向横向产业关系发展的过程。依据产业融合过程分类，马尔霍特拉（Malhotra，2001）认为产业融合包括两方面，一方面是消费者的功能融合，另一方面是企业方面的机构融合。甘巴尔代拉和托里西（Gambardella & Torrisi，1998）认为技术融合并不意味着产业的融合，应以市场融合为导向，一般要通过技术融合、产品融合与业务融合、市场融合才能完成产业融合的全过程。哈克林等（Hacklin et al.，2005）根据融合技术的程度将产业融合分为应用融合、横向融合和潜在融合。

关于产业融合程度的测度与识别。技术融合、业务融合与市场融合的存在性和融合程度是研究的热点内容，通常采用相关系数方法和赫芬达尔指数法（HI）、熵指数、集中度和剩余法（Bryce & Winter，2009）。大多研究侧重对两个或多个产业进行测度。戴恩特斯和哈格多恩（Duysters & Hagedoorn，1998）采用回归方法测度相关系数，以此判断不同产业或企业之间是否存在融合现象，类似的，费和通塞尔曼（Fai & Tunzelmann，2001）运用相关系数方法测度出美国产业专利份额之间的相关系数，依据相关系数的变化判断这些产业之间的融合趋势。甘巴尔代拉和托里西（Gambarbella & Torrisi，1998）通过搜集各产业内代表企业的各产业专利资料的基础上，运用（HI）值衡量产业间的技术融合度。卡梅隆等（Cameron et al.，2005）从生产力发展角度分析技术融合，他认为应将融合与技术转移结合，利德（Lind，2005）认为应从技术生命周期的视角来研究融合，将已有的产业构架、主导设计等概念与融合联系起来。旺等（Wan et al.，2011）从供需、替代与互补两个融合角度，选取投入产出方法测算我国信息通信业之间的融合程度。可以看出，产业融合趋势的判断通常采用相关系数法，而产业融合程度的测算则运用赫芬达尔指数法（HI）。

关于产业融合的效应。施蒂格利茨（Stieglitz，2003）认为产业融合常发生在产业边界的交叉地带，技术替代型融合及技术整合最终促成了一个新产业的诞生。植草益（2001）认为产业融合加强企业间的新型竞争合作关系，有利于产业结构的优化升级。欧盟委员会（European Commission，1997）指出产业融合呈现不断拓展趋势，通过信息化的技术进步加速经济全球化进程。产业融合通常发生在传统产业与高新技术产业之间，这种跨产业的融合行为不仅改变了市场竞争环境、价值创造过程与产业绩效，同时在宏观层面上改变了国家的产业结构和经济增长方式。有的学者以化学产业为研究对象，发现产业融合是降低生产成本和提高效率的重要路径（Niedergassel et al.，2009）。值得注意的是，技术融合可能会破坏企业现有的价值，在融合发生之前企业需要提前制动规划采取有效回应策略（Hachlin et al.，2010）。

（2）关于农村产业融合发展的研究

随着新信息技术的发展，各产业间逐渐渗透融合，高新技术对农业领域的融合以及农业与二三产业间的融合逐渐兴起。20世纪90年代，日本的今村奈良臣较早提出了产业链整合的发展理念，他认为提高农民收入必须采取产业链整合的方式。1994年，他提出农业的"第六产业"概念。日本政府吸收了"第六产业"的发展思想，2008年制定了《农工商促进法》，支持农工商开展合作。2010年又制定了《食品、农业和农村基本计划》，明确提出推动"第六产业"发展来实现农民增收，创造新商业模式，还要将第六产业与低碳经济结合，在农村创造新产业。日本政府陆续颁布了《六次产业化：地产地消法》以及相关文件，提供"第六产业"发展的政策支持，因此，日本的"第六产业"得到迅速发展，农业活力得到增强，农民收入也明显增加。2013年开始，日本政府的农政规划开始以不断提高农业竞争力为新定位，"进取的农林水产业推进本位"、陆续颁发了《日本复兴战略》《农业竞争力强化计划》《农业竞争力强化支援法》等文件。从这些举措可以看出日本对农林水产品出口、六次产业化的高度重视，旨在通过产业政策、地区政策等支持农业竞争力的提升。韩国农业专家金容烈、金光善（2014）等指出农业"六次产业化"就是农村地区产业的深度融合，无论是农业产业化还是"六次产业化"的目标都是提高农民收入，要在农村地区为农民提供就业机会，通过一二三产业的"整合"增加农民收入，农民实现了增收，更有助于推进六次产业化。

农业产业化是改造传统农业，实现农业现代化的方式。早在20世纪60年代，舒尔茨（1987）就在《改造传统农业》一书中指出改变二元结构现状的关键是如何把传统农业改造成高生产率的现代农业，要在农业中引进新的生产要素。速水佑次郎与拉坦（1971）提出著名的速水佑次郎-拉坦模型，认为一个社会可以通过多种途径实现农业的技术变革，构建起由资源禀赋、技术状况、文化禀赋、制度构成的诱致性创新发展模式，研究表明要素禀赋不同的国家会有不同的农业增长道路，劳动力丰富而土地资源缺乏的国家应走生物和化学技术进步的道路，相反的国家应走机械技术进步的道路。克莱默和克拉伦斯（Cramer & Clanence，1991）在"Agricultural Economics and Agribusiness"中对美国"农业纵向一体化""垂直协作""农民合作社和农业综合企业"进行了深入分析。加拿大农业和食品委员会（1998）提出市场细分、质量保证和制度成本是农业产业化发展的驱动力。新信息技术的快速发展模糊了产业边界，农业产业化、农村产业融合发展成为现代农业发展的趋势，日本的"第六产业"、韩国"六次产业化"、法国"乡村旅游"等均从完善农业产业链和价值链角度提高了农业竞争力和农民收入。

1.2.2.2 国内关于农村产业融合发展的研究

国内较早对产业融合进行系统研究的是于刃刚（1997），他在《三次产业分类与产业融合趋势》一文中指出三次产业之间出现了产业融合现象。周振华（2003）认为信息化水平的提升推动传统产业的边界模糊化和经济服务化，从而加速了产业融合进程。在产业融合发展大趋势下，学者们开始关注到产业融合发展的效应。产业融合发展有助于促进传统产业创新（马健，2002）、产业竞争力提升（陈柳钦，2006）、推动经济一体化发展（郑明高，2010）。韩顺法、李向民（2009）认为产业融合会直接带动产业组织发生根本性改变，影响上下游产业以及产业机构之间的关系，其运用产业化的观点对现有产业进行创造性地结构划分，提出以精神产品、服务产品、物质产品和生态产品生产为主的创意产业、服务产业、物质产业和生态产业组成的新型产业体系。徐盈之、孙剑（2009）以信息业和制造业为例，认为二者在中国的融合程度仍然较低，且二者的融合程度直接决定了制造业的生产绩效，因此，产业融合成为提高制造业绩效新的切入点，应推动信息化与工业化融合走中国特色新型工业道理。较多的产业融合研究集中在二三产业及其内部，较少涉及农业（马健，2005）。

我国改革开放后的农村工业化和农村其他非农产业的发展在经济增长中扮演了重要角色。1978—1998年，乡镇工业企业在全国工业增加值所占比重达到1/3，农村的乡镇企业年平均增长率超过20%，对经济增长的贡献占到GDP增长率的36%（王小鲁，1999）。乡镇企业的兴起和发展推动了我国农村产业结构调整，将城乡二元结构转变为农村的农业部门与工业部门、城市产业部门的三元结构（方军，1999）。同时，乡镇企业是实现农业产业化的重要市场主体，其中农业产业化是全球农业发展的大趋势，是破解我国农地经营细碎化，以及实现向适度规模经营转变的关键抓手，推动乡镇企业的再创新是最现实的路径（梁荣，2000；杨艳琳，1999）。改革开放后的家庭联产承包责任制、取消人民公社、取消农产品结构统购统销等一系列市场化措施，极大激活了农村经济活力。20世纪80年代的乡镇企业引领了农村产业发展，打破了我国一二三产业割裂发展的局面。到20世纪90年代基于对农业市场化、产业化研究探索，农工商、产供销一体化的农业发展模式逐渐形成。随着现代信息、生物等高新技术向传统农业的有机渗透，高新技术农业与传统农业、农业与非农产业之间逐步融合，形成了信息农业、生物农业等新型农业形态。农村三产融合是以新技术革命为基础、以农民及相关生产经营组织为发展主体、以多样化发展模式打破产业边界的现代农业发展方式（赵霞，2017）。

关于农村产业融合发展的内涵界定。诸多学者从不同视阈给出了相应的阐释，但具有共识的是，农村产业融合从形式上讲是农业产业嫁接二三产业的生产模式，从而更加凸显农业产业的多功能性。何立胜、李世新（2005）从价值链的视角指出农村产业融合可以实现农业与其他产业在产品生产、科技服务、市场交互等领域的合作。王昕坤（2007）更加突出生产环节的重要性，他认为产业融合可以发生在产业内部也可以发生在产业之间。孙中叶（2005）提出农村产业融合带动农村产业结构、产业形态等发生转变，包括信息化农业、观光农业等。梁伟军（2010）研究了农业的多功能性，他提出农业与其他产业融合的发展态势增强了农业在生态保护、社会稳定等方面的功能，并将这种融合形态分类为交叉型、渗透型、整合型以及综合型。

关于产业分工与产业融合的农业发展。席晓丽（2008）认为产业融合角度的农业产业通过横向、纵向延伸催生农业新形态。现代农业是融合型农业，产业融合与分工的交叉作用能促进现代农业发展。李俊岭（2009）认为产业融合通过推动人才回流农业、引导资本回流农村、结合传统农业与高新技术优化配置农业生产要素，拓展了农业新领域，促进了新的产业发展。胡永佳（2007）从分工角度对产业融合现象进行探讨，认为产业融合是产业间分工转变为产业内分工的过程与结果，并将产业融合产生的条件归为政策的放松与不同产业的资产体系的兼容。苏毅清等（2016）依据分工理论对农村产业融合进行定义，认为农村产业融合发展通过提高资源有效利用、降低交易成本、促进产业升级与经济增长使农民获益。

关于农村产业融合发展的效应与动力机制。农村产业融合发展主要通过提升农业竞争力、转变农业发展方式以及发展规模经营等路径推动现代农业体系的构建（解安，2018；席晓丽，2007）。现代农业是在传统农业的基础上发展起来，广泛运用现代科技、现代工业提供的生产要素和科学经营管理方法进行社会化生产的农业形态（邓秀新，2013）。可见，农村三产融合发展尝试突破传统的工业化理念，走出传统的城乡产业分工模式，为突破城乡二元结构、构建现代农业产业体系提供了动力源。刘海洋（2016）认为农村产业融合有利于促进传统产业创新、拓展产业发展空间、产生新的产业形态、推进产业结构优化，然而也面临资金缺口、土地利用、剩余劳动力转化、农产品品质提升等发展瓶颈。王乐君、寇广增（2017）认为农村产业融合发展的基本思路是按照产业融合发展理念完善工作推进机制，既要支持农户和合作社内生发展，又要支持龙头企业带动农村产业融合发展，构建农户参与分享二三产业收益的利益链接机制，更好发挥政府和市场作用。在具体实施上，要打造优势主导产业，培育多元化融合主体，发展新产业新业态新模式，建立引导机制、激励机制和共享机制，让农户获得更多利益。张义博（2015）认为农村市场化改革、新技术的普及、农业多功能需求及工商资本大量进入农业，这些要素的引入为农村产业融合发展创造了条件和基础。他还指出要逐渐完善工商资本进入农业的相关政策、破除产业融合发展的要素制约、采取强有力的组织保障和财税支持、鼓励技术和商业模式的创新和普及，推动农业产业集群和综合农协发展，从而推动我国农村产业融合发展。李治、王东阳（2017）认为产业融合的本质是交易成本内部化，在农村产业融合发展中，技术创新、制度创新、市场需求扩大、农业多功能综合开发是驱动因素。李云新等（2017）认为农村产业融合可以通过拓展收入范围、紧密利益联结等途径提高农户收入。

关于农村产业融合发展的模式。芦千文、姜长云（2016）结合我国农村产业融合发展态势，认为主要有产业链延伸、三次产业集聚发展、农业农村功能拓展、种养业重组主导的循环经济集中模式。农业产业融合发展催生了大批新型经营主体，繁荣了农村经济，带动了农民就业增收，但是存在融合发展水平不高、外部支撑环境不健全、自我升级困难、辐射带动作用弱的问题。吕岩威、刘洋（2017）结合国内典型案例探讨了我国农村产业融合发展的主要模式，主要为农业龙头企业带动模式、工商资本带动模式、垂直一体化经营模式和互联网+农业电商平台模式，并对实践模式的优劣进行了比较分析。欧阳胜（2017）认为农村产业融合发展为贫困地区带来了经济发展的机遇，总结出贫困地区的农旅一体化带动型、纵向一体化延伸型、基层党组织引领型和电商平台助推型等产业融合模式。他还指出贫困地区主要依托于宏观层面的政府与市场作用、中观层面的产业利益联结机制、微观层面的新型经营主体的运行机制来推动农村产业融合发展。姜长云（2016）将农村产业融合发展的主要路径归结为顺向的产业融合、逆向的产业融合、农业产业化集群型融合、农业功能拓展型和服务业引领型融合，发展的着力点主要放在完善农村产业融合发展的利益联结机制、增强平台的创新能力、创新农村服务业发展理念的体制机制三点上。

  关于农村产业融合发展的现状评价及对策建议。汤洪俊、朱宗友（2017）认为一二三产业融合发展是推动城乡一体化发展、促进农业现代化的必然要求。当前，推动产业融合面临经营主体发育迟缓、相关行业发展水平不高、农村各产业之间融合水平低、生产要素瓶颈约束等问题。朱信凯和徐星美（2017）认为当前要从建立"保底收益+后续分红"的利益机制、推进农村集体资产产权制度改革、培育多元化融合主体、加强基础设施和公共服务平台建设、创新金融扶持政策和方式等角度推动农村产业融合发展。张勇（2017）认为农村产业融合是推进农业供给侧结构性改革的重要手段、是拓展农民收入渠道的战略选择，也是推动现代农业产业体系、城乡一体化发展新格局的核心动力。王兴国（2016）认为城乡居民消费结构升级为农村产业融合发展创造了条件，要统筹农村自然、生态、文化资源，推动农产品加工业、休闲旅游业等发展，满足城乡居民对多元化、个性化、生态化农产品与文化产品的需求。宗锦耀（2017）在《农村一二三产业融合发展：理论与实践》一书中对我国农村产业融合发展的现状、国际经验和融合模式等方面展开了研究。他认为要从培育新型经营主体、发展农产品加工业、发展休闲与旅游业融合的新业态、发展新技术新业态新模式等路径推动农村产业融合。周立等（2018）剖析了日韩两国的乡村振兴经验，认为我国的乡村振兴要通过六次产业的加法效应和乘法效应，培育乡村产业融合的新形态，发挥农业多功能性，实现农业价值增值。郭海清和申秀清（2018）认为当前我国农村三产融合发展出现了要素流通不畅，产业链、供应链与价值链"三链"的拓展不足，农产品质量与技术保障缺失，利益协调不善，政府支持力度不足等困境，要通过进一步深化改革疏通要素流通渠道、重构"三链"拓展业态、创新技术与建设品牌、引导开发与协调利益、完善政策与培育主体，推动农村三产融合发展。

1.2.3 研究述评

从以上关于城乡关系的文献可以看出，马克思及其他马克思主义学者对城乡关系的形成、现状、发展趋势，以及城乡对立的根源、表现与消灭的路径进行了丰富的研究，形成了逻辑紧密的理论体系。当代马克思主义学者在坚持马克思主义城乡关系理论的基础上将"空间"要素引入，分析了资本主义发展的缘由、城市变迁、城市经济发展等问题，但是缺乏联系宏观和微观的多层次理论，仅从资本积累、消费等角度考察还不够完善。发展经济学的学者对城乡关系的研究具有阶段性特征，研究重点主要经历了城乡二元结构特征向城乡平衡发展以及后期将制度、法律、历史等因素纳入分析框架的转变，并且研究视域和方法也逐渐具体和深入，为发展中国家处理城乡关系提供了理论指导。国内学者对城乡关系的研究多集中在宏观层面上，重点围绕我国经济发展阶段的城乡关系热点问题展开研究，针对我国特殊的城乡二元结构的形成原因、城乡关系发展现状、城乡统筹发展与城乡一体化内涵表述与影响机理、城乡二元结构转换的实现路径等方面进行了具体深入的分析，但是研究范围较为局限，大多侧重某一时段的政策性或应对性的研究，缺乏系统性、理论性以及对我国城乡二元特殊性的整体上的研究，关注到城乡关系变化与农村产业发展问题的文献较少。

从国内外学者对农村产业融合发展的现有文献，可以看出，国内外学者对产业融合发展的研究日益增多，研究的领域也由最初的信息、通信、工业、金融拓展到农业、旅游业等领域，在研究方法上多集中于现象分析、个体案例的分析。具体到农村产业融合发展的文献来看，国外学者对第六产业、六次产业化、农业产业化、农业一体化等的概念、内容、发展思路进行了深入的研究，尤其集中在农业与相关产业融合的内涵、融合效应、融合度测度、政策路径等方面。国内学者对农村产业融合发展的研究主要集中在融合的内涵界定、融合的效应与动力机制、融合模式、融合现状评价以及政策建议等。综合而言，国内外学者多注重对农村产业融合的基本现实、发展模式以及路径等方面的研究，缺乏理论性、一般性、规律性的农村产业融合发展机制的研究，并且在研究方法上，现有的文献多局限于文献分析和简单的计量分析。

总体上看，现有关于城乡关系、农村产业融合发展的研究，对新时代下我国"政府、市场与经营主体"三个维度的农村产业融合发展机制的解释力不足，对城乡关系演变与农村产业融合发展的互动效应关注不够。为此，本书基于我国城乡关系演变的基本现实，从"政府、市场、经营主体"三个维度构建理论分析框架，旨在研究我国城乡关系演变下农村产业融合发展机制及其内在规律，解释政府过度干预市场与制度供给不足、要素市场机制扭曲和经营主体有限理性行为，为农村产业融合找到着力点和发展路径，丰富和完善有关农村产业融合发展的研究。

1.3 核心概念界定

1.3.1 城乡关系

城乡关系涉及的内容十分丰富、复杂，外延范围十分广泛，目前学术界并未对其进行统一的定义。城乡关系作为生产力发展和分工发展的产物，在城市出现之时就产生了。从经济角度看，城乡关系是社会生产力发展到一定程度的结果，伴随着农业、手工业、商业的分工而产生，经过长期的发展，形成了农村地区以农业为主、城市地区则以非农产业为主的二元经济结构，这种经济结构决定着城乡关系的本质特征。城乡经济关系仅仅是城乡关系的一个重要领域。此外，在城乡经济差距的影响下，城乡之间的政治、文化等领域也呈现二元结构特征，这样城市和农村之间在经济、政治、文化等方面都会产生明显差距，这种城乡关系的分离是生产力发展和社会分工的必然产物。同理，生产力的高度发展和社会分工的进步也会推动城乡关系走向融合。因此，从广义上来说，城乡关系是在一定社会历史条件下，经济因素、政治因素以及阶级因素等在城市和农村之间相互作用、相互影响而形成的经济社会关系，在不同的经济体制安排下这种经济社会关系会发生显著变化（武力，2007）。

1.3.2 城乡关系演变

城乡关系演变，从广义上来说，是指随着经济社会不断发展变化，城市和农村地区两者之间形成的经济社会关系随之发生的变化。从狭义上来看，城乡关系演变受社会历史条件、经济体制改革等因素的制约，在不同的经济发展阶段、不同的经济体制下城乡关系呈现不同形态。也就是说，随着生产力的发展和社会分工的进步，城市和农村地区在经济、政治、文化等方面形成了不同的结构特征并发生变化。从具体形态上看，城乡关系演变表现为城乡混合、城乡分离和对立、城乡融合的"合—分—合"的历史演变过程。

新中国成立以来，我国城乡关系也经历了深刻变迁。从新中国成立初期到改革开放之前的经济发展来看，城乡关系的实质和核心就是工农关系，国家如何处理工农关系就决定了城乡关系的基本走向。改革开放后，城乡关系进入了一个新的时期，从过去由政府完全控制逐渐向受市场调节作用转变。城乡关系演变一直也是我国经济发展中的重点问题，是党和政府关注的焦点。2003年党中央提出"城乡统筹发展"，2007年提出"城乡发展一体化"，再到党的十九大提出"城乡融合发展"，这种城乡关系演变是我国经济体制全面深化改革的体现，也是党和政府对城乡关系演变的深刻认识。

城乡统筹发展、城乡发展一体化、城乡融合发展之间有必然联系，但也有明显的区别。城乡统筹发展的重心在城市，以"城市带动农村、工业反哺农业"的方式推动农村农业发展。城乡发展一体化则是城乡统筹发展的深化和拓展，是解决"三农"问题的根本途径。城乡统筹、城乡发展一体化的基本取向是"以城带乡"，强调城乡之间存在主动与被动或主与次的关系，与之相比，城乡融合发展更加强调城市与农村之间的相互依存、共生共荣的有机整体关系，其内容包括城乡资源要素的自由平等交换、城乡产业一体化发展、城乡形态差异化的互利共存等方面（郑风田等，2018）。因此，文中的城乡关系演变依据我国经济体制改革进程进行划分，主要分为三个阶段：①1949—1977年的城乡二元分割阶段，这一时期主要是以农业剩余为工业化积累资金的支持方式。②1978—2003年的城乡关系缓和阶段，这一时期市场机制的引入极大地改变了农村农业农民支持城市和工业发展的形式，主要表现为以农民提供廉价劳动力和农村提供资源支持城市和工业发展。③2004年至今的城乡一体化阶段，这一时期正式开启了工业反哺农业、城市支持农村发展的新进程（武力，2007）。

1.3.3 农村产业融合

产业融合思想起源于20世纪60年代，经过不断地发展与完善，现已经形成了较为全面的理论体系。产业融合是一种新兴的经济现象，以信息技术革命为前提和基础，伴随通信技术的快速发展，使得产业边界逐渐模糊。其中，众多高新技术不断地向传统农业领域渗透，这些信息技术逐渐被运用在农业的生产、流通以及销售等过程之中，出现农业与生物产业、信息产业以及农业内部子产业之间边界模糊并融合形成新产业形态,此时农村产业融合就产生了。可以说,新兴技术向农业领域的渗透是农村产业融合的前提条件,这种新兴要素的引入深度改造着传统农业的发展方式,从而促进了农村产业融合的产生和发展。

农村产业融合,从广义上来看,是在一定范围内、一定条件下形成的一种产业融合形式(苏毅清等,2016)。其本质特征在于"农",就是要以"农业产业"为基础、以"农村"为地域范围,以资本、技术、管理等生产要素的跨界优化配置为动力。其核心内容是各产业之间的渗透、交叉、重组、融合在农村全域范围得以实现。其目标是让农村、农业与农民真正分享到产业链价值链延伸和融合的增值效应(陈学云等,2018)。从狭义上来说,农村产业融合立足农业资源,以新兴技术为前提和基础,通过多种方式打破原有的一二三产业之间的边界,推动农业产业链延伸,激发农村发展活力和实现农民增收。此外,农村产业融合的核心是"融合",是一种产业的交叉、渗透、整合的结果。

1.3.4 农村产业融合发展

农村产业融合发展的核心是"融合发展",强调的是农村地区产业之间融合的动态过程。农业现代化、农业产业化、"六次产业化"与农村产业融合发展都强调三次产业之间的有机联系,并且都是一种转变农业发展方式的动态过程,但是它们之间也有明显的区别。显然,农业现代化更加凸显对传统农业的改造过程,强调将现代科技、信息、管理等现代生产要素引入农业转型发展之中。农业产业化更加强调贸工农的一体化发展,主要鼓励龙头企业以及中介组织等主体之间开展多种形式的合作,推动农业生产组织模式的转变,"六次产业化"则侧重以农户、农村资源禀赋为基础,通过农业的发展延伸产业链、价值链,注重农村内生发展,而农村产业融合发展更注重技术、管理等要素的贡献,价值分配关注农业、农村、农民的利益,同时强调产业的交叉、渗透、整合,形成产业新形态。

结合产业融合特征(Rosenberg,1963)、产业融合的范围(李美云,2005)、产业融合的条件(Lei,2000)、产业融合的类型(Pennings et al.,2001),可以看出,狭义上的农村产业融合发展是在农村内部的第一产业的细分产业与第二产业、第三产业的细分产业之间进行分工,细分产业通过技术、管理等要素创新产业新形态。从广义上来说,农村产业融合发展要将农村地区、农业产业作为融合起点和发展基础,通过技术层面、体制机制层面、上下游产业联动等方式带动资本、技术、管理等要素跨界集约配置，延伸农业产业链、价值链，拓展农业多功能，培育农业发展的新业态、新模式，最后在农村地区形成各产业之间渗透、整合、交叉的现代农业经营体系[①]。

20世纪90年代，日本今村奈良臣提出六次产业发展理念，通过多种经营的乘法理念摆脱农村农业发展日趋衰落的状况。日本和韩国的六次产业发展实践已取得显著成效。在借鉴和吸收国外经验的基础上，在20世纪90年代初期，我国提出推动农业产业化的决定，随着信息技术不断向农业渗透以及各产业之间融合趋势加强，2016年中央又提出推动农村产业融合发展的指导意见。新时代下推动农村产业融合发展，有助于农民在产业融合中分享红利、吸引现代生产要素改造传统农业、拓展农业多功能培育农村新的增长点，实现乡村振兴与城乡融合发展的目标（王乐君等，2017）。

1.4 研究思路与研究内容

1.4.1 研究思路

农村产业融合发展是解决农民增收、缓解农业生产中的资源环境约束、推动城乡融合发展的重要动力。在中国城乡关系走向融合的现实背景下，农村产业融合发展成为乡村振兴的基础动力，也是乡村经济的新增长点。21世纪以来，中国农村产业融合发展趋势日益显著，全国农产品加工业的快速发展形成了融合的引领力量、休闲农业与乡村旅游的蓬勃发展形成了融合的新领域，但是目前中国的农村产业融合发展还处于初级阶段，面临着经营主体发育迟缓、相关产业融合程度不高、要素瓶颈约束等问题。为此，本书基于城乡关系演变与农村产业融合发展的现实背景，在理论分析的基础之上，构建了一个一般性分析框架，从"政府、市场、经营主体"三个维度分析农村产业融合发展机制，具体分析中国城乡关系演变及农村产业融合发展历程，总结中国农村产业融合发展机制的形成过程并进行实证分析，并分析和借鉴国外农村产业融合发展的成功经验，最后结合中国实际提出农村产业融合发展的政策建议。

[①] 国家发改委就农村一二三产业融合发展推进情况举行发布会，中国网 [EB/OL]. (2016-12-08) [2019-02-20]. http://www.gov.cn/xinwen/2016-12/08/content_5145083.htm.

具体的研究思路如图1-1所示。

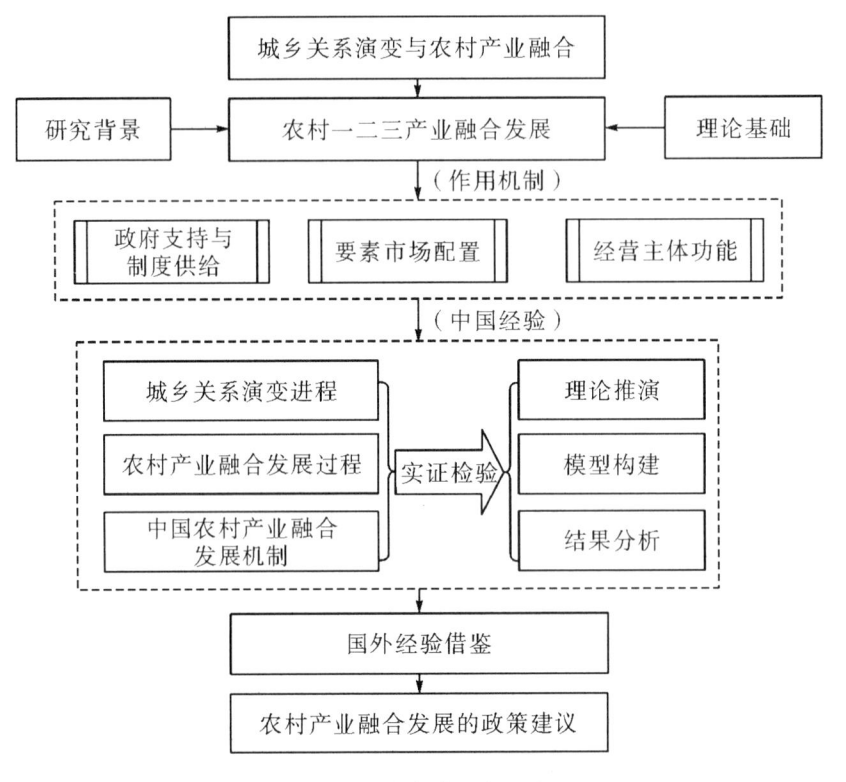

图 1-1 本书的研究思路

1.4.2 研究内容

第1章是导论，本书首先梳理了我国农业发展的基本现实作为本书立论的背景，并据此提出本书研究的理论意义和现实意义。接着，本书对国内外相关领域的研究做出评述，并对书中涉及的核心概念进行界定，在此基础上设计出研究思路和研究内容，并选取相应的研究方法等。

第2章是理论基础与分析框架，本书基于城乡关系理论、二元结构理论、产业组织理论、分工与产业融合理论、交易费用与产权理论，构建了一个"政府、市场、经营主体"三个维度的分析框架，从政府支持与制度供给、要素市场配置、融合主体功能三方面着手，对农村产业融合发展作用机制进行分析。

第3章从"政府"维度分析农村产业融合发展的作用机制。本书将政府支持与制度供给对农村产业融合发展的一系列作用机制概括分为资源补充机制、信号传递机制、资源重置机制，并具体分解为产业政策支持与农业补贴、基础设施建设、公共服务平台、创新金融扶持、产权确认与保护几个角度进行分析。

第 4 章，从"市场"维度分析农村产业融合发展的作用机制。要素市场配置通过价格机制、竞争机制与信息机制作用于农村产业融合发展，具体分解为要素流动瓶颈、要素集聚功能、交易成本几个角度进行分析。

第 5 章从"经营主体"维度分析农村产业融合发展的作用机制。在政府和市场机制作用下，经营主体通过竞争机制和合作机制影响农村产业融合发展，具体分解为主体组织化程度、市场应对能力、利益联结机制、激励机制和共享机制几个角度进行分析。

第 6 章为中国城乡关系演变下农村产业融合发展的历史进程与基本经验，厘清两个事实：中国城乡关系演变进程、中国农村产业融合发展的现状及特征，在本书构建的一般性理论分析框架基础上总结中国农村产业融合发展作用机制。

第 7 章为"政府、市场、经营主体"维度的中国农村产业融合发展实证检验，本章基于三个维度的理论框架对中国农村产业融合发展进行实证检验，依次进行数据整理、变量选择、描述性统计分析、计量模型构建、实证检验结果分析。

第 8 章为国外农村产业融合发展的经验借鉴，分析日本、韩国、法国、荷兰、美国的农村产业融合发展的基本事实，从理论框架的三个维度分析和总结五个国家的农村产业融合发展经验，从而得到启示。

第 9 章为研究结论与政策建议，根据本书的研究结论，分析出适合我国农村产业融合发展的路径，同时总结出城乡关系演变与农村产业融合发展机制的双向效应，提出相应的政策建议。

1.5 研究方法

本书在综合运用政治经济学、产业经济学等学科理论的基础上，首先厘清中国城乡关系演变下农村产业融合发展机制的理论逻辑，并在理论框架下分析中国经验，再借助计量经济学等计量工具，对中国农村产业融合发展机制进行实证检验，最后结合国际经验总结出适合中国农村产业融合发展的路径。本书运用的具体研究方法有：

第一，遵循政治经济学的基本分析范式，运用生产力与生产关系的规律进行分析。本书是在生产力与生产关系的一般规律上发现农村产业融合发展机制的理论逻辑的。首先，根据生产力决定生产关系、生产关系反作用于生产力的矛盾运动规律构建"政府、市场、经营主体"三个维度的农村产业融合发展机制的一般性框架，探索农村产业融合发展机制的理论逻辑，然后再结合中国国情，运用生产力与生产关系的规律分析"三个维度"的中国农村产业融合发展机制，发现并总结中国农村产业融合发展的历史经验、现实问题。整体上运用了生产力与生产关系的一般规律分析方法。

第二，"三个维度"的理论与实践相结合的方法。本书在对农村产业融合发展机制的分析过程中，从"政府、市场、经营主体"三个维度构建了理论分析框架，厘清三个维度之间的内在逻辑关系，并分别对"政府"维度的作用机制、"市场"维度的作用机制、"经营主体"维度的作用机制进行理论阐释。在此基础上，结合中国农村产业融合发展的基本现实进行实践检验，并按照三个维度的逻辑总结国外农村产业融合发展的基本经验，将理论分析与实践经验相结合。

第三，计量模型的理论推导与实证分析。本书运用现代经济学中的计量分析方法对我国农村产业融合发展机制进行实证检验，其中主要运用了主成分分析方法对我国农村产业融合发展水平进行测度，并运用政策评估的PSM-DID方法、固定效应模型、最小二乘法等对"政府、市场、经营主体"三个维度的作用机制分别进行检验。

第四，比较分析方法。本书在分析农村产业融合发展机制过程中，总结分析中国农村产业融合发展的经验，并结合日本、韩国、法国、荷兰、美国不同国家的农村产业融合发展经验进行比较，通过比较分析，深入剖析"政府、市场、经营主体"三个维度的农村产业融合发展路径，并提出相应的政策建议。

1.6 可能的创新点与不足

1.6.1 可能的创新点

第一，农村产业融合发展机制理论框架的构建方面有所创新。现阶段研究中国农村一二三产业融合发展的文献较少，涉及城乡关系演变下农村产业融合发展机制的研究鲜有,本书可能的创新点在于结合城乡关系演变背景,构建了"政府、市场、经营主体"三个维度的农村产业融合发展机制理论框架,丰富和拓展了产业融合理论、农业发展理论。

第二,农村产业融合发展机制的理论解释方面有所创新。依据生产力与生产关系的一般规律,从政府支持与制度供给、要素市场配置、经营主体功能的三个维度构建农村产业融合发展作用机制。"政府"维度的作用机制可以解构为信号传递、资源补充与资源补偿。在这一机制的作用下,政府可以借助政策偏向的调节加大对农业的支持力度,包括强化基础设施、完善服务平台、创新金融扶持、产权确认与保护进行理论阐释。"市场"维度的价格机制、信息机制与竞争机制主要从要素流动瓶颈、要素集聚功能、交易成本进行理论分析。"经营主体"维度的竞争与合作机制主要从主体组织化、市场能力、利益联结机制、激励机制和共享机制进行理论解释。上述研究也有助于厘清"三个维度"的农村产业融合发展机制的内在逻辑和规律。

第三,研究方法方面有所创新。国内现有关于农村产业融合发展的研究多集中在现状分析,结合交易成本与产权理论、产业融合理论与实证分析的较少。本书运用政治经济学基本分析范式的生产力与生产关系的规律分析方法、理论分析与实践检验的方法、计量模型的理论推导与实证分析以及比较分析方法,对农村产业融合发展机制进行深入研究。同时,本书在"三个维度"中国农村产业融合发展机制的实证检验方面,主要运用政策评估方法、固定效应模型等。这些都是在已有的研究方法上进行改进。

1.6.2 可能的不足

由于农村产业融合发展问题十分复杂,加之笔者理论水平也有限,本书还存在一些不足之处,有待日后进一步研究。

第一,虽然本书从"政府、市场、经营主体"三个维度构建了统一的农村产业融合发展机制的理论框架,并对我国农村产业融合发展机制进行了较为深入的分析,但是我国的经济体制处于不断深化改革之中,还需进一步将制度变迁的动态因素纳入分析框架,构建农村产业融合发展机制的动态模型进行深入分析。

第二,本书在对"三个维度"中国农村产业融合发展机制进行实证检验的过程中,由于缺乏最新的微观层面的数据样本,只对宏观层面的情况进行了考察,对各地区农村产业融合发展的差异性以及特殊经验考察不足。

第三,本书的政策建议是依据本书构建的理论框架和分析逻辑提出的,虽然有多次参与农村产业融合发展实践的调研数据,但是目前收集的样本仍显不足,理论与实践相结合的研究方面还不到位,需要在以后的研究中不断深化和拓展。

2 理论基础与理论框架

2.1 理论基础

2.1.1 马克思主义城乡关系理论

2.1.1.1 马克思恩格斯的城乡关系理论

马克思、恩格斯在《德意志意识形态》《共产党宣言》《资本论》等一系列经典著作中以历史的大视野分析了城乡分离、城乡对立、城乡融合的形成与资本主义城乡矛盾尖锐的历史根源、客观经济条件，深刻地揭示了城乡对立的消除、城乡融合的实现与生产力发展水平和生产关系性质及其变革的规律性（李萍等，2010）。马克思、恩格斯高度重视城乡关系问题，认为"城乡关系一改变，整个社会也跟着改变"（《马克思恩格斯选集》第 1 卷，人民出版社 1995 年版，第 157 页），实现城乡融合是他们研究城乡关系的最终目标。

首先，马克思、恩格斯从社会分工视角阐释城乡关系演变。马克思、恩格斯认为，社会分工引起了城乡关系从依存、分离与对立到融合的演变。在城乡依存阶段"农业劳动和工业劳动不是分离的；后者同前者是连接在一起的"（《马克思恩格斯文集》第 7 卷，人民出版社 2009 年版，第 713 页）。随着生产力的进步与社会分工的发展，城乡之间混沌一体的局面终将走向瓦解。这种在分工基础上的城乡分割是以产业的分工作为基础的，而城乡的分割进一步强化了分工的形态、深化了分工深度。在此阶段城市集中了人口、生产工具、资本和需求，而农村完全相反，城乡差距逐渐扩大。

其次，马克思、恩格斯分析了城乡对立的存在范围、形成原因、消除条件及发展趋势。马克思和恩格斯指出城乡对立只有在私有制范围内才会存在，他们认为城乡之间分割的局面既是走向人类社会文明和迈向现代化的必经阶段，也是突破部落或地域限制，催生民族和国家的必要历程（《马克思恩格斯文集》第 1 卷，人民出版社 2009 年版，第 556 页）。正如工业革命后的英国，工业化的快速发展推动了英国一些城市的出现，城市作为生产资料和生活资料的主要生产区，也成为"集体消费"的集聚区，从而在吸引人口向城市集中的同时，也改善了这部分人的生活状态，推动了人类文明的进步。但是，这种城市化进程是不平等的，通常是以压迫或剥削农村为基础，且城市多为资产阶级的民族（《马克思恩格斯选集》第 1 卷，人民出版社 1995 年版，第 277 页），这无疑导致了乡城之间以及乡城居民之间表现出从属关系，更是加剧了城乡对立的局面。这种城乡分离与对立是社会分工与生产力发展的必然结果，同时城乡分离又成为商品经济发展的基石（《资本论》第 1 卷，人民出版社 2004 年版，第 408 页）。但是这种关系的存在具有一定的范围、客观经济条件及变化趋势，马克思、恩格斯指出资本主义无法消除城乡对立，私人占有制的存在和催化资产阶级"使人口密集起来，使生产资料集中起来，使财产聚集在少数人的手中"（《马克思恩格斯文集》第 2 卷，人民出版社 2009 年版，第 36 页）。同时生产力水平制约城乡关系向前发展，他们认为农村人口向城市集聚是人类经济社会发展的阶段性特征，其根本原因还在于生产力水平不高。因此他们认为应该废除私有制，通过提供职业教育、优化职业选择、剥离旧的分工模式，强化形成新的分工格局，以城乡融合加速社会发展成果由人民共享，进而力争实现人的全面发展（《马克思恩格斯文集》第 1 卷，人民出版社 2009 年版，第 689 页）。

最后，实现城乡融合的可能性、基本条件以及路径。马克思、恩格斯认为城乡融合是未来城乡关系发展的必然趋势，城乡分离、对立只是生产力不发达的一个基本表现，但是实现城乡融合又是一个漫长的过程，需要在生产力发展到一定阶段，并具备所需的必需条件才会形成。他们认为消除城乡对立仅有主观能动性是不行的，还必须具备许多物质前提，重点指的是生产力水平的提高，其他条件都是围绕这一条件开展的。因此，废除资本主义私有制、建立无产阶级专政、强调工农联合、全面发展社会全体成员是破除城乡对立的基本条件（蒋永穆等，2015），而作为城乡关系终极目标的城乡融合，在城乡关系对立消除后仍有漫长的路要走。马克思、恩格斯描绘了城乡融合时期"从事农业和工业的将是同一些人，而不再是两个不同的阶级"，"使社会全体成员的才能得到全面发展"，"生产劳动就不再是奴役人的手段，而成了解放人的手段，因此，生产劳动就从一种负担变成一种快乐"（《马克思恩格斯文集》第 1 卷，人民出版社 2009 年版，第 689 页）等美好景象。

总体上看，马克思、恩格斯深刻揭示了消除城乡对立、实现城乡融合与社会分工、大工业、所有制、城市化等之间的内在关系及演进规律。其中既包括城乡分离、对立到融合阶段的历史形成、现实状况及发展趋势，也包括解释城乡对立的根源、消除途径，还前瞻性地提出实现城乡融合的可能性、基本条件及路径，形成了系统的、科学的、富有预见性的城乡关系理论，为后来的马克思主义学者和社会主义国家研究城乡关系提供了理论基础。

2.1.1.2　列宁、斯大林的城乡关系理论

列宁是马克思主义的继承者，也是马克思主义在苏联的实践者，更是探索者。他继承了马克思、恩格斯的城乡关系理论，并按照马克思对城乡关系发展阶段的划分认为私有制在苏联的发展必然会产生城乡之间对立的问题。19世纪末20世纪初，苏联城乡的分离与对立、城市剥削农村的问题已经显现，针对这一现象，列宁尖锐地指出："城乡分离、城乡对立、城市剥削农村是'商业财富'（西斯蒙第的用语）比'土地财富'（农业财富）占优势的必然产物。"（《列宁全集》第2卷，人民出版社1984年版，第196—197页）列宁认为废除资本主义私有制是消除城乡对立的根源，因为资本主义大生产强化了市场竞争，扭曲了城乡关系，挤占了农业、农村的生产生活空间，农村劳动力开始在城市集中导致土地生产力遭到掠夺（《列宁全集》第7卷，人民出版社1986年版，第98页）。无产阶级专政下，城乡关系摆脱了私有制下的对立局面，城乡居民关系对等，消灭剥削后，农民为自己劳作，"而且比城市居民吃得好些……，社会主义就是要消灭阶级"（《列宁专题文集：论社会主义》，人民出版社2009年版，第158页）。同时，他又肯定了资本主义对苏联农村经济发展的积极作用，他认为资本主义生产方式打破了传统的工农、城乡之间的传统模式，又以资本主义产出的新的要素来构建新的工农关系，并且这种新的要素较传统要素更具有高度（《列宁全集》第26卷，人民出版社1990年版，第74页）。

列宁结合苏联社会主义革命实践，指出社会主义的建立就是要消灭生产资料私有制，消灭剥削，取缔城乡之间、社会劳动群体之间的对立状态和存在的根本区别（《列宁专题文集：论社会主义》，人民出版社2009年版，第146页）。同时，列宁指出不同区域、不同群体间社会福利或生活水平的趋同是真正实现消除城乡对立的前提条件，也是城乡关系趋于融合的基本表象（《列宁全集》第2卷，人民出版社1984年版，第196-197页）。可以通过废除资本主义私有制、工农结合、农村剩余劳动力转移、工业化与城镇化互动等消除城乡对立、实现城乡融合（赵洋，2011）。列宁是马克思、恩格斯的城乡关系理论伟大的践行者和开拓者，对于指导苏联寻找正确的社会发展道路提供了理论基石。

斯大林认为，必须要将农村经济纳入苏维埃经济发展的体系中来，不能"城市走城市的路，农村走农村的路"（《斯大林全集》第七卷，人民出版社1958年版，第106页）。斯大林也认为资本主义生产资料私有制是城乡关系对立的根本原因。在资本主义私有制的影响下，剥削体制的存在导致城市中各类产业的快速发展是基于对农村和农业的剥夺，更会导致大多数农村居民的破产（《斯大林选集》下卷，人民出版社1979年版，第557页），但消除城乡对立并不意味着大城市的毁灭。斯大林认为不仅大城市不会毁灭，并且还要出现新的大城市，使城市和乡村有同等的生活条件（《斯大林选集》下卷，人民出版社1979年版，第558页），强调通过城市带动农村发展的路径消除城乡对立。

2.1.1.3 中国特色社会主义城乡关系理论

（1）城乡兼顾思想

毛泽东坚持马克思主义的观点、立场和方法，结合我国不同历史阶段的国情提出"走农村包围城市、到城乡兼顾下的重工业优先发展、再到超高速发展重工业、最终再到优先发展重工业且兼顾农业"的城乡关系思想（李建建等，2014）。近代中国的国家性质决定了城乡矛盾是"外国帝国资本主义和本国买办大资产阶级所统治的城市极野蛮地掠夺乡村"（《毛泽东选集》第一卷，人民出版社1991年版，第335-336页）之间的矛盾，提出农村包围城市是中国革命胜利的唯一正确道路。同时，毛泽东强调辩证看待城乡关系，建设的重心放在革命根据地的农村，并不意味放弃城市，"不能设想，我们党永远没有大城市，没有工业，不掌握经济，没有正规军队，还能存在下去"（《毛泽东文集》第三卷，人民出版社1996年版，第396页）。而革命最后的目的是要夺取城市。

新中国成立初期，我国提出了"城乡互助"的城乡关系发展形态，我国农业建设取得了较大进展。这一时期，迫于国际国内形势，党和国家主要领导人陆续提及并制定了过渡时期总路线，并在1953年第一个"五年计划"中提出优先发展重工业的基本路线（《毛泽东文集》第三卷，人民出版社1999年版，第310页），但是农业生产仍是积累的主要来源，因此，实行工业与农业并举，逐步建立现代化的工业和农业。在这一思想的指导下，我国在实现工业和城市发展的同时也带动乡村和农业的进步，极大改善了城乡关系。然而，自中共八中全会以后，我国对城乡关系的探索脱离了发展实际，提出工业中的"以钢为纲"和农业中的"一大二公"的"赶超"思想路线，因而造成我国工农关系失衡、城乡关系扭曲，进一步强化了城乡二元结构。国内经济发展在经历了"大跃进"的重创之后，我国对工农城乡关系的认识又回到了重工业优先发展、兼顾农业发展的思想上,提出"重工业是我国建设的重点。必须优先发展生产资料的生产,这事已经定了的",同时"我们对农业、轻工业是比较注重的"(《毛泽东文集》第七卷,人民出版社 1989 年版,第 24 页)。

总体而言,毛泽东对工农城乡关系的认识立足于中国的现实国情,发展和丰富了马克思城乡关系理论,对城乡关系采取了辩证的分析方法,在发展城市的同时,也使农村成为发展主体,体现出以人为本的发展理念(张慧鹏,2017)。

(2)城乡互动思想

邓小平全面总结新中国成立以来的经验教训,立足于我国经济发展实情提出"城乡互动"的指导思想。邓小平的城乡关系思想主基调是以经济建设为中心,针对农村改革问题提出"两个飞跃"的重要思想,为了改变计划经济体制下日益失衡的城乡关系,创新性地提出社会主义市场经济体制改革,指出计划和市场都是配置资源的基本机制,为理顺城乡关系奠定了基础。邓小平高度重视"三农"问题,认为农业是根本,"农业搞不好,工业就没有希望"(《邓小平文选》第一卷,人民出版社 1994 年版,第 322 页);同时,工业的发展也需要始终保持为农业发展服务的思想(《邓小平文集》第二卷,人民出版社 1994 年版,第 28 页),强调工农相互支援促进城乡互动发展,同时他指出科技进步是缩小城乡差距、实现城乡互动的重要动力。邓小平的城乡互补关系思想符合我国市场经济体制下城乡经济发展实际,对促进城乡互补、缩小城乡差距具有重要的意义。

(3)城乡均衡思想

从党的十三届四中全会到党的十四大,江泽民对我国社会主义初级阶段进行了新概括,深刻地认识到农村、农业和农民问题在我国经济发展中的重要性。江泽民(2006)指出要将深化农村改革、增强农村活力作为社会主义初级阶段的重要任务之一,"没有农业的积累和支持,就不可能有我国工业的发展;没有农村的全面进步,就不可能有我国社会的全面进步……总之,农业在我国经济社会发展中的基础地位和战略地位,永远忽视不得,只能加强,不能削弱"。在农村改革方面,江泽民注重在农村发展社会主义市场经济,推进农产品价格改革、农业结构调整、积极发展乡镇企业以及商品流通网络建设等,提出要走"一条建设有中国特色社会主义新农村的路子"。(江泽民,2006)党的十六大提出了统筹城乡发展的思想,同时强调加快城镇化建设,尤其注重小城镇发展,这也成为农村经济社会发展的重要动力。江泽民的城乡均衡思想为我国之后的城镇化建设、城乡经济社会协调发展提供了科学路径和发展方向。

（4）城乡统筹思想

胡锦涛（2016）在党的十六大提出"统筹城乡经济社会发展"思想的基础上，结合我国经济发展阶段的现实情况，提出"工农城乡关系的两个趋向论"：一是在工业化发展的初级阶段，农业支持工业、为工业提供积累是带有普遍性的趋向；二是当工业化发展到相当程度，工业反哺农业、城市支持农村，实现工业与农业、城市与农村协调发展，也是带有普遍性的趋向。根据这一论断，党的十七大对统筹城乡发展进行了科学规划和指导，指出"构建以工促农、以城带乡的长效机制，加快形成城乡经济社会一体化的新格局"。在这种统筹城乡发展的规划指导下，我国城乡差距逐渐缩小、城乡关系取得明显进展，但整体上城乡二元结构并未实现实质性突破，因此，胡锦涛在党的十八大报告中强调要推动城乡发展一体化，要求完善城乡一体化体制机制，构建新型的工农、城乡关系（李天芳，2017）。胡锦涛的城乡统筹发展思想为新时期我国城乡一体化发展指明了方向。

（5）城乡发展一体化思想

党的十八大以来，我国经济增长逐渐进入中低速发展阶段、国外形势复杂多变，以习近平同志为核心的党中央在综合分析我国社会经济发展面临的国内外形势、总结城乡统筹发展的历史经验的基础上，提出了城乡发展一体化、城乡融合发展的重要发展方向。从习近平总书记系列重要讲话内容中，可以看出党中央高度重视"三农"问题、城乡发展一体化问题。农业还是"四化同步"的短腿，农村还是全面建成小康社会的短板，习近平（2014）总书记反复强调全面建成小康社会的关键和难点在农村，"小康不小康、关键看老乡"。根据全面建设小康社会、国家现代化建设的目标，习近平总书记对城乡发展一体化的基本内涵、目标以及路径等进行了科学阐释，并对城乡一体化进行科学规划和顶层设计。习近平（2016）总书记强调推进城乡发展一体化是国家现代化的重要标志，通过建立城乡融合的体制机制，形成新型工农城乡关系。党的十九大提出乡村振兴战略，2021年的中央一号文件进一步明确乡村振兴的三步走战略，指出要重塑城乡关系、走城乡融合发展之路，并作出战略部署。为了推动城乡一体化，习近平总书记强调要通过全面深化改革的方式破除城乡二元体制机制的障碍、促进新型城镇化与新农村建设的"双轨"驱动、赋予农民更多的财产权利、加强生态文明建设等，从而扭转城乡失衡局面、缩小城乡差距、推动城乡融合发展（李天芳，2017）。习近平总书记关于城乡关系的论述科学地揭示了城乡发展一体化的目标、任务和重点，为城乡融合发展指明了道路方向。

总体而言，马克思主义经典作家在继承和发展马克思、恩格斯城乡关系理论的基础之上，结合社会主义国家实践，对城乡关系的认识大致经历了"从农村和农业抑制城市和工业发展，到寻求城乡互利、工农结合、工业支持农业、城市带动乡村"的曲折过程（李萍等，2010）。这些认识丰富和拓展了马克思、恩格斯的城乡关系理论，为正确处理社会主义国家的城乡、工农关系奠定了理论基础，同时这一过程也存在脱离实际、照搬马克思主义观点和方法的认识偏差。结合我国城乡关系实践来看，新中国成立以来的城乡关系变迁坚持了马克思主义城乡关系理论中国化的原则，党的领导人立足我国国情，实事求是、与时俱进，在深刻分析我国生产力发展水平的基础上，科学地、客观地提出了相应阶段的城乡关系发展模式。从毛泽东审时度势兼顾城乡和工农关系的探索，到邓小平农村体制改革和乡镇企业发展的创新，到江泽民的小城镇和城乡均衡发展，到胡锦涛深化城乡统筹发展和建设新农村，再到习近平总书记建设美丽城镇和美丽乡村的城乡发展一体化，这一系列认识形成了中国特色社会主义城乡关系理论体系，为我国消除城乡差别、实现城乡融合发展做出了突出贡献。

2.1.2 二元经济理论

二元经济理论是发展经济学的奠基理论之一。二元指农业部门和工业部门，前者以传统的粗放的经营方式为主，后者则多具有现代化的生产形态。其中，也有学者将工业部门特指制造业部门。荷兰社会学家伯克（Burke，1953）最早将以劳动力生产的农村和以机器生产的城市总结为界限分明的二元结构社会。他的二元结构思想为后来的发展经济学研究开启了崭新的思路。此后，有关发展中国家的多种二元经济理论如雨后春笋层出不穷，为发展中国家脱贫致富提供了思路。二元经济理论融合了多种经济学理论，经典的二元经济理论可以归为两种思路。一种以刘易斯为代表，认为农业现代化基本途径是农业劳动力向非农产业首先是工业部门转移。简单归纳的四种模式分别为刘易斯模式、拉-费模式、乔根森模式、托达罗模式。另一种以舒尔茨为代表，认为改变农业落后性的基本途径是农业部门引入新的生产要素，以改造传统农业。经典著作如张培刚（2002）的《农业与工业化》、盖尔·约翰逊（2005）的《经济发展中的农业、农村农民问题》等，都是从农业现代化、工业化来探索消除二元结构之路的。

2.1.2.1 以刘易斯为代表的二元经济理论

（1）刘易斯模式

刘易斯最早认识到发展中国家与发达国家之间经济发展条件的不同，因此，他认为在研究发展中国家的经济发展时，应将假设条件放在古典学派研究范式的基础之上。这一思想充分体现在"Economics Development with Unlimited Supply of Labour"一文中，此文中构建了劳动力无限供给下的两部门模型，提出了著名的二元经济结构思想（Lewis，1954）。首先，他假设在一个封闭的经济体内，研究欠发达经济体的经济发展问题，他设定了两个假设：两个部门、劳动力无限供给。他认为发展中国家存在两个部门，即传统生产方式的农业部门与现代生产方式的工业部门，传统的农业部门存在劳动力生产率和收入水平均较低的特征，而相反现代工业部门劳动生产率和工资水平均较高。在资本分配中，刘易斯（1989）指出若劳动力是无限供给的，而资本是稀缺的，就不应该将资本分散在所有劳动力上，用于资本的劳动力仅仅多到使劳动力的边际生产率降低到零，然而实际上零工资是得不到劳动力的，因此，资本的应用只能达到劳动生产率等于现行工资的程度。如图2-1所示，横轴代表劳动量，纵轴代表劳动的边际产品，OW是现行工资。显而易见，在现行工资OW的水平下，现代工业部门只支付了OM数量工人的工资，现代工业部门之外的MR劳动力在这个部门只能得到维持生计的收入。

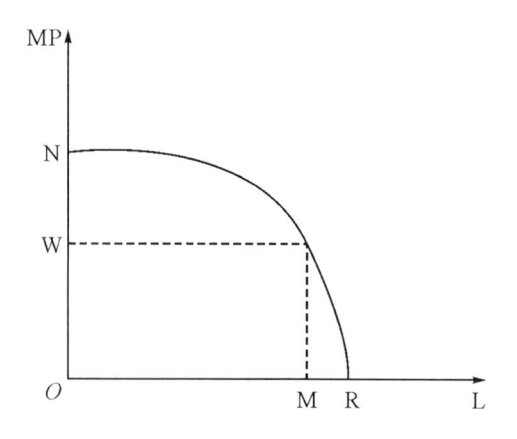

图 2-1　刘易斯"二元结构模型"

刘易斯认为，经济增长的关键是资本家剩余的使用。现代工业部门把剩余再投资创造新资本，从而吸收只能维持生计的农业部门的劳动力，并将之转移到现代工业部门，剩余越多，资本的形成就越多，这一过程直到剩余劳动力消失才会停止。如图2-2所示，OS表示只能维持生计的工资水平，WN_1Q_1为最初资本家的剩余。随着剩余的扩大，固定资本投资增多，边际劳动生产力逐渐提高（N_2Q_2，N_3Q_3……），从而资本家剩余和就业机会就会增加。刘易斯按照发展中国家劳动力的供给能力将经济增长划分为两个阶段：第一个阶段由于经济体多为农业部门，传统农业部门的剩余劳动力会受较高工资水平的诱导逐渐向现代工业部门转移。此时现代工业部门就可以按现行工资水平雇佣到所需劳动力，劳动力无限供给。第二阶段随着资本主义生产方式的发展，劳动力持续转移，此时劳动力为有限供给，工资水平不再是外生的，而是由劳动力生产率来决定，古典经济学将不再适用，新古典经济学将开始发挥作用。

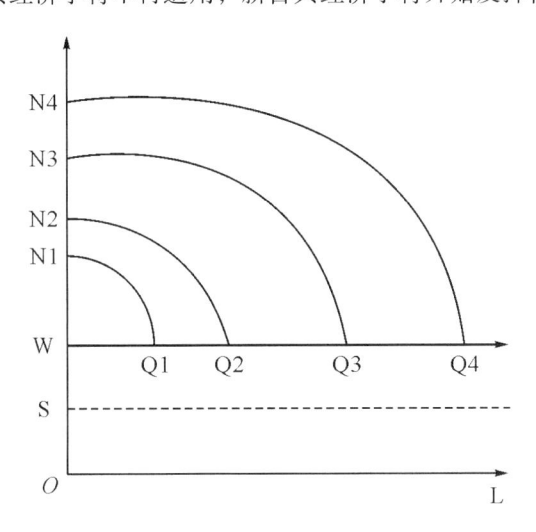

图 2-2　刘易斯"结构变动模式"

刘易斯模式阐述的二元结构大体上符合发展中国家的经济特征，将经济增长与工业化、人口流动相结合来分析发展中国的经济发展问题，为之后的各种二元经济理论提供了基础，也为许多发展中国家的经济发展战略提供了参考意义。同时，许多经济学家指出刘易斯模式存在缺陷，如劳动力无限供给的假设在现实生活中不可能存在，现代工业部门对劳动力的吸纳能力不可能是无限的，以及农业的地位和作用被忽视了等。

（2）拉-费模式

费景汉和拉尼斯（Fei & Ranis，1961）在 *A Theory of Economics Development* 一文中提出一个二元经济发展模式，被称为"拉-费模式"。他们在刘易斯模式的基础上，沿着古典经济学范式进行改进，从而构建了拉-费模型。他们认为刘易斯模式存在忽视农业地位、作用以及农业剩余的考察两个缺点（谭崇台，2001），并针对这两个问题进行分析，从而在重新界定剩余劳动力的基础之上发展了刘易斯模式。

费景汉和拉尼斯认为刘易斯模式只分析了现代工业部门的扩张，而忽视了农业部门的发展，因此他们将两个部门联系起来分析，并按照农业劳动生产率的高低将农业劳动力转移划分为三个阶段。第一个阶段，是工业部门在不变制度工资水平下农业劳动力无限供给，类似于刘易斯模式。第二阶段，是劳动边际生产率大于零但小于不变制度工资水平的农业劳动力流出。费景汉和拉尼斯将第一阶段与第二阶段的交界点称为"短缺点"。由于劳动边际生产率大于零，劳动力的流出会减少农业总产出，而农民的消费不变，此时农业平均剩余低于不变制度工资水平，因而粮食短缺引起粮食价格和工业部门工资的上涨，结果在农业商业化阶段到来之前，农业劳动的流出就会受阻，工业部门的扩张也无法进行。他们认为解决这一问题的关键就在于保持两个部门的平衡增长。第三阶段，是农业商业化阶段。费景汉和拉尼斯将第二阶段和第三阶段的交界点定义为"商业化点"。此阶段劳动边际生产率大于不变制度工资水平，农业部门的剩余劳动已经完全被工业部门吸收，农业劳动力变成了竞争性商品，两部门的工资水平由市场力量决定，而不再由制度因素决定。费景汉和拉尼斯认为，农业剩余影响工业部门的工资水平，进而影响工业部门的扩张与农业劳动力的流出速度，因此农业剩余对两部门平衡增长具有决定性意义。对于两部门平衡增长原则，他们提出两个部门生产率的相对变化必须使得两个部门长期地保持增长刺激，即每个部门的贸易条件都不能恶化，这就需要农业部门提供的农业剩余刚好能满足工业部门对农产品的需求（谭宗台，2001）。当平衡增长原则持续得到满足，劳动力转移过程就会沿着平衡增长路径进行，当农业的剩余劳动力消失，农业部门进入商业化阶段，此时就实现了二元经济结构转换。事实上，费景汉和拉尼斯指出，发展中国家的经济增长过程很少符合平衡增长路径，但是这种偏离可以通过市场机制和政府干预引导经济增长回到平衡增长路径上（谭宗台，2001）。

"拉-费模式"发展了刘易斯的二元经济理论，高度重视农业部门为工业部门提供劳动力和农业剩余的贡献，强调了技术进步、资本积累、人口因素在二元结构转换中的作用，提出了两部门平衡增长原则和路径，为发展中国家实现二元经济结构的转换提供了新思路。同时，"拉-费模式"也存在不足，该模式的假定条件，如农业部门存在剩余劳动力而工业部门实现充分就业，农业剩余劳动力转移完毕后的工业部门的工资水平不变，随着农业生产率的提高第一、二阶段的农业劳动者收入不变等，都与发展中国家的经济发展实际不符。

(3) 乔根森模式

乔根森（Jorgenson, 1961）在"The Development of a Dual Economy"一文中遵循新古典经济学研究范式创立了一个新的二元经济结构转化模型。"乔根森模式"有四个前提假设：第一，将发展中国家的经济结构划分为两个部门

(农业部门和现代工业部门)。第二,将土地、劳动两种要素投入到农业部门,土地作为不变的投入要素,农业部门的产出就只与劳动要素相关。第三,现代工业部门的产出与劳动要素与资本要素相关。第四,农业部门和现代工业部门的产出随着时间的推移而自动增加。乔根森在四个前提假设下,推导出三个结论:第一,乔根森认为农业发展必将引起人口增长,若能实现粮食供给充分,人口增长就能达到生理上的最大界限。当农业人均产出增长率高于最大人口增长率时,就会形成并扩大农业剩余。乔根森提出技术进步是农业增长的关键。第二,农业剩余是现代工业部门扩张的先决条件,农业剩余的增长速度决定了现代工业部门扩张和农业劳动力转移的速度。第三,人们对农产品的需求有限,而对工业产品的需求无限。当人均粮食产出超过最大人口增长所需的水平时,农业部门的发展会受阻,为了满足不断扩大的工业产品需求,会出现农业部门的劳动力向现代工业部门转移(张桂文,2011)。

总体上看,与"刘易斯模式""拉-费模式"相比,"乔根森模式"的特点在于:一是乔根森认为模型基础是农业剩余。乔根森认为只有农业产业取得较大发展,农业生产才会出现过剩劳动力和农业剩余,此时农业过剩劳动力才有需求和必要向非农部门转移。二是他认为技术进步和资本积累是两部门工资水平的决定因素,因而工资水平并不是固定不变的。三是他认为经济增长决定人口增长,而只有农业生产在满足现有消费和新生消费后才能出现农业剩余,这就需要农业产出的增长需要高于人口增长率。乔根森模式重视农业发展、技术进步以及市场机制在农业劳动力转移中的地位和作用,但是也存在假设条件与现实不符的情况,如粮食需求收入弹性等于零等。

(4)托达罗模式

20世纪60年代和70年代之交,托达罗针对发展中国家城市大量失业的现象构建了一个人口流动模型,被称为"托达罗模式"(Harris & Todaro, 1970)。托达罗认为,经济发展的一个重要标志就是劳动力从农村流向城市。他认为人口流动是一种经济现象,是一种合乎理性的经济行为,影响人们预期的是城乡实际工资的差异、在城乡求得工作机会的可能性。托达罗的人口流动模型的内涵是:发展中国家农村不存在剩余劳动,农业边际生产率一直保持为正,按照经济现实,城乡之间所能获得的预期收入的差距是农业劳动者做出外迁决定的重要诱因。显然,若二者差距较大,则农业劳动者更意愿外迁,可以将其表示为

$$M = f(d) \quad f' > 0$$

上式中 M 表示农村迁入城市的人口数量,d 表示城乡预期收入差异,$f' > 0$ 表

示人口流动 M 是 d 的增函数。从中可以看出，农业劳动力流向城市的决定因素是城乡预期收入差异，即 d 越大，M 就会越大。

托达罗的人口流动模型是针对城市失业问题而提出的，他构建动态的城市失业模型，研究的发现：当预期收入高于迁移成本与农业工资之和，农村劳动力就会迁移到城市，这就解释了一些发展中国家城市失业严重与农业劳动力大量转向城市并存的现象；城乡预期收入差异的扩大导致发展中国家城市移民人数的大量增加；市场机制的调节作用使得城市失业率保持在一个稳定的水平。托达罗模式涉及工资、收入、工业化、农村发展等方面，对发展中国家的人口流动政策具有重要的指导意义，比如，应尽量减轻城乡经济机会不均等的现象、重视提高农村收入和农村就业机会、纠正城乡偏向的政策导向等。总体而言，托达罗模式的显著特点在于对城乡人口流动与城市失业并存的矛盾现象进行了解释和分析，但也存在一些争议，比如，该模式农业部门不存在剩余劳动的假设与大多发展中国家的实际不符，流入城市的农村劳动者找不到工作就做临工或完全闲置的情况也不完全符合实际等（谭崇台，2001）。

2.1.2.2 以舒尔茨为代表的农业现代化理论

面对发展中国家经济发展过程中出现的二元结构状况，舒尔茨等认为农业落后的根本原因是农业部门使用传统生产要素，因此，他们认为农业部门要引入新的生产要素，实现农业现代化、工业化等路径，从而消除二元结构。

张培刚（Zhang，1949）在博士论文"Agriculture and Industrialization"中较为系统地分析了落后的农业国家如何实现工业化的问题，其中主要分析了农业和工业的互动关系、如何实现国家的农业和工业发展的平衡、农业国家与工业国家的贸易与资本移动、中国工业化道路等的问题。在探讨工农业关系的议题时，他指出农业作为基础性部门，其基本职能是为工业和社会经济发展提供食粮、原料、劳动力和市场动力，以及后期进行补充的农业通过直接的劳动力投资、课税、工农产品的差价、外贸的方式为工业启动或工业发展积累资金（张培刚，2002）。他较为全面地分析了农业对工业发展的积极作用，同时，他也指出工业发展对农业的影响主要体现在，直接提供机器、设备、肥料等生产资料，以及由此引致的机械化生产方式、劳动力转移等方面。对于中国工业化过程中的农业问题，张培刚（2002）指出，中国的"三农"问题是伴随工业化加速推进的必然产物，也是工业化过程中各种问题积累的集中体现，而"三农"问题的解决根本上是农村生产力的解放，因此关键在于做好农业过剩劳动力的转移，而农村非农产业的发展是农业劳动力转移和农民增收的有效途径。

20世纪60年代，舒尔茨（2006）在《改造传统农业》一书中对传统农业做出了经典的概括，指出传统农业的技术水平在长期内基本保持不变、农业劳作者没有增加传统使用的生产要素的动力、传统生产要素的供给和需求也处于长期均衡的状态，因此，他并将传统农业刻画成一种特殊类型的经济均衡状态。这种传统农业不能对经济增长做出贡献，而现代农业是经济增长的重要动力，改变二元结构的关键在于引入新的生产要素到传统农业部门，将其改造成高生产率的现代农业。对于传统农业不能成为经济增长源泉的原因，舒尔茨运用收入流价格理论进行阐释，指出其根本原因是资本收益率低下，因此，依靠农业产业获取剩余价值的预期较低，从而不能显著推动国民收入中的储蓄和投资部分。传统农业不能成为突破长期经济停滞的推手，农业现代化成为农业发展的必然取向。发展现代农业需要引入新的生产要素对传统农业进行改造，舒尔茨对此重点强调了三个方面：一是改造顶层设计，使制度改革适应传统农业发展；二是以现代化生产要素满足传统农业生产方式革新的需求；三是加大人力资本投资，提升农业经营主体的生产能力（洪银兴，2006）。其中，关于制度对经济发展的作用，他认为要以农产品和生产要素的价格变动的市场方式刺激农业的生产积极性，不主张通过行政命令的方式。在引入新的生产要素方面，舒尔茨指出了包括农业技术和新品种等技术因素的贡献，同时，更强调对农民进行人力资本投资，向农民提供新的生产要素信息，将人力资本投资作为农业经济增长的源泉。

约翰逊（2005）的《经济发展中的农业、农村、农民问题》一书研究了苏联和中欧国家的农业、农村、农民问题，将中国农业改革的成功与苏联解体后绝大多数国家改革的失败做了对比，并论述了政府在农业和农村生活中应该发挥的作用，强调农业经济发展在人类福利改进具有重要作用。其中，约翰逊对中国的农业、农村生活与人口增长问题进行了深刻的分析，在肯定中国改革初期农村改革成功的同时，也指出中国农村改革中存在明显的缺陷，农业政策框架还需要不断的修正和调整，并预判中国未来一段时间的改革任务艰巨。针对城乡收入差距的问题，他指出需要持续而稳定地减少从事农业生产的劳动力，实现这一调整的关键就是对农业的投资，尤其是对农业科研的投资和替代劳动力的投资。他还指出中国要提升农业国际竞争力、让农民分享经济增长成果的途径就是改善要素市场的运作，他强调中国的劳动力、土地、资本等要素市场仍然受到很强的约束，存在很多缺陷，要素市场的运行将很大程度上影响农业生产绩效和农民收入问题。在政府对农业、农村生活的作用分析中，约翰逊（2005）指出政府通常在农业政策这一领域无所作为，在经济增长时，政府很少采取政策或措施降低农业的调整成本,因此,他指出发展中国家应该从工业化农业政策的失败中吸取教训,政府行为的主要作用是引导农业产业提档升级,同时加速城镇化和二三产业发展。从这一方面讲,政府干预的重点应转向要素市场,尤其是劳动力市场,比如加强信息、教育方面的扶持等,强调政府要让市场充分地、有效地发挥作用,并且政府要发挥法律、制度和规则的职能,降低经济增长中农业的调整成本。

综合而言,发展经济学的二元经济理论从不同角度研究了二元经济结构的特征、表现以及发展路径等问题,强调农业在发展中国家发挥作用的关键在于实现传统农业的现代化。以刘易斯为代表发展经济学家认为农村人口向城市流动对发展中国家经济发展具有重要作用,因此建议加快推进人口流动,提高农业生产率,为城市工业化发展提供丰富的劳动力。而以舒尔茨为代表的发展经济学家则认为要通过引入现代生产要素改造传统农业、农村工业化、农业和农民投资以及农业政策的调整等推动农业现代化,这些思想为发展中国家消除二元结构提供了理论基础。在发展中国家的经济发展初期,农业部门发展落后、比重很大与工业部门比重低并存的问题是客观存在的,在我国经济发展初期也面临着同样的问题。新中国成立初期到改革开放前的这一时期,我国实行的重工业优先发展战略、严格的户籍制度以及体制机制的约束导致城乡二元固化、工农业发展失衡问题严重。改革开放后,随着经济体制的深化改革,市场机制的引入推动城乡关系走向缓和阶段,尤其是在2004年后,政府推行"以工促农、以城带乡"的制度框架,出台了一系列支持农村和农业发展的政策文件,促使城乡关系进入深化改革阶段。在当前我国推动乡村振兴战略的发展过程中,需要不断完善政府支持和制度供给、完善要素市场配置以及发挥经营主体功能,推动农业发展方式的转变,走出传统的城乡分工格局,实现农村产业融合发展。可见,二元经济理论对我国当前推进乡村振兴战略,重塑城乡关系,推进农村产业融合发展具有重要的理论指导意义。

2.1.3 产业组织理论

产业组织理论是揭示市场的结构、行为与绩效的产业组织内在规律的应用经济学理论。该理论的思想可以追溯到亚当·斯密的《国富论》(商务印书馆1981年版,第34-36页)关于"看不见的手"和市场机制的基础假说。斯密认为在"看不见的手"的作用下市场将资源配置到最佳状态,即在完全竞争市场下资源是以均衡价格为导向自由流动,这一流动过程将持续到社会各部门的利润平均化为止,此时无须任何政府干预市场的行为,资源配置就能达到帕累托最优状态。同时斯密的"市场范围限制劳动分工"阐释了产业组织效率边界问题,强调分工和专业化对经济效率的促进作用,但这种分工和专业化的进程受市场发育、市场规模的制约,斯密认为组织分工与企业效率之间存在一定关系,但斯密并未关注到企业竞争与规模经济之间的关系。马歇尔在《经济学原理》(华夏出版社 2005 年版,第 13-20 页)中提出将生产三要素拓展为包括"组织"在内的生产四要素论,也正是在西欧自由竞争的资本主义向垄断资本主义过渡的背景下,马歇尔研究了分工与机械、产业集中、规模生产及企业管理、企业形态等问题,认为当企业成本呈现规模递减趋势时,企业会扩大规模直到企业产品占领整个市场形成垄断,垄断发展又会抑制自由竞争活力,从而导致市场价格受人为因素制约,不利于资源的合理配置,这种规模经济与竞争活力之间的矛盾关系被称为"马歇尔冲突",这一冲突也成了产业组织理论的核心问题。到 19 世纪末期,马歇尔又指出,垄断市场作用下垄断利润的产生和均衡价格的上升不利于资源合理配置,导致垄断企业终将因技术进步受阻而无法维持垄断地位,最终回到完全竞争状态,长期当中市场机制仍是市场均衡的决定因素(牛晓帆,2004)。

1929 年,斯拉法(Sraffa)在马歇尔的垄断竞争分析的基础上,进一步阐释了规模经济与完全竞争之间的矛盾,也被称为"斯拉法冲突",从而极大地推动了产业组织理论的发展(马丁,2003)。1936 年,哈佛大学张伯伦(Chamberlin)在《垄断竞争理论》(华夏出版社 2009 年中译版,第 6-15 页)一书中分析了介于完全竞争市场与完全垄断市场之间的垄断竞争市场情况,以产品的差异为核心对竞争和垄断的混合进行分析,按照垄断和竞争实力的强弱将市场划分为多种类型,并对相应市场类型下的特征进行了分析。剑桥大学罗宾逊(Robinson)在《不完全竞争经济学》(此处参考华夏出版社 2012 年中译版)一书中也同样围绕着垄断和竞争的关系,以消费者偏好和产品的可替代性为切入点,分析了垄断市场的特征、企业特征和垄断结构。张伯伦和罗宾逊都对垄断竞争的市场结构进行了分析,认为厂商具有一定决定价格的力量使得垄断利润长期为正,因而必须加强政府对垄断势力的干预才能实现资源的最优配置(牛晓帆,2004)。1939 年,克拉克(Clark)提出了可行竞争(workable competition)的概念,他认为在一个不完全竞争市场当中,不完全竞争因素不断出现而导致存在"补偿平衡效应",为此,他强调替代竞争和潜在竞争的作用(马丁,2003)。

最早的产业组织理论体系形成是以梅森(Mason)和贝恩(Bain)为主要代表的哈佛学派创建完整 SCP 理论范式为标志。在克拉克的可行竞争概念提出之前，1938年，梅森在哈佛大学创建了第一个产业组织理论研究结构（Masonic Lodge），将产业组织问题的研究从偏重垄断和反垄断拓展到对整个市场和厂商的分析上，同时还提出了产业组织的理论体系和研究方向；后来又综合了克拉克的可行竞争学说和其他学者的研究，提出可行竞争就是"偏离完全竞争的均衡模式"。1959年，梅森的弟子贝恩的《产业组织》一书标志着产业组织理论的形成，他明确提出了产业的定义、产业组织学的研究范围，系统构建了传统组织理论的核心内容，即SCP结构—行为—绩效的分析范式，三个要素之间既相互制约又相互促进：市场结构的存在和演变会影响企业行为，企业行为在一定程度上又决定了其在市场上所获得的绩效。贝恩将完全竞争和垄断作为SCP理论分析中市场形态的两个端点，认为从完全竞争到垄断向移动的市场结构变化引起市场行为相应的变化，从而导致市场绩效呈现由好向坏的转变。在政策含义上，以贝恩为代表的传统组织理论认为要取得较好的市场绩效，就需要从源头上保持市场结构富有竞争性（马丁，2003）。后来其他学者在贝恩的传统产业组织理论研究基础上进一步深化和发展。1970年，谢勒（Scherer）的《产业市场结构和经济绩效》对传统的结构—行为—绩效范式做了系统阐释，不仅从供需两个角度分析了产业基本条件对结构、行为产生的作用，并且还分析了行为、结构对产业条件的反馈效应（feedback effects），此时形成了完整的系统SCP理论分析范式，标志着产业组织理论的初步成熟（卫志民，2002）。传统哈佛学派的SCP理论逻辑是市场结构决定市场行为、行为再决定市场绩效的一种因果关系，距离垄断端越近的企业为了谋取垄断利润，越是倾向提高市场价格、设置市场进入障碍、阻碍技术进步，从而造成了不良的市场绩效。相应的要提高市场绩效，就是需要政府的干预政策抑制市场垄断势力增长（牛丽贤等，2010）。由于哈佛学派强调经验性的分析，大量分析只是对现实中的观察数据做经验性描述，过于强调市场结构对市场行为的决定作用而难以揭示不完全竞争下的企业行为问题，且忽视了产权结构、治理结构等其他因素对企业行为的影响，自然就引起了一些学者对结构—行为—绩效分范式的早期批判。

20世纪六七十年代，美国经济出现"滞涨"现象，国际竞争力趋于下降，以斯蒂格勒（Stigler）、德姆塞茨（Demsetz）、布罗曾（Brozen）、佩尔兹曼（Peltzman）、波斯纳（Posner）等为代表的学者将经济不景气的主要原因归咎于哈佛学派强硬的反垄断政策，极力批判对结构—行为—绩效的分析范式，形成了产业组织理论的"芝加哥学派"。1968年，斯蒂格勒的《产业组织》一书的出版标志着芝加哥学派在理论上的成熟，芝加哥学派在理论上推崇自由市场中自由竞争机制的作用，强调要用价格理论模型分析企业的行为和绩效问题（马丁，2003）。芝加哥学派的市场自由主义主张成为20世纪80年代美国反托拉斯政策的重要依据，但是相对于哈佛学派而言，它并未形成完整的理论体系和分析框架，主要贡献体现在对SCP理论分析范式的批判上，包括：一是斯蒂格勒重新定义了进入壁垒，认为只要和现有企业相比，新企业不遭受成本上升的不利，那么进入就是自由的（Stigler，1968），从而得出的企业进入壁垒比SCP理论分析范式的判断要低很多；二是认为企业效率是决定市场结构、市场绩效的基本因素，正是企业效率提高导致企业利润增加、市场集中度提高、市场势力增进；三是对SCP理论范式的逻辑批判，指出结构、行为与绩效之间并不是单向的关系，而是双向的因果关系。芝加哥学派放松管制的主张对当时美国的产业组织政策以及新产业组织理论的发展产生了重要影响。在芝加哥学派的研究基础之上，1982年鲍莫尔（Baumol）等人出版的《可竞争市场与产业结构理论》一书系统论述了"可竞争市场理论"，对传统的结构—行为—绩效的理论分析范式进行批判，以可竞争市场理论和沉没成本为核心论证有效率的产业组织的基本形态及内在形成过程，认为可竞争市场存在"hit and run"[①]的潜在进入威胁，潜在竞争压力可以产生有效的市场绩效，从而强调尽量降低沉没成本才是保证潜在竞争压力的关键。

20世纪70年代，在与哈佛学派争论的过程中还形成了新奥地利学派、新制度经济学派的新产业组织理论，他们对SCP理论分析范式进行了修订和补充，重点分析了企业行为，并强调经济福利问题。新奥地利学派产业组织理论的基础是奈特（Knight，1971）的不确定性概念，主要以米塞斯（Mises）、哈耶克（Hayek）、柯兹纳（Kirzner）等为代表。该学派指出未被发现的信息和信息不完全引起决策失误产生的利润损失导致了市场不均衡，并且指出集中度、企业数量和市场占有率无法衡量竞争的强弱，强调从企业内部的生产效率优势角度对产业组织合理化进行评价。因此，新奥地利学派也信奉自由主义，强烈反对反垄断的政策和观点（程玉春等，2003）。以科斯（Coase）、张五常、威廉姆森等人为代表的新制度学派从交易费用、产权安排、组织结构等角度研究企业内部行为，也被称为"后SCP流派"。新制度学派将制度视为影响经济活动的内生变量，区别于传统研究企业行为、市场结构的思路，该学派的核心思想就是通过构建合理的制度降低交易成本，从而提高市场绩效、优化资

---

① "hit and run"指的是潜在进入者面对有利可图的局面迅速进入市场，并在市场做出反应时退出市场。

源配置，以及达到社会福利最优。新制度学派从企业产权结构、企业组织结构来考察企业行为的研究极大丰富和发展了新的产业组织理论。20世纪70年代以后，产业组织理论在研究方法和深度方面都得到拓展，引入了博弈论、可竞争市场理论、交易成本理论、合约理论等到产业组织的研究中，丰富和拓展了新产业组织理论的内容和研究范式。新产业组织理论的研究不再局限于研究结构—行为—绩效之间的相关性问题上，研究方向由"结构主义"向"行为主义"转变，研究逻辑由传统的"单向、静态研究框架"向"双向、动态的研究框架"转变，研究范围也被拓展到市场结构与市场行为的变化、企业内部的产权结构与组织结构、行为不确定性以及不完全信息和公共政策含义等方面。到20世纪90年代，一些学者又将双边市场理论、企业边界、新规制理论等纳入研究范围，将产权制度、市场结构同样视为影响企业行为的重要因素成为产业组织研究的特点。

整体上看，产业组织理论依据结构—行为—绩效的研究范式揭示了产业组织活动的内在规律，为政府制定产业发展政策提供决策依据。其中传统哈佛学派的SCP理论逻辑是市场结构—市场行为—市场绩效之间是一种单向的因果关系，因此要提高市场绩效，建议通过政府干预改善市场结构，限制垄断势力、保持适度竞争。芝加哥学派则认为市场结构—市场行为—市场绩效之间是相互影响的、双向的因果关系，主张市场自由主义、放松管制。新产业组织理论的新奥地利学派、新制度经济学派等对传统的SCP范式进行了修订和补充，重点分析了企业行为和经济福利问题，不断完善和丰富产业组织理论。我国农业发展的产业组织主要包括农民合作社组织、龙头企业组织、家庭农场组织等，农村产业融合发展、农业现代化发展离不开农业产业组织的发展和支持，当前我国农村融合发展过程中存在农民组织化程度低、组织的利益联结不紧密以及交易费用很高等问题，产业组织理论从产业组织、产权与交易制度等角度为农业产业组织之间构建利益机制、激励机制、共享机制，以及降低交易费用等具有重要的理论指导意义。

2.1.4 交易费用与产权理论

2.1.4.1 交易费用理论

"交易"概念最早可以追溯到亚里士多德"人与人之间的关系"的定义，在区分交易与生产加工的基础上将交易分为三类：金融货币交易、商业交易、劳动力交易（《政治学》，商务印书馆1983年版，第132页）。制度经济学家康芒斯（1962）通过对"交易"概念的提炼和深入分析，将法律与经济学联系起来,他将"交易"定义为经济研究的基本单位,这一单位包括冲突、依存和秩序三种成分,并将交易分为买卖交易、管理交易和限额交易,这三类交易活动包括了一切的经济学活动。同时他认为"交易"作为基本经济研究范畴,它是"所有权的转移",即人与人之间物质所有权的转让和取得。马克思认为资本由商品到货币和由货币到商品的形式转化,这种买卖行为就是资本家的交易,商业的专业化节约了用于商品买卖的资本,但却招致了流通费用(《资本论》第2卷,人民出版社2004年版,第146页),这里的流通费用包括纯粹的流通费用(买卖所需的时间、簿记费用、货币磨损费用)、保管费用和运输费用,马克思从劳动价值论的立场以流通过程中发生的价值变化分析流通费用的产生和形成。

对交易费用的内涵进行深刻揭示的最早是新制度经济学家科斯(Coase),他在发表的《企业的性质》《社会成本问题》中将交易费用具体描述为"发现交易对象、发现相对价格、讨价还价、签订契约、执行监督有关的费用"(Coase,1960),同时他也将交易费用看作是市场机制运行的费用,科斯在《企业的性质》中从交易费用角度论证了企业的性质及存在的原因。首先,科斯对传统的价格机制自动调节市场以实现"帕累托最优"这一观点提出质疑,他指出若市场中的价格机制就能自动调节资源最优配置,那么企业为什么会存在呢?通过对企业的性质进行分析,科斯发现市场中的价格机制运行是有成本的,而企业或厂商正是有效减少交易费用(成本)的工具,这就解释了企业存在的必要性,这种必要性主要体现在:在没有企业制度的条件下,每个生产要素者都按照个人的要素生产产品并直接参与市场交易,导致市场交易数量大、交易摩擦大、交易费用很高,最终中止市场交易,此时企业就是取代价格机制、降低交易费用而产生的组织(陈翔云等,1986)。科斯的进一步研究表明,为了保障市场交易的正常运行,需要付出包括确定市场价格的费用、谈判与签约的费用、监督履约的费用,企业就是减少交易费用的工具,并且他进一步指出企业本身就会产生管理费用、监督工人的费用、传输行政命令等企业内部费用,企业的扩大自然可能导致内部组织的交易成本增加(科斯,1994)。到了20世纪50年代末期,科斯在《社会成本问题》中明确指出,只要产权的界区是明确的,那么交易费用就为零,此时表明传统的市场机制运行实现了资源配置的"帕累托最优";相反,产权界区模糊,此时交易费用就会存在,外部性的存在会导致市场失灵问题。这个理论后来被斯蒂格勒(Stigler)称为"科斯定理",可见,"交易费用"是衔接"初始的产权安排"与"资源配置效率"之间的重要中间变量(陈翔云等,1996)。

自科斯的交易费用理论提出之后,西方经济学界逐渐掀起了对交易费用研究的热潮。阿罗从制度经济学的核心,即交易活动构成经济制度基本单位的角度出发,将交易成本定义为"经济系统的运行成本"。威廉姆森将交易成本在经济中的作用看作是"物理中的摩擦力"。威廉姆森进一步发展了交易费用理论,他从契约的角度出发,将每一次的交易都看作是一次签订契约的行为,交易费用可分为"事前"与"事后"两种形式。威廉姆森以交易费用为经济活动分析的核心,进一步修正了经济行为的前提假定:一是"有限理性"。在不完全信息和不确定性的现实经济中人们的理性是有限的,并且理性的有限性是不可避免的,需要为此付出各种成本,包括计划成本、适应成本、监督成本。二是机会主义假说。机会主义是指使用包括说谎、蒙骗、窃取等投机取巧的方式来获取自身利益。因机会主义的存在使得市场交易中可能存在提供歪曲的信息的情况,从而增加了签约的难度或增加了市场交易费用,由此提出用契约或制度约束机会主义倾向。三是资产专用性假说。威廉姆森(2003)认为资产专用性指的是为了支撑某种具体交易而进行的耐久性投资,并指出资产专用性强弱是交易费用高低的关键要素,即资产专用性越强,那么交易费用就会更高。除了上述三个假定,威廉姆森还提出影响特定市场交易的三个因素,即交易的不确定性、交易的频率、交易的市场环境。威廉姆森从降低市场交易费用的原因阐释了各种经济的存在及其边界问题,构筑了一个较为系统、完善的交易费用理论体系。

张五常的制度成本学说认为一个人的社会不可能存在交易费用,而在一个人以上的社会就需要制度约束个人行为。诺思在此基础上构建了完善的人类行为理论,他从社会分工角度将人类社会行为分为交易行为和转化行为。交易行为指的是购买投入品、中间投入、获取信息、产权保护、市场营销等,转化行为主要包括对自然物质的开发研究、变化和位移、服务的生产等(沈满淇等,2013)。诺思将人类行为理论与交易费用理论结合并构建起制度理论,认为"信息的高昂成本是交易费用的关键,交易费用包括:衡量交换物价值的成本、保护权利的成本以及监管和实施契约的成本"(诺思,2014),并从信息的不对称性、机会主义、商品的多维属性、交易的人格化特征等方面阐释交易费用产生的原因。诺思从交易形式的演变角度将交易分为人格化、非人格化的两种类型:交易的人格化特征是与分工、专业化有关,而非人格化的交易包含复杂、抽象的利益关系。同时他认为交易的过程是动态、长期的,为此,他认为要构建合理的制度来维护市场交易秩序和市场交易环境。同时,诺思认为交易对象的商品具有多重属性,要完全了解这些属性需要花费高昂的信息成本,也正是这种商品或服务的多重属性特征导致交易双方出现信息不对称的情况，同时诱发了个人的机会主义行为和交易费用的增加。

威廉姆森和诺思首次从宏观层面对交易费用进行测度，他们将整个经济部门区分为转化部门和交易部门，以两个部门之间的交易费用之和衡量交易费用。最后他们算出1870—1970年美国的交易费用占国民生产总值的比重由24.9%~26%增加到46.66%~54.71%（Wallis et al.，1986）。也有学者认为微观层面的交易费用包括公共部门、行业或企业的测度（McCann et al.，2000），他们提出评价政策经济效率的指标应为交易成本的假说。麦卡思和伊斯特（McCann & Easter，2000）采用国家资源保护服务部门的数据测度了减少非点源污染政策的交易费用，测度结果显示交易费用占资源保护成本的38%，并验证了他们提出的假说。新制度经济学家以交易费用为分析工具，将传统微观的边际均衡分析与制度分析方法结合起来研究资源配置问题，且广泛运用于国家理论、产业理论、企业理论当中。

2.1.4.2 产权理论

产权在《新帕尔格雷夫经济学大辞典》中的定义是一种选择权，其主要以经济物品为对象，由社会强制力对这种选择权进行保障（伊特韦尔，1996）。从产权的内涵变化来看，早期的产权定义是所有权人对物的占有，强调产权的所有权性质。20世纪以来，经济学界将产权视为一种制度安排，强调以产权规范人与人之间的行为关系。马克思经济学产权理论和西方经济学产权理论对产权起源的理解不同。马克思经济学从唯物史观出发，认为产权是私有制和社会分工的产物，"财产关系只不过是生产关系的法律用语"（马克思等，1975），即产权是所有制关系的法的观念，而西方经济学的产权理论则强调私有产权对资源有效配置的重要性。

古典经济学理论体系强调自由市场机制能够自动调节资源以实现合理配置。到了19世纪中期，随着资本主义矛盾的日益尖锐，以马歇尔和瓦尔拉斯为代表的新古典学派继承了"看不见的手"的市场调节理论，又综合供求论、生产费用论等论点，运用数量分析论证市场机制对资源配置的各种功能。这种理论"范式"将私有制下的市场经济机制视为最有效的制度，避开谈论经济和社会制度问题，而试图通过市场有效来维护资本主义制度。新制度经济学派不赞同古典经济学、新古典经济学的分析框架，强调制度变量在经济社会中的重要意义。1937年，科斯（Coase）在《企业的性质》一文中提出以交易费用为核心的科斯定理：若是交易成本为零，产权安排不会对资源配置产生影响；而在交易成本大于零的情况下，产权的初始界定会对资源配置、经济制度的效率产生影响。也就是说，在考虑交易成本的情况下，产权制度与经济行为之间存在内在联系，即产权组织与产权结构会对资源配置效率、经济效益产生重要影响，简而言之，产权制度安排与市场运行效率之间存在密切联系。这与新古典经济学忽视社会制度的分析框架下完美市场的资源最优配置结论之间存在冲突，科斯的产权理论拓宽了西方经济学的研究和领域，增强了对现实经济问题的解释能力，也正是新制度经济学兴起的重要原因。

新制度经济学中的产权被认为是一组包括所有权、使用权、收益权、处分权等的权利束，其中所有权为产权的核心。有关产权的定义，不同学者存在不同的观点。在产权的前期研究中主要围绕产权是对人与物关系的界定还是社会关系的界定而争论，例如，阿尔钦指出产权即是对人所享有的物品使用权的一种界定（伊特韦，1996）；菲吕博腾和配杰威齐（1994）在其论著中则进一步从社会关系的视角认为产权的界定相互交织，组成了对人类社会行为的一种规范，从而对人类的行为起到一定的约束作用。费鲁博顿和芮切特（2006）则认为私产制度中产生的经济激励机制会保障资源得到充分的利用，从而提高社会福利。对于产权的功能，德姆塞茨（1994）认为其"是引导人们实现将外部性较大地区内在化的激励"，外部性的存在将导致市场效率发生变化，引起资源的浪费与效率的损失，因而产权确权是将外部性内部化的基本途径。而在现实中交易成本是客观存在的，产权不能被完全界定。巴泽尔（1997）认为产权完全界定的成本太高，产权的界定是一个相对的、渐进的过程，"人们对资产的权利不是永久不变的，它们是他们自己直接努力加以保护、他人企图争夺和政府予以保护程度的函数"，因此产权界定的清晰程度是相对的。巴泽尔从交易费用、产权分割、资产或商品的多样性与变化性的三个维度对产权的界定进行分析。从交易费用角度看，他指出如果交易成本大于零，产权就不能被完全界定。完全界定的成本是高昂的，人们通常运用"成本—收益"分析方法对比资产或商品能带来多大的收益。从产权分割的角度看，与传统产权分析中强调权力的整体性不同，巴泽尔从资源或商品的内在属性出发，强调不同商品含有多种不同属性。正因各种属性所有权被分割，需要对所有者之间进行权力约束，防止侵权行为。在资源或商品的多样性和变化性方面，巴泽尔认为人们的认识能力有限，只能认识到资产或商品的部分属性，他所提倡的所有权配置原则在于，通过衡量个体对平均收入的作用程度进而按照贡献额度进行所有权的配置（巴泽尔，1997）。这三种维度的产权界定都以公共领域概念为核心，巴泽尔（1997）认为资产或商品的属性界定需要花费成本，"不完全分离使得一些属性成为公共财产，进入公共领域。如果他们处于公共领域，攫取他们就需要花费资源"。

与西方经济学的产权理论不同，马克思从辩证与历史唯物主义出发，研究了各个社会经济形态的所有制关系和产权关系，创建了完整的所有制和产权理论，成为马克思主义政治经济学的重要内容（吴宣恭，2000）。马克思的产权思想以所有制为核心，揭示了资本主义私有制的产生、本质特征及发展趋势，从对资本主义私人占有制度的批判中逐渐提出产权理论的基本观点。马克思在对林木盗窃法的辩论中就提到了财产权问题。1843年他在《黑格尔法哲学批判》中进一步指出财产关系决定法权关系，区分了产权的法律形态与经济形态，认为经济形态决定产权的法律形态。可见，在马克思的产权思想中，产权关系的本质是经济关系，产权是一定所有制所特有的法的观念，是所有制的法律形态。马克思在《1844年经济学哲学手稿》中从异化劳动视角分析了私有制产生的起源与本质，揭示了资本主义私有制下的劳动与资本之间的对立关系，当这一对立矛盾达到极限就必然导致私有制的灭亡。马克思、恩格斯在《德意志意识形态》中分析所有制的产生及历史演变过程，将分工与所有制结合起来，认为分工是私有制产生的原因，分工与私有制实际上是"相等的表达式"。在《资本论》中，马克思在研究资本主义生产方式及与它相适应的生产关系、交换关系的过程中充分体现出所有制思想，揭示了财产所有权、法权、所有制的关系，并以所有权为核心研究资本主义的财产关系、财产制度以及财产的不同权利结构等问题。可以看出，马克思产权理论中的产权是与财产有关的各种法定权利的总和，包括所有权、占有权、使用权、支配权等一系列的权利（吴易风，2008）。与西方经济学以"经济人"进行"成本—收益"比较分析为起点的产权理论不同，马克思从生产力与生产关系的矛盾运动中阐释产权的起源，分析了人类历史上最初公有产权、私有产权的建立与起源，以资本主义的财产关系为核心研究了经济领域中的资本与劳动的对立关系，分析了价值增值过程中表述为产权理论中的所有权关系、产权占有过程以及权利的统一与分离结构变化，论证了资本主义私有制下的财产关系、产权制度的阶级对抗性，并指出公有制的经济关系与法权关系替代资本主义生产关系及其产权关系的长期必然趋势（吴易风，2007）。

交易费用理论与产权理论对我国当前推进要素市场化配置、发挥经营主体功能具有重要的理论指导意义。交易费用理论在经营主体提高组织化程度、构建利益联结机制、降低交易成本等方面提供了理论基础。产权理论表明，产权界定是市场交易的前提和基础，就是要对产权的归属进行明晰的界定和相应的制度安排。在产权界定之后需要健全产权配置制度、产权交易制度、产权保护制度等。在我国推进农村产业融合发展的过程中，对农村土地资源、林权、集体资产等产权属性进行明晰的界定，完善产权交易制度以及产权保护制度，对激活农村资源资产、引进投资、发展农业产业新形态具有推动作用。同时产权制度的健全和完善也为加快要素市场化配置创造了条件，要素市场化改革逐渐推动要素自由流动，尤其是带动城乡要素双向流动，为农村产业融合发展提供了要素供给基础。

2.1.5 分工与产业融合理论

2.1.5.1 分工理论

色诺芬早在古希腊时期就曾在其论著《经济论》中谈及分工的思想。他在书中提到了社会分工的思想，认为市场的大小决定社会分工的程度，大城市的每一种手工艺商品都具有更广阔的市场，因而会比小城镇的手艺发展更为完善，并指出一个从事这么多种工作的人，是绝不能把一切都做好的。同时色诺芬还分析了单个工厂内部的分工与协作问题，指出社会分工简化劳动、提高劳动熟练程度等观点。对社会分工问题进行系统研究的是西方哲学家柏拉图，他在《理想国》中对社会分工的产生根源、本质、特征以及作用等问题进行了全面分析，认为人的多样化需求是社会分工产生的根源。同时，他也认为人的先天禀赋差异，如资质、性格等的不同也使得不同的人会胜任不同的工种，因此社会分工是一种必然。他还认为社会分工的本质特征是工作的专业化，社会分工不仅有助于提高劳动技艺与产品质量，"只要每个人在恰当的时候干适应他性格的工作……专搞一行，这样就会生产得又多又好"（柏拉图，1986），在这一方面，他进一步将分工思想延伸到国家和阶级层面，进而较为系统地论述了社会分工思想。自威廉·配第以来，最早系统论述分工问题的是古典经济学家亚当·斯密（Adam Smith），1776年他在《国民财富的性质和原因的研究》一书中全面阐释了社会分工的根源、发展基础、作用及社会阶层关系等思想，是社会分工思想发展史上的重要里程碑。斯密认为人们之间的交换倾向、交换能力是社会分工的起源，同时认为市场规模决定了社会分工的发展，"分工起因于交换能力、分工的程度……要受市场广狭的限制"。在社会分工的作用方面，斯密指出"劳动生产力上最大的增长……，似乎都是分工的结果"，并阐释了社会分工提高劳动生产力的深刻原因在于劳动者的技艺提高、避免工作转换的时间损失、机器的发明带来的劳动生产率的提高、简化劳动促进技术的发明与创新。斯密认为社会分工引起了人们天赋才能的差异，从而形成了不同的社会阶层，"人们的天赋才能的差异……与其说是分工的原因，倒不如说是分工的结果"。同时斯密也看到了社会分工的消极影响,他指出社会分工可能使工人更加偏重在某一领域的发展,因此并不利于人的全面发展。圣西门等空想社会主义学者更进一步强调社会分工带来人的片面发展的消极作用,因此他们并不提倡进行社会分工,主张消灭城乡分工、脑力与体力的分工、废除职业分工,从而实现人的全面自由发展。

马克思、恩格斯从批判资本主义现实的角度逐层阐释社会分工思想,主要体现在《1844年经济哲学手稿》《德意志意识形态》以及《资本论》的一系列著作中。马克思从异化劳动的角度分析了资本主义现实,并对其进行了批判,揭示了资本主义私有制度下的社会分工带来的消极影响:"资本、地产和劳动的分离,只有对工人来说才是必然的、本质的和有害的分离……因此,资本、地租和劳动的分离对工人来说是致命的"(《1844年经济哲学手稿》,人民出版社2000年版,第17页)。要素的分离进一步强化了社会分工,社会分工的深化为生产力的加速发展提供了新的生产模式,但是随着生产力带来的经济发展会导致资本家攫取的剩余价值越大,从而工人阶级成为资本家攫取剩余价值的一种工具,随着这种模式对社会经济影响程度的逐渐深刻,工人阶级对资本家的依附就会更加强化,"身份则会变得更加低贱"(《1844年经济哲学手稿》,人民出版社2000年版,第23页)。按照马克思的观点,若劳动被承认是私有财产的本质,"私有财产是外化劳动即工人对自然界和对自身的外在关系的产物、结果的必然后果"(《1844年经济哲学手稿》,人民出版社2000年版,第61页),那么"分工就会被理解为财富生产的一个主要动力"(《1844年经济哲学手稿》,人民出版社2000年版,第134页)。马克思、恩格斯(《1844年经济哲学手稿》,人民出版社2000年版,第17页)在《德意志形态》(人民出版社2018年版)中进一步从唯物史观角度分析了社会分工与生产力、私有制、阶级之间的关系,在考察生产力与生产关系之间的矛盾运动与辩证关系时,论述了分工在社会历史进程中的作用、私有制和阶级产生的根源。他们认为分工伴随着对生产资料的分配,因此分工的深化也体现在资源配置的优化过程。分工加速了生产力发展,生产力的提升又会进一步加速社会分工,因此,生产力水平最鲜明地体现在社会的分工程度上。这一过程还包含着逐渐积累起来的财富在各个人之间的分配,因此,从某种程度上讲,分工也体现为生产关系的转变,不同的社会分工形式最终体现为生产资料所有制的差异。马克思、恩格斯认为分工与私有制是等同的,分工的各个不同发展阶段,同时也就是所有制的各种不同形式,并指出在旧的分工和私有制条件下,人们形成了不同的阶级,只有在消灭旧的分工与废除私有制的共产主义社会中人们才能真正获得全面自由的发展。在《哲学的贫困》（人民出版社 1961 年版）中，马克思以"分工"范畴为突破口，对资产阶级的形态进行现实的批判，发现了人类历史过程中的辩证本性，他在批判蒲鲁东观点的基础上提炼出正确看待分工的价值观，认为看待分工问题就应该保持历史的唯物辩证观，既置分工于历史的演变中，又通过发展的观点将分工与所有制、市场交换等相联系，从而进一步丰富和完善了其分工理论。回到《资本论》，马克思、恩格斯以商品为研究起点，对商品生产、交换、分配等环节进行刻画，这其实已经暗含对分工发展的分析，认为分工推动了使用价值和价值的分析，是产品成为商品的必要前提。在对分工进行考察后，马克思、恩格斯进一步对分工形态进行了细化，提出了工场内分工和社会分工的观点，并将其归置于经济社会演变的不同阶段。这是马克思将分工提升到"政治经济学研究范畴"高度的标志，他们所揭示的商品的内在结构与矛盾成为理解政治经济学的枢纽，他们所研究的商品是整个资本主义内在矛盾的浓缩体。在整个马克思理论体系中，其探讨各类要素时均是以分工为前提，因此在对分工进行两类分法后，他们基于对商品、货币、资本等的流通规律的分析，结合两类分工模式的内在关联，剖析了分工存在的内在作用和规律，进而保障了其分工思想的深刻性。马克思、恩格斯论述了社会分工的起源与发展、作用，以及资本主义形态下的社会分工的特征问题，建立了系统的社会分工理论。

新古典经济学的集大成者马歇尔于 1890 年在《经济学原理》中分析了分工与效率的关系，研究了不同等级工人之间的分工问题、分工与专业化产区以及分工效益和规模经济之间的关系问题，将分工与组织、报酬递增问题结合起来研究。杨格（Young, 1928）在《报酬递增和经济进步》（"Increasing Returns and Economic Progress"）中阐释了分工促进经济增长和经济发展的作用，分析认为报酬递增是分工的结果、分工与市场规模之间的相互约束、分工可利用迂回生产方式，深刻地揭示了劳动分工、市场规模、技术进步与规模经济之间的动态关系。此后，对分工问题的研究长期未受到主流经济学的重视，直到 20 世纪 80 年代新兴古典经济学的罗森（Rosen）、贝克尔（Becker）、杨小凯等才重新将分工纳入经济学的分析框架，将分工和专业化的思想以现代数学分析工具加以数理模型化。不同的是，新制度学派从制度激励的角度解释分工问题，最早的新制度经济学康芒将分立的个体之间稳定的经济关系看作是既存制度的属性在现实活动中的表现，科斯以交易成本为工具分析产权界定对资源配置的影响，诺思强调制度产生的经济绩效问题。概而言之，新制度学派从制度变量角度深化了对分工、专业化问题的研究。

2.1.5.2 产业融合理论

产业融合是从信息技术行业逐渐扩散的新兴经济现象,产业融合是通过技术扩散模糊产业边界、产业内部分工深化的发展过程。实际上,马克思、恩格斯的分工理论中其实已经有产业融合理论的雏形,他们在借鉴前人分工思想的基础上,提出了社会空间的分工,包括工场内部以及社会内部的分工。此外,他们从劳动本身角度将社会生产分为农业、工业等大类,并称之为"一般的分工"或"特殊的分工",将工场手工业内部的分工称为"个别的分工"。有关社会分工和工场分工的关系,他们认为,工场手工业内部分工处于社会内部分工的大环境下,社会分工水平在一定程度上决定和影响了工场内部分工的发展水平,同时,作为社会内部分工的一部分,工场手工业平均分工的水平则决定了社会分工水平(马克思,2004)。不同的是,社会内部分工是各种经济形态共有的,"工场手工业则是资本主义生产方式的独特创造"(马克思,2004)。工场手工业内部的分工与个别的分工是相互联系与区别的。工场手工业作为一个生产组织模式,通过分工,将生产工序分别由不同的工人负责,最后则由生产链统一进行组织生产,在某种程度上既促进了工场手工业内部的分工,同时又将工场内部的分工组织在了一起。并且他们将工场手工业分为混成的与有机的两种手工业形式,认为与工场手工业内部分工模式一致,工场手工业也可以作为基本的生产单元,而后通过工场手工业之间的分工与组织又可以形成新的社会内部分工,推动资本主义大生产的变动。这其中的分工思想就体现着产业融合的萌芽。

马歇尔将产品的生产规模扩大而发生的经济分为外部经济和内部经济两种类型,并从企业规模生产、工业布局、企业经营职能三个层面展开分工对报酬递增的作用分析。杨格则认为报酬递增、经济增长都是分工与专业化的结果,提出著名的"杨格定理":劳动分工既受市场规模的限制,又能促进市场规模的扩大,这两个方面互为条件,相互促进,即"分工一般地取决于分工"(杨格,1996)。随着市场规模扩大到能够支撑迂回生产中某个中间环节或产品能独立成为专业化的生产部门时,就会出现新兴的、细化的产业或部门,从而实现社会分工的进一步发展,引致新产业形态不断涌现,这就体现出劳动分工推动市场规模扩大的作用,同时市场规模的扩大又会循环发展上述过程。可见,杨格定理从动态角度分析了分工与市场规模之间的关系,论证了一个产业演进的发展过程。

分工与专业化是经济增长的原动力,技术进步与市场规模扩大双重带动效应拉长了产业链条,促进新产业的形成,换而言之,新产业的形成是分工与专业化发展的结果。产业融合的发生以技术融合、市场融合、服务融合等多种方式使原有分立的产业之间出现多种融合形态。从本质上看，产业融合是对传统产业分工的深化发展，从而不断催生新的产业，成为产业分工的新起点。从制度角度来看，科斯提出市场交易存在成本，企业是为了降低交易成本而形成的组织。交易成本会进一步影响分工的深化：一方面分工的细化提升生产效率，使得分工收益也就越大；另一方面分工越细引起交易环节增多，从而增加了交易成本，制约了分工收益的增长，可以看出分工的细化程度与交易成本之间的非对称性关系。产业融合实质上是通过新的产业组织形态降低了交易成本、以获取新的分工收益的一种制度安排，是企业外分工与企业内分工交替转化实现范围经济、规模经济的过程，是企业外部分工内化为企业内部分工的结果（郭承先，2017）。20世纪70年代，通信技术、信息技术快速发展，尤其是数字技术的发展引起信息行业发生了产业融合现象，学者们纷纷展开了对产业融合的定义、基本类型、原因、发展规律以及融合度测度等方面的研究。

综合分工与产业融合理论来看，专业化分工作用下的技术进步与市场规模扩大促进了新产业的产生，同时产业融合实质上也是在传统分工理论基础上的深化发展，不断促进新兴产业的兴起和发展。分工理论，尤其是新制度经济学从制度变迁视角研究分工和专业化的理论，能够为分析我国农村产业融合发展中的家庭农场、农民合作社、龙头企业等新型经营主体之间如何通过"理性抉择"而组建一种新产业组织形态提供理论基础，这种新形态、新模式能够降低市场交易成本、获取更高的分工收益。产业融合理论中对产业融合的类型、途径、驱动力、融合度测度以及融合效应等的研究，对我国农村产业融合进程的分析、融合水平的测度有重要意义。总之，要推动农村产业融合发展，就需要制度激励、技术进步与市场规模的推动作用，因此，需要政府加强对农村产业融合发展的制度供给与服务，同时加强要素市场化配置，推动技术创新，这将有利于延伸农业产业链、价值链，促进农村产业新形态、新业态发展。

2.2 基于"政府、市场、经营主体"三个维度的分析框架

2.2.1 政府政策支持与制度供给

古典经济学家亚当·斯密在《国富论》中强调了"看不见的手"的作用，而政府行为的范围主要是为私人经济活动充当"守夜人"。继斯密之后的萨

伊、穆勒等经济学家也提出了类似的经济自由主义的主张，认为市场通过价格机制、供求机制能实现资源的有效配置，政府则在经济发展过程中采取自由放任的态度，不对经济活动进行任何干涉。然而，随着资本主义发展固有矛盾的加深，周期性经济危机、大规模失业、公共产品短缺等问题相继出现。1929—1933年爆发的资本主义经济危机使得学者们重新认识自由市场机制的作用，将政府干预思想纳入经济学分析框架，促进了凯恩斯主义的兴起。凯恩斯主义的观点认为市场机制并不能自动实现社会总供求的均衡，市场不是完美的，市场失灵问题客观存在，政府干预是经济稳定发展的必要条件，尤其是政府的财政政策和货币政策对实现社会供求均衡、社会经济平稳运行具有重要意义。在政府干预思想的影响下，资本主义国家在实践中普遍不同程度地采取了干预政策，带来了经济复苏和短期的繁荣。在凯恩斯主义的分析框架下，政府的行为和活动与社会公共利益保持一致，政府干预恰好能弥补市场失灵的不足，从而实现社会福利最大化的目标。但是政府行为也存在"失灵"问题，正如布坎南在《自由、市场与国家》中指出的，政府的行为规则都是人为制定的，政府官员的行为同经济学家研究的其他的行为没有任何不同，他们的行为目标是追求自身"权利最大化"。

从马克思、恩格斯的市场与政府观来看，他们在《资本论》中对商品经济的一般规律的分析中就体现出市场在资源配置中的基础地位，以及政府为必要保障的观点。他们认为商品交换的主体之间关系是平等的，"除了平等的规定以外，还要加上自由的规定……在这里第一次出现了人的法律因素以及其中包含的自由的因素。谁都不用暴力占有他人的财产。每个人都是自愿地出让财产。"（《马克思恩格斯全集》第46卷，人民出版社1979年版，第195-196页）只有交换主体按自愿平等和契约形式进行交换，才能保障商品经济的正常运行，而国家正式制度是确认和保护所有权或产权的重要支撑。马克思、恩格斯在强调市场对资源配置的必要性、重要性的同时，也指出了市场机制的不足（李萍等，2010）。中国特色社会主义理论对政府和市场关系进行了理论和实践的探索和拓展。改革开放引入市场机制打破了计划经济体制，20世纪90年代提出建立社会主义市场经济体系，之后进一步强调充分发挥市场在资源配置中的基础性作用、决定性作用，同时更好发挥政府作用，逐渐形成了"有效市场"和"有为政府"共同发挥作用的理论共识。

从制度变迁的角度来看，诺思在《制度、制度变迁与经济绩效》一书中指出，制度通过其对交换与生产成本的影响来作用于经济绩效，是影响经济绩效的关键。诺思还在《经济史中的结构与变迁》一书中将制度变迁分为强制性制度变迁与诱制性制度变迁，指出政府在制度变迁过程中发挥着重要作用。由此可见，政府的制度供给、产权确认与保护对经济持续健康发展具有重要意义。这里的"保护"意在强调政府对市场机制的辅助完善的作用机制，政府在处理经济活动中应该做到"有为"，即对市场发挥作用不善或市场机制存在缺陷的领域进行适当干预，因此是政府行为应该以矫正市场扭曲、着力完善或改善市场机制为目的。因此，必须在建立健全市场经济体制的同时充分发挥政府作用，但要界定政府与市场的边界，避免政府过度干预市场。

农村产业融合发展是乡村产业兴旺、农村农业现代化的关键路径，是社会主义现代化体系的重要组成部分。一般而言，在市场经济体制下，政府与市场共同调节国家的经济运行。由于农村农业经济活动的季节性、周期性以及农产品供给的公共性，农业市场、农村市场具有明显的不完全性，市场机制对农村产业发展的调节存在"失灵"问题，因而需要政府弥补市场机制的不足。同时农业在国民经济产业体系中的弱质性也决定了政府对农村产业发展调节的特殊性。随着新兴技术的快速发展，现代信息、生物技术逐渐有机渗透到农业的生产、流通、销售等领域，引起传统农业与高新技术产业之间的边界模糊从而形成了信息农业、生态农业等新产业、新业态，呈现出农村产业融合发展态势，而政府在农村产业融合发展过程中要充分发挥营造良好环境的作用。传统的经济理论中政府被视为一个整体组织，未对其进行深入分析，从而导致对现实解释力的弱化。现实经济中中央政府与地方政府之间不同的分权结构将影响资源配置的效率和社会福利的分配，由于地方政府对地区经济发展情况的信息处理过程较中央政府更具有优势，因此中央政府可将资源配置权利转向地方政府，以弥补市场失灵的不足，提高资源配置效率。但是，若中央政府与地方政府之间的"财权"与"事权"划分不清，自然会导致地方政府过度干预市场、财政赤字严重、地方政府之间过度竞争等问题，尤其是在以经济增长指标为政绩考核目标的考核方式下，地方政府会将工作重心放在地区的经济规模和增长上，重视比较收益高的非农产业发展、城市化进程带动的经济增长速度，而对农村农业发展问题显得动力不足、不可持续，农村农业的发展难以避免工业部门、城市部门的冲击。随着城乡融合发展和农业发展方式转变的需要，中央政府通常将发展现代农业、农民增收、粮食增产等也作为考核地方政府的政绩考核指标，从而地方政府在晋升—激励体制下更加重视农业农村现代化发展问题。

因此，在农村产业融合发展过程中需要完善政府部门的激励约束机制、协同推进机制，逐渐健全政府制度供给与服务的职能。政府对经济的干预手段主要表现为经济手段、行政手段和法律手段。其中，政府对经济干预的手段是政府作用机制形成的逻辑基础，本书将政府作用机制概括为信号传递机制、资源补充机制和资源重置机制。具体而言，以产业政策支持和农业补贴、基础设施建设、公共服务平台、创新金融支持以及产权确认与保护作为政府的施政方针，对机制的适用性进行探讨，本书认为上述五个方面均表现出政府对农村产业融合发展的作用机制。

2.2.2 要素市场配置

现代经济理论认为，在市场经济条件下，充分发挥市场的价格机制、供求机制以及竞争机制的调节作用可以达到市场的一般均衡，但是这种帕累托最优状态是在一系列严格的假设条件（以完全市场为基础、交易费用为零、信息完全性等）下才能实现的，现实经济中市场是不完全和不完善的，需要政府的一系列制度建设去完善市场秩序。在农村产业发展问题上，要素市场的配置功能受政府干预强度的影响。中央政府主要负责全局性的、长远性的和社会性的农业发展项目的投入，表现为对国土整治、生态防护、农田水利、交通运输、农业科技、教育推广、重点农产品商品方面直接提供资金投入，同时建立储备调节基金保证粮食储备等支出；而地方政府主要承担区域内具有明显外部性的农业发展项目的资金投入，基层政府则只需要执行上级政府的政策、命令和指示，在较小的区域范围内实现其执行目标（张日新等，2011）。中央政府与地方政府之间存在博弈，地方政府在政绩考核目标下对农村产业发展采取干预政策。在地方政府直接或间接的过度干预情况下，市场机制就会出现扭曲，引起要素市场、产品市场、金融市场等失灵的问题，从而制约了地区之间、行业之间、企业之间的劳动力、资本、土地、技术等要素的自由流动，加之地方政府为政绩考核目标而盲目推行非农产业项目，最终导致要素市场配置扭曲，阻碍农村产业融合发展。

市场经济理论表明市场是配置资源最有效的形式，市场机制的运行效率取决于进入市场的要素、在一定产权制度约束下的要素供给者和需求者，以及市场秩序的三个系统，要素的市场化配置是市场决定资源配置的前提和实现形式（洪银兴，2018）。要素的市场化配置下的市场等价交换机制、信息机制、竞争机制、风险和利益机制充分发挥作用，则可实现资源的有效配置。对于要素流动的条件、运行特征以及外部环境等方面，马克思在《资本论》中进行了深刻的分析，他指出资本、劳动要素只有在消除垄断力量（自然垄断除外）、信用制度不断完善、不同的资本家控制着不同的生产部门，以及法律等方面的重要条件有所保证后，才能实现自由流动。他还描述了这两种要素自由流动的情景："资本有更大的活动性……更容易从一个部门和一个地点转移到另一个部门和另一个地点；劳动力能够更速度。"（《资本论》第3卷，人民出版社2004年版，第218页）可以看出，资本、劳动等要素的市场化配置要求打破市场垄断，不受法律限制，以及提供发达的金融通道、各类要素市场的顺畅通道。要素的市场化配置是为了实现效率。早期的市场经济理论认为市场是完全竞争的，竞争越充分市场配置越有效，然而随着理论的发展发现，不完全竞争市场才是现实，信息是不完全的，交易费用理论指出市场交易存在成本，而且在现实经济发展过程中体制机制有约束作用，从而导致要素市场配置出现扭曲现象。

要素市场化配置是推动农村产业融合发展的基础动力。要素市场通过价格机制、信息机制、竞争机制调节资源要素的配置效率。其中，要素价格变化充分体现要素的稀缺程度是要素市场化配置的基本要求，当要素供给充足时价格下降，而要素短缺时价格则上升，要素价格由要素的市场供求来决定，要素市场的主体通过价格机制进行决策，从而实现资源的有效配置。然而，由于农业本身的比较收益低，而非农产业收益高、周期短，在政府干预下，地方政府为了实现政绩考核目标而积极投资城市建设、非农产业发展，此时要素集聚效应带动要素从农村、农业流向城市、非农产业，并在体制机制的约束下呈现农村与农业的要素单向流向城市与非农产业的状态。此时的要素价格并不能充分反映其稀缺性，同时产权制度的不健全、产权权能的缺失、产权保护不严等问题导致市场交易成本高昂，要素市场的价格机制不能充分发挥作用，呈现农村要素市场化水平较低的困境。此外，政府过度干预要素市场，以及在维护市场秩序和环境中的缺位，也会引起要素市场的信息机制、竞争机制失灵，降低了要素市场配置资源要素的效率。从制度变迁依赖的理论来看，农村农业发展的初始条件比较恶劣，在没有合适的外生变量参与下制度变迁的结果不利于农村农业的发展，农村的劳动力、资本、土地、技术等要素的空心化自然造成农业生产成本上升、农业生产结构矛盾以及农业产业链延伸受限等问题。农村市场化水平明显低于城市，现代生产要素难以通过市场路径进入农村农业部门，因而，农村农业的发展不仅依赖于农村的要素市场，更需要城乡一体化的要素市场（费景汉等，2004）。

概而言之，要素的市场化配置需要要素进入市场，以及建立健全的产权制度、竞争有效的市场秩序，充分发挥要素市场的价格机制、信息机制和竞争机制，从而突破要素流动瓶颈、发挥要素集聚功能、降低市场交易成本，以实现要素的畅通流动与要素组合效率的目标，从而推动农村产业融合发展。

2.2.3 经营主体功能

现代农业经营主体一般包括家庭农场、专业大户、农民专业合作社、龙头企业、农业社会化服务组织、产业协会、农业产业化联合体等。世界农业生产方式主要分为大农场农业、小农场农业和小农户农业。国外发达国家一般将农业经营主体分为企业化经营的农场、合作社、兼职农户三种类型，同时将企业化经营的农场分为家庭农场、公司型大农场。我国农业经营主体主要以小农户、规模经营农户、合作社、农业企业四种类型为主。由于各国农业经济发展的资源禀赋、市场环境、制度环境等因素的不同，各国农业生产经营方式也呈现不同的组织形态。从制度变迁角度看，农业经营方式变迁是在制度安排、交易环境变迁下的分配性努力与生产性努力之间动态博弈的结果，不同的农业经营主体呈现出不同的成长路径与特征，正是这些主体之间不同的功能构成了不同形式的新型农业经营体系。

首先，对家庭农场进行功能定位。家庭农场与普通小农户最大的区别就是规模经营，家庭农场呈现以农地经营收入为主、具有较高的经营效率和技术先进性的特征。农地制度的变迁带来的土地流转和向适度规模化集中是家庭农场形成并发展的前提和基础。家庭农场作为农业资本的提供者，又是农业生产的主要劳动者，有效解决了农业生产的监督管理问题。

其次，对农民合作社进行功能定位。普通农户的理性是有限的，加之市场环境变化具有高度的风险性、信息的不对称性特征，分散、单一的农户获取市场信息能力弱、市场谈判地位低、销售渠道难、市场交易成本高；而农民合作社的功能就在于将分散的小农户组织起来，以提升农户的组织化程度、市场应对能力以及获取生产技术等优势，但是普通农户一旦进入合作社的组织成员，就会面临组织分工的交易费用问题。

再次，对龙头企业进行功能定位。这种农业企业主要从事耕地以外的经营，表现为在农产品加工领域中带动农户进入市场领域。龙头企业在农产品流通领域中以订单农业的契约方式与合作社或农户进行合作，在农业服务领域中以有偿方式为农户提供农机作业服务等。龙头企业以社会化生产的方式引领农户进入市场，发挥出市场组织者的作用，形成了与农户之间的分工体系，但是在利益分配机制中龙头企业和农户的地位不平等，农民的利益分配存在不公平问题。

最后，对专业大户的功能定位。一般认为专业大户是农业规模经营的初始状态，专业大户是通过土地流转而进行规模经营的农户，以追求规模效益、提高家庭收入水平为目标，专业大户的生产经营活动的稳定性较弱。农业经营主体之间通过利益联结机制、激励与共享机制缓解农业发展中的"小规模与大发展"不匹配、"小生产与大市场"难对接的困境。当农户与相关组织作为主体参与到农村产业融合发展的过程中，各个主体在追求自身利益时为了获取范围经济、规模经济而进一步分工与合作，从而促进农业跨产业的多元化生产经营。

综合而言，在政府制度约束和市场约束下，经营主体通过有限理性选择，以竞争与合作的方式参与农村产业融合发展。具体表现为经营主体通过提高主体组织化程度与市场应对能力、合理分配的利益联结机制、激励机制与共享机制推动农村产业融合发展。

2.2.4 政府、市场与经营主体的逻辑关系

一般而言，政府拥有制定法律、制度以及规则的职能，市场则是配置和分配资源，政府通过干预手段影响市场机制。在农村产业融合发展过程中，政府和市场共同作用影响经营主体行为，并且政府的作用机制会对市场产生影响。具体表现为，在政府充分发挥制度供给与服务的职能、要素市场实现市场化配置的作用下，经营主体通过理性选择实现利益目标，从而推动农村产业融合发展，具体的逻辑关系如图2-3所示。

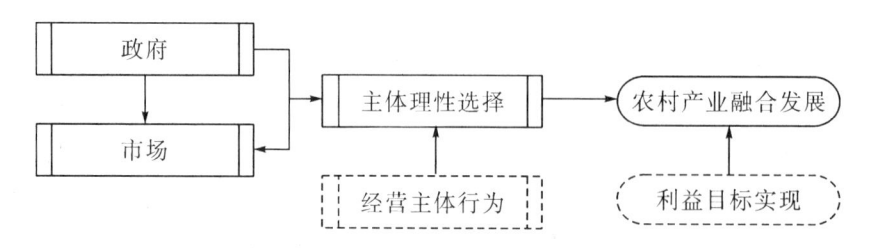

图2-3 政府、市场与经营主体的逻辑关系

2.3 "三个维度"分析框架的说明

基于以上从"政府、市场、经营主体"三个维度的农村产业融合发展机制的分析，本书提炼出分析框架如图2-4所示。首先，构建起"政府、市场、经营主体"三个维度的一般性分析框架。"政府"维度的政府有为干预概括为信号传递机制、资源补充机制与资源重置机制，具体分解为产业政策支持与农业补贴、基础设施建设、公共服务平台、创新金融支持、产权确认与保护。"市场"维度的要素市场配置概括为价格机制、信息机制与竞争机制，具体分

解为要素流动瓶颈、要素集聚功能与交易成本。"经营主体"维度的经营主体功能概括为合作机制和竞争机制。在政府和市场的作用下经营主体通过主体组织化程度、市场应对能力、利益联结机制、激励机制与共享机制作用于农村产业融合发展。其次，在构建的一般性分析框架下再对我国农村产业融合发展机制进行分析。本书得出政府政策支持和制度供给不足、要素市场机制扭曲及政府与市场机制的作用下经营主体功能受限，从而制约着农村产业融合发展水平的提升。最后，在总结国外农村产业融合发展经验的基础之上，从"三个维度"提出我国农村产业融合发展的路径。

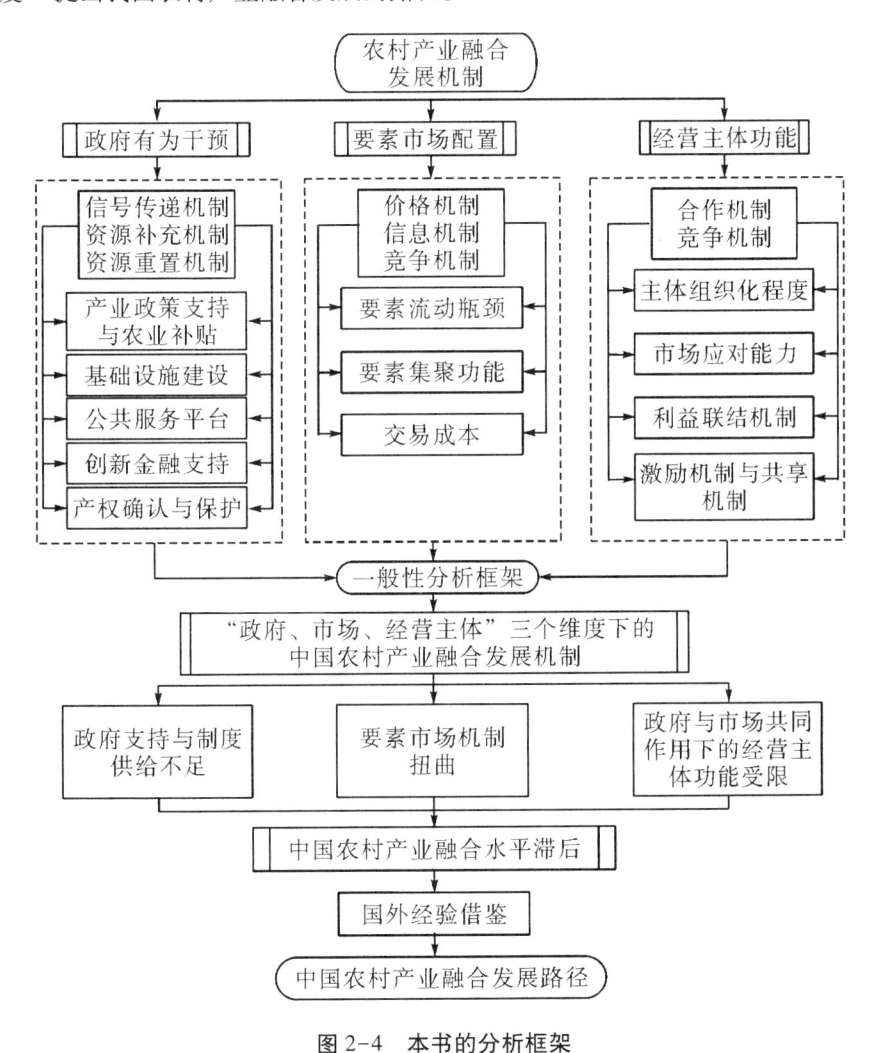

图 2-4 本书的分析框架

3 "政府"维度的农村产业融合发展机制分析

3.1 政府、市场与经营主体关系辨析

3.1.1 政府与市场的关系

处理好有为政府与效率市场的关系是经济发展的强有力保障。究竟市场多一点还是政府管控多一点，不同的经济学流派提出不同的观点。从历史进程来看，政府与市场的关系在理论和实践两个方面都处于不断的探索、纠正和调整之中。在亚当·斯密自由经济主义的影响下，西方自由竞争的市场经济得到了空前发展。亚当·斯密在《国富论》中提出政府在经济发展中主要有国防、司法以及公共服务与公共物品供给的三大义务。19 世纪自由主义思想在西方国家居于主导地位，主张政府较少干涉经济活动。新古典主义经济理论认为，在完全竞争的市场中，市场价格能够充分反映所有信息，市场的价格机制、竞争机制、供求机制能够自动调节实现资源的有效配置，从而达到帕累托最优状态。然而，这种资源配置的最优状态是在一系列严格的假设条件下才能达到，当现实经济条件不能满足这些假设条件时，市场就会出现失灵，资源无法实现有效配置。

19 世纪后期，垄断、经济危机等一系列前所未有的资本主义新经济现象出现，使得人们认识到"自由主义"的缺陷，彼时政府开始出面干预经济，典型的如罗斯福新政，凯恩斯主义也因此出现并统治西方经济学逾 30 年。在经历了 20 世纪 30 年代的"大萧条"之后，西方对政府职能的定位形成了两种思潮：一种是信奉凯恩斯主义，要求对宏观经济进行积极干预；二是出现市场失灵理论、社会福利思想，政府开始介入公共服务领域，弥补市场失灵的不

足,他们的理由在于当市场中存在垄断因素、外部性以及需要提供公共物品或公共服务时,完全依靠市场配置资源是无法实现帕累托最优的。20世纪70年代后期,西方主要资本主义国家出现的滞胀局面使凯恩斯经济学面临空前的理论危机,供给学派、货币主义、理性预期学派等经济学流派在这种背景下应运而生。其中,供给学派和货币主义从宏观视角重新审视政府政策,并重新定位政府行为与市场行为之间的关系。与凯恩斯经济学相对,弗农(Vernon L. Smith)等供给学派的代表人物认为生产的增长主要源自劳动力和其他生产要素的供给,而经济的发展则取决于商品和劳务的供给,并发轫于生产率的提升。这体现出供给学派将供给侧改革放在调节市场关系的首位,主张调整政府调控内容和调控方式,并通过减税措施鼓励储蓄、投资和提高劳动生产率。虽然供给学派这一主张无法与凯恩斯主义相提并论,但其重新唤醒了"萨伊定律",对世界主要资本主义国家摆脱滞胀局面的政策制定也产生了较大影响。

在政府与市场的关系考察中,各经济学流派或学者通常在界定政府职能时各执一词。如公共选择理论认为,政府行为主体和其他主体的选择类似,也具有经济理性人的特征,即政府的选择行为也多是一种理性的权衡,表现为政府官员或政府组织的利益等是受一些内在动机和本体偏好驱动。其中,政府官员的利益主要表现为个人获取经济利益、个人提升自身价值、个人谋求职位升迁等;政府组织的利益则为各级政府以及政府内部不同部门之间的利益权衡。布坎南(1998)持相同的观点,指出个人在行政领域或"政治市场"上是严格按照经济人的方式行动的,然而,当人们改变角色时,并没有变为圣人。此外,也有学者通过政府与市场的关系来反映政府的地位和角色。斯蒂格利茨(1999)认为政府作为一个处于特殊地位的行为主体,与私人机构不同的是政府主体拥有一定的强制权力,所以政府与市场之间的选择是复杂的,通常不是纯粹的政府或市场的选择,两者的不同组合选择才是常态。针对这种市场主体在利己主义下的博弈选择,缪勒(1999)认为其只是一种"自然分配",这种分配内生于霍布斯式的状态中,摆脱这种状态需要"立宪式契约",以契约形式确立每个人的产权和行为约束,而产权制度和实施产权的过程是一种纯公共物品,需要政府来提供,从这一意义上来说,市场选择内生了政府选择。同时市场在选择过程中可能出现的盲目性、外部性会导致资源配置的"失灵"或"不足",政府补救市场失灵的两个主要职能就是稳定整个经济以及对经济资源进行再配置(斯蒂格利茨,1999)。由此可见,政府作为公共利益的代表,只有在实现公共利益的同时才能实现自身利益,具有公共利益、自身利益的双重一致性(张宇燕,2005)。然而,现实中,政府行为经常会出现利益上的偏差，比如，打着实现公共利益的旗号寻求自身利益或挤占公共利益。

马克思和恩格斯有关政府与市场关系的观点认为，市场在资源配置中占据着基础地位，但是市场存在诸多缺陷，市场失灵导致政府成为矫正市场扭曲的必要保障。马克思、恩格斯在《资本论》中对商品经济的运行规律进行分析时指出，市场交换的主体之间应基于自愿平等以及契约的精神才能保障商品经济的正常运行，而国家正式制度是产权确认和保护的重要支柱。他们在后续的著作《家庭、私有制和国家的起源》指出国家具有阶级属性和公共属性的二重特征，即"和人民大众分离的公共权力"，在分析国家起源时指出"即这样一个机关，它不仅可以保障单个人新获得的财富不受氏族制度的共产制传统的侵犯……盖上社会普遍承认的印章"（《马克思恩格斯文集》第4卷，人民出版社2009年版，第125页）。可以看出，国家具有对私有财产进行界定和保护的职能，这种职能同样也反映出国家的双重属性。简而言之，政府作为国家的执行机构，具有阶级统治、公共权力的双重属性特征。结合中国特色社会主义理论中对政府和市场关系的探索来看，改革开放市场机制的引入彻底改变了计划经济体制下政府替代市场的局面。20世纪90年代，党的十四大提出建立社会主义市场经济体制，即要使市场在国家宏观调控下对资源配置起基础性作用。21世纪以来，党和政府进一步强调要完善社会主义市场经济体制，总的思路就是强调更大程度、更广范围地发挥市场在资源配置中的基础性作用，完善宏观调控体系。2013年党的十八届三中全会习近平总书记指出"使市场在资源配置中起决定性作用和更好发挥政府作用"，这就是我们党对中国社会主义建设规律认识的一个新突破，标志着社会主义市场经济发展进入一个新阶段，之后的相关提法也是在说明"有效市场"和"有为政府"的经济体制。

综合而言，从政府与市场的关系演进来看，经济理论中两者的关系经历了漫长的过程与复杂的演化。前古典经济学思想家主要关注政府的政治职能，重商主义则将政治和经济政策统一起来，即政府政策包括对经济事务的广泛管制，重农主义则认为农业生产是经济活动的基础，提倡用支持农业部门以及代表农业部门利益的政策取代重商主义的政策。古典主义认为政府是经济活动中的"守夜人"，而市场自发以供求机制、价格机制和竞争机制调节经济活动，从而实现资源有效配置。从古典经济学分离出的新古典主义经济学引入"边际效用"分析微观市场活动，认为市场机制自动实现要素的合理配置，微观经济政策的简单调控可以补足市场失灵。20世纪30年代，资本主义经济危机暴露出自由经济模式下的垄断、信息不对称以及负外部性等弊端，强调政府对宏观经济的积极干预，以引导市场经济稳定发展。到20世纪70年代盛行的凯恩斯主义的一度失灵，此后诞生了新凯恩斯主义学派、新自由主义学派、供给学派、公共选择学派、新制度学派等对政府与市场的关系展开争论。不同的是，马克思主义政治经济学则以劳动价值论为基础揭示了资本主义生产力与生产关系的实质，认为只有从制度层面上进行变革才能破解垄断、萧条、不平等等经济问题，强调市场是资源配置的基础，同时政府也是弥补市场失灵或不足的重要保障。

3.1.2 政府、市场作用下的经营主体

政府和市场是配置资源的两种手段，二者分别会以不同的形式干预经营主体并影响其获得生产资料的多寡。在资源配置中，市场起着决定性作用，因此生产资料如何配置在根本上受制于市场机制。政府在市场起决定性作用的基础上可以通过强化或扭曲市场机制，进而改变和调整市场配置资源的方式，重置资源在经营主体之间的配置格局，从客观上推动农业经营主体的规模变动和形态变迁。

3.1.2.1 市场与经营主体

一般而言，经营主体所享有的资源受市场机制影响。具体来看，市场机制包括价格机制、供求机制、竞争机制等，各机制之间相互嵌套、互相制约，并在生产、交换、分配和消费等各环节相互接续，形成一个以价格信息为纽带的持续反馈的闭环。在市场机制中，生产是基础，交换是前提，商品只有进行了交换才能反映出供求关系。供求不等则会引发价格的变迁，价格的改变或偏离价值这一均衡状态则可以直观反映出消费和生产的关系。一般地，若需求大于供给，则价格上涨；供给大过需求则商品价格下降。这种价格信号会以具体的供需信息的形式反馈给生产经营者，因此可以说价格机制是最核心的机制，主要体现为商品价格受供求和竞争等因素的影响而使其围绕价值上下波动，价格机制是价值规律的具体体现。价值规律发生作用会影响不同的经营主体使用要素的数量和结构，从而不仅对资源配置起到了调节作用，也激发了经营者争抢资源的积极性，所以市场机制具有调节资源配置、实现经济平衡、提升竞争力等功能。

第一，市场配置资源在一定程度上是追逐生产率的配置方式，体现了"唯效率"的配置原则，因此，市场机制利于提升经营主体的竞争力，加强经营主体之间优胜劣汰的经营风险，形成经营主体之间的"马太效应"。第二，市场机制调节生产资料在区域之间、经营主体之间自由流动，市场机制会推动要素流向生产率较高的区域，在要素市场供求非均衡的情况下则会通过要素价

格来优化要素的供需状况。第三，市场具有自发性、盲目性、滞后性等缺陷，容易导致市场出现失灵，体现为信息不对称、垄断、外部性以及公共物品等的供给不足。这些缺陷致使市场价格信号不能准确反映产品的市场需求情况，从而使得经营主体在经营决策等方面较市场变化滞后，引发利益受损等问题。

3.1.2.2 政府、市场与经营主体

政府作为非生产性单位，扮演着"守夜人"角色。一方面，政府希望通过扭曲市场作用机制来追求经营主体发展的可持续性和公平性；另一方面，又寄希望于发展较好的经营主体做大做强从而实现政府主体收入的增长。因此，政府作为非生产性机构，既可能推动市场机制加大其作用的发挥，也可能扭曲市场机制减少其对经营主体的影响。

与市场机制相对，政府作为市场之外配置资源的另一种方式，主要通过强化或者矫正市场机制来发挥市场对经营主体的作用，本书将其概括为要素挤入、要素挤出以及信息传递等机制。现有文献中也有学者将其称之为资源获取和信号传递（杨洋等，2015）；若将资源获取的角度进一步深化则可以理解为资源补充机制和资源重置机制（宋凌云，王贤斌，2013，2017）。前者目的性更加明确，后者则以政策引导为主；前者表现为通过政府行政手段直接对重点产业或区域进行要素补充，后者则通过政策引导要素流向重点产业或区域。因此，政府对经营主体的影响更多的是通过中介作用干预市场发挥作用的路径和程度，并最终通过要素在经营主体间的重置和信号的传递来行使权利。其中，信号的传递主要表现为政府通过系列政策向经营主体传达政府在该时段内重点帮扶的经营对象或者重点发展的地域、板块等，以使得经营主体提前了解政府政策走势，对经营主体起到一定的激励作用。我们通过图3-1，以生产者和消费者为主体，来阐释在市场起决定性作用和政府起调节作用下，经济活动的运行态势。

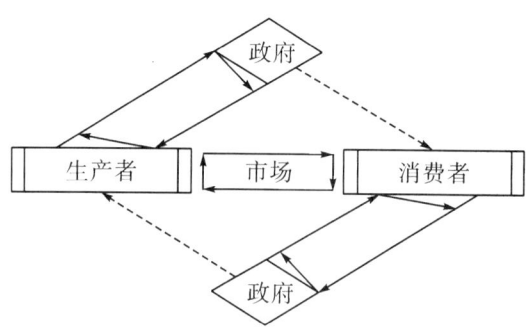

图3-1 市场与政府共同影响下的经济运行模式

图 3-1 中，生产者本身是一个循环。不同的生产者之间存在不同的诸如寡头竞争、垄断竞争等竞争的存在，在市场的作用下生产者之间最终按照平均利润进行分配，故而本书在此尚没有对生产者等微观主体进行细致的考察，我们关注的是政府和市场共同作用下经营主体的运作方式。①如图 3-1 所示，在生产者和消费者之间存在一个市场机制作用下的闭合区域。这反映的是在市场的供求机制、竞争机制等作用下形成的要素价格能够准确地反映市场供需状况，从而在生产者和消费者之间形成一个直接的反馈循环，使得生产者可以依据消费者反馈的信息进行产品的生产和迭代，消费者也能根据自己的需求，通过价格反馈自己的诉求，从而达到供需的平衡。②接下来加入"政府"进行分析。本书认为，市场配置资源的同时，政府会在市场资源的基础上对经营主体实现一个干预，出于扶持或者限制等目的，这会导致政府与生产者和消费者之间各形成一个闭合区间。例如，生产者向消费者供给产品的上区间，生产者生产完产品进入市场前，会在政府的管控下生成备案，此时政府若认为是弱小产业或生活必需品，则会对产品进行补贴或实行最低限价等，从而导致经过政府处理的产品价格对消费者而言并不是真实的。相反，在消费者与政府之间，消费者在消费某种商品后，政府会对一些特殊商品给予消费者补贴，从而消费者所真正消费的价格也是"虚幻的"，导致供需之间往往是断裂的或具有一定的主观性。

诚然，市场和政府会通过资源配置影响经营主体发展，然而仅看到政府在市场决定性作用下的积极作用是完全不够的。早在 19 世纪初期，里卡多（Ricardo）和马尔萨斯（Malthus）就曾针对"谷物法"产生争论。新古典主义的舒尔茨在其 1953 年的著作《农业经济组织》中提出了一个国家干预农业的框架，并认为国家干预行为减少了商品价格不稳定产生的社会影响，包括在经济萧条期间的转移支付，但同时也指出没有什么令人满意的方法可以解决农业中的不稳定问题。舒尔茨不止看到表面，更是深入到本质层面。他在 1964 年的《改造传统农业》一书中指出改造传统农业的关键在于引进生产要素，主要通过构建一条适合改造传统农业的制度、从供给与需求两方面为引进现代生产要素创造条件、对农民进行人力资本投资。1978 年，舒尔茨在《农业刺激的扭曲》一书中指出绿色革命失败的原因是政府决策不让发展中国家的农民享受世界市场上农产品的价格。不同的是芝加哥学派认为政府干预农业总是错误的，尽管市场存在缺陷，但它还是更有利于农业以及其他经济部门，因此政府在农业发展中的争论逐渐集中在政府失败和市场失败的问题上。20 世纪 80 年代，斯蒂格利茨考察了信息不完善和信息不对称的市场在农业中发挥的作用，他发现通常情况下政府的有效干预难以改善市场失灵,尤其是土地市场和农村信用市场。

本书将政府、市场综合作用对经营主体的负面影响简化为图3-2。首先,需要说明的是,市场在资源配置中必然会对经营主体(不只是落后的经营主体,包含各类市场主体)产生直接的负面影响。市场在按照价值规律优胜劣汰的过程中,也会给生产率较高的经营主体带来信息不对称、信息滞后、经营主体垄断以及生产外部性等不利影响,导致经营主体利益受损。因此,在图3-2中,我们直观地展示了市场通过价格机制、信息机制、竞争机制等作用机制对经营主体产生影响,图中并未区分这些影响对经营主体是否有益。如图3-2所示,政府在市场机制发挥作用前进行介入,通过影响市场的价格机制、信息机制、竞争机制等导致市场在短期内的作用减弱,而真正输出的机制则为政府干预后的市场机制。

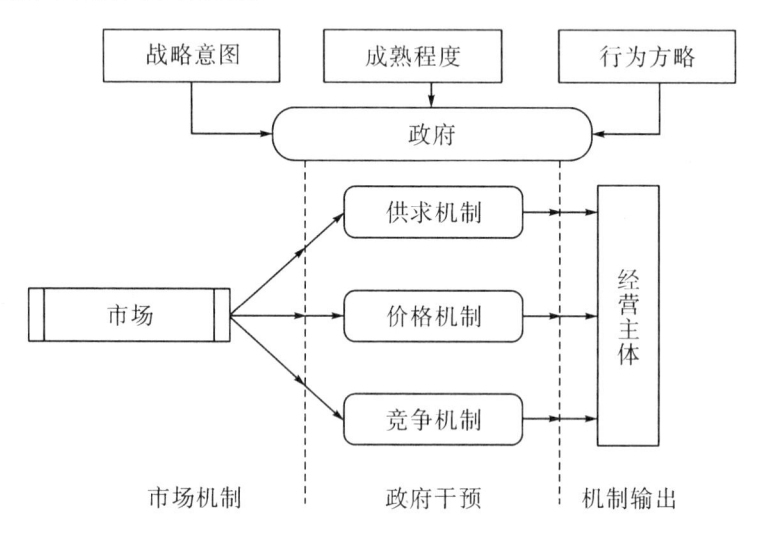

图 3-2 市场与政府共同作用对经营主体的影响

政府决策在一定程度上具有主观性,其决策的准确性根本上仍然受到市场在资源配置中所起的决定性作用的约束,即政府的发展战略若能顺应经济发展规律,则会促进经济发展,反之则会阻碍生产力发展。因此,政府干预只是对市场机制的增强抑或在一定程度上的扭曲等。政府做出决策则取决于政府某一时期的战略意图,同时政府的成熟程度、行为方略等也会影响决策的正确性,一旦决策施行,则经营主体作为受众面对的机制输出则为政府干预后的市场配置资源的机制。

政府干预机制生效后，政府的资源补充机制、要素重置机制以及信号传递机制则会发生作用，主要表现为重点帮扶产业或地区内部经营主体的崛起及限制类产业经营主体的陆续衰落、战略性新兴产业经营主体迎来较大利好等。例如，市场机制驱动劳动力流向生产效率高的地区和部门，但是限于时代需要及落后地区发展的紧迫性，我国推行了严格的户籍制度。一方面，这限制了劳动力的大量外流，在一定程度上促进了迁出地经济发展；另一方面，迁出地经济落后，而第一产业就业容纳能力较低，农村出现大量剩余劳动力，小农经营严重影响了地区劳动生产率的提升，同时迁入地也由于缺乏要素集聚，限制了经济发展的潜力。

综合上述分析来看，市场机制会促进经营主体之间的竞争，强化市场供需信息反馈，利于经营主体做出正确的经营选择，但是市场失灵会导致经营主体获取信息能力受限，做出的经营决策滞后，导致市场主体利益受损。政府则具有要素补充、信号传递以及要素重置等功能，在战略决策中具有主观性和战略性。其可以通过要素的重置来鼓励或限制某类经营主体的发展，也会对弱势经营主体发挥兜底功能，并通过补偿个体利益与社会利益差额，减少个体利益损耗，平衡经营主体权益，兼顾效率与公平。

3.2 政府推动农村产业融合发展的经济学解释

结合西方经济发展史，工业革命不仅推动了工业领域的技术革新，农业领域生产力的解放也得益于工业革命带来的农业生产工具的更新和生产的标准化。随着农业生产机械的普及和农业革命的进一步推进，农业生产效率得到前所未有的提高，农村出现过剩劳动力则又解决了工业革命所需劳动力，因此加速农村产业融合既是农业生产发展的需要，也是二三产业发展的必要条件。按照西方自由主义的观点，农业领域的技术革新从根本上说仍然是在市场机制作用下充分发挥个人主观能动性的结果，但是个人并非独立的人，其生活在政府这种权力机构安排的社会制度下，税收制度、货币政策、权力结构、法律形式等的存在形态也影响到人们生产的积极性，因此，政府在产业融合发展中扮演着重要角色。

被经济学家广泛接受的是，政府管控是市场之外对生产资料在经营主体之间进行再分配的主要手段。生产资料的配置结果在一定程度上影响经营主体的生产能力、生产成本和经营收益等，进而对经营主体的竞争力有较大影响。生产资料按照购买者的不同，可以分为农业生产资料和工业生产资料。就农业部门而言，农业生产资料包括农业作业器具、化肥、农药、技术服务、土地制度等。可以看出，农业生产资料的生产或获取多是基于第二产业、第三产业与农业深度合作的基础上，若第二产业和第三产业能够深度服务农业，所供生产资料效率较高的话，则无疑可以减少农业中间投入，提升农业增加值率，强化农业产业竞争力。以美国为例，美国成立初期，有接近95%的人口从事农业。随着美国农业实现机械化、规模化、信息化、集约化发展，1991和2017年美国农业就业人数占总就业人数的比重仅为2.794%和1.633%，其中男性和女性的就业比重分别由4.022%和2.325%降低至1.272%和0.883%[①]，且成为世界上最大的农产品出口国。政府是推动农村产业融合发展的重要推手，如美国政府对农产品有机认证费用的减免，以及对其进行的财政补贴和技术服务等，为农村产业融合创造了良好的外部环境。

  政府要扶持经营主体发展应首先促进农业生产资料部门的发展，推进农村产业融合才能提升政府对经营主体的扶持能力。再者，按照马克思再生产理论，若生产资料能够满足消费部门和生产资料部门的消费品需求则可以满足简单再生产条件，而只有当把利润中的一部分剩余价值继续用于积累才能实现社会的扩大再生产。从另一个视角来看，若剩余价值一部分投入生产资料部门，用于本部门和消费资料部门生产资料的生产研发，另一部分用于消费资料部门购买生产资料时的补贴，则可以调动消费资料部门的生产积极性。同时，消费资料部门通过引进先进设备等生产资料加速了农业部门的产业融合，不仅可以进一步释放生产能力，还可以转移更多被机器替代的劳动力到其他行业。因此，政府推动农村产业融合发展，需要给予农业经营主体生产优惠，保障农业经营主体的积极性，健全政府的政策支持和制度供给职能，为经营主体营造良好的生产经营环境和制度保障。主要表现为产业政策支持与农业补贴、基础设施建设、公共服务平台、创新金融扶持、产权确认与保护。

  政府以扶持经营主体推动农业产业融合的思想对于小农主体具有深厚发展背景的发展中国家尤为重要。在这些国家，小农经营仍然占据着绝大部分比重，农业经营分散，科技水平偏低，经营成本高企，难以形成规模经济效益。同时，农业经营者缺乏择业上的自由，农业生产经营是以自身为依托的自负盈亏经营，风险较高，"一灾致贫"的现象较为普遍，不能适应现代市场经济的发展。但是还应该注意到，随着市场经济的发展，一些发展中国家出现了新型

---

① 数据来源：美国农业部网站，https://www.usda.gov/open。

农业经营主体发展的热潮，他们以农业经营合作社的形式分散经营风险，善于接受新技术、新知识，通过提高生产经营规模推动机械化，加上"产—供—销"一体化的普及，农业生产力得到显著提高。在这种多类经营主体并存的经济体中，要保障小农经营体的权益，同时引导和推动解放生产力的新型农业经营主体通过深化产业融合实现发展，政府在其中起着重要作用。

政府或市场都是资源配置的方式，单方面地依靠政府或市场都可能会出现各自失灵的情况，尤其对于农业的基础地位以及农业发展自身的局限性，政府在农业发展中的作用更为突出。农村产业融合发展既有市场机制的调节，也有政府的政策支持和制度供给的干预作用。市场机制固然是农村产业融合发展的主导力量，但政府的干预也是必要保障，是推动农村产业融合发展的强有力支撑。将机制这一概念引入政府管理中，本书中的政府作用机制指在农村产业融合发展过程中通过制度性安排形成相对稳定的管理模式，因此将其定义为通过制度安排形成政府内部之间、政府内部与外部主体之间相互作用的模式。接下来，我们进一步结合农产品供需关系的不同条件，分析政府干预产业融合对农业发展的影响。

首先，本书将政府在农产品供需关系不同条件下所起的作用进行简要说明，简要展示图见图3-3。在研讨过程中，本书假定农产品供给经历了由农产品短缺到农产品产量持续增长两个阶段。由第一阶段向第二阶段的过渡，必然伴随着农村产业融合的进一步深化，由于二三产业对农业支持力度的加大，使得农业产业生产资料获得升级，生产效率跃升，从而产量不断上涨。因此，与以往供给曲线不同，本书在图中展示的供给曲线分为了两个阶段。第一阶段，在供需均衡前，由于农产品生产处在供不应求的阶段，导致农产品处于限量消费阶段。此时从整个社会的角度来看，每一期的产量均为恒定的，但是人们对农产品的消费价格又是存在心理预期的，即存在最大限额。随着三产融合的深化，农产品产量激增，消费者由于收入的增长对农产品质量要求提高，市场出现过剩农产品且数量随时间推移逐渐增多。由于过剩农产品多可以用来存储或出口，这样一来，每一期的农产品产量则类似于连续变量，产量相对具有较大的灵活性。因此，我们在图中通过S曲线来表示。

具体地，图3-3中，横坐标为农产品产量，供需均衡时的产量为Q_0，对应的价格为P_0。在均衡价格前对应的产量统一命名为Q_1，由于产量有限，则供给量垂直于横坐标，对应的需求价格为P_1。均衡阶段之后的产量为Q_2，对应的需求价格为P_2。显然，Q_1的产量明显小于Q_0和Q_2。我们认为这是产业融合推动农业生产资料的更新换代从而带来的农业生产力跃升。

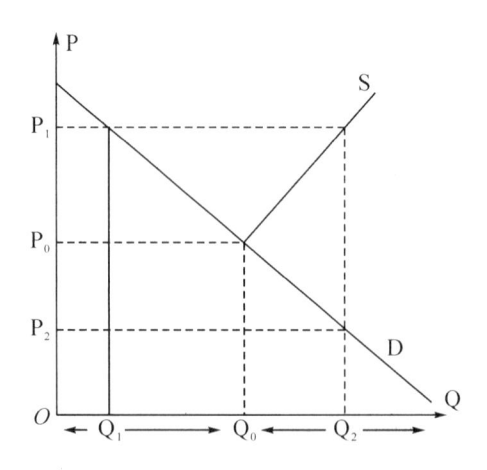

图 3-3　政府维度的农业供需关系

第一，农产品短缺的 Q_1 阶段。这一阶段，多以小农经济为主，农产品用于自给自足或政府统一配置，原因在于，由于生产力水平低下，农业经营主体自给自足则可以相对较好地调动其生产积极性，在依赖劳动力投入的农业经营模式下是较好的生产方式。然而，在市场供给有限的条件下，农产品若按照市场价格销售，则会远高于后续阶段农产品销售的均衡价格，如图中所示供给量为 Q_1 时，对应的价格为 P_1，远高于产量为 Q_0 时的供需均衡价格 P_0。如此出售农产品，可能会导致由于农产品的短缺而引起市场哄抢，导致价格体系崩塌，且购买到农产品的多为愿意出更高价格的消费者，而收入水平低的消费者则无力购买。因此，政府此时应采取统一配置的方式，按照平均原则来分配农产品。此时，政府的作用则体现在出台相关产业政策推动农业发展，通过政策补贴等举措鼓励二三产业积极开展支农设备的设计和制造，以及农业技术的革新和推广，从而提升农业产业生产能力。

第二，随着农村产业融合水平的提高，农业生产力得到大幅提升，农产品产量也出现上涨，农产品供需由均衡状态进一步转变为供过于求。在第二阶段，农产品由于供给大于需求出现剩余，剩余量为 (Q_2-Q_0)。政府作为"守夜人"则面临三个方面的任务：一是农产品出现剩余，若政府不提供收储设备或引导第三方提供收储设施，则会导致农业经营主体所生产的农产品积压，进而导致亏损；二是农产品供大于需，"谷贱伤农"，农产品价格下跌，政府需要补偿农业经营主体以避免其因为损失而消极生产；三是在农产品供过于求后，农产品价格下跌仍存在诸多其他问题，包括农产品质量与消费需求不匹配等，因此，政府应适时通过政策引导产业融合，推动农产品质量的提升，以产业融合推动农业竞争力的提升并参与国际竞争。

综合来看，产业融合发展是保障农产品数量、提升农产品质量的主要抓手。从历史语境来看，政府在农产品短缺时，应以满足人民对农产品数量的需求为基础，通过限制购买或进口等措施保障人民基本生活。同时，积极支持二三产业支持农业发展，提升农产品数量。在农产品供过于求时，应加大政策支农力度，加强农产品研发力度，保障农产品数量，提升农产品质量，这就要求对农业经营主体进行补贴，调动农业经营主体作业积极性，鼓励其进行技术革新。

3.3 政府推动农村产业融合发展的机制分解

政府作为资源配置的一种手段，同时也是非生产性单位，其与生产单位和其他非生产性单位的区别表现为独有的强制性。在社会经济活动中，政府始终扮演着双重角色："掠夺之手"和"协助之手"（Frye et al., 1997），这一说辞与不同学派对政府的职能定位类似，如传统学派认为在市场失效的领域，政府都应该进行干预，如公共产品领域等。相反，公共选择学派则认为政府也存在不作为、乱作为的情况，导致地方腐败现象滋生、寻租行为横行的乱象，引致社会福利损失。因此，政府对农村产业融合发展的影响也多表现为正负两个方面，我们更关注政府对农村产业融合发展的正效应。

本书认为，政府作为权力机构，在行使部门职能时主要具备三个方面的条件，分别是强制性的权利束、激励机制以及治理结构。其中，权利束指的是政府具有的制定法律和规章、进行政策创新和贯彻政策的权力，并通过绝对权威的地位和形式逐级发包，令社会相关利益群体执行和遵守。政府治理框架下激励机制则包含较多。按照激励理论的内涵，激励机制的目的在于协调中央和地方之间、部门与部门之间、不同属地之间等的不同利益参与者执行政策的积极性。一般而言，在现实中激励机制包括政府内部的弱激励以及政策行驶中的"本土化"激励（周黎安，2008）。治理结构指的是政府一般具有的多层级、多体系的治理架构。本书将政府干预农村产业融合发展的内在机制简要整理成图3-4，以下我们对其进行分析。

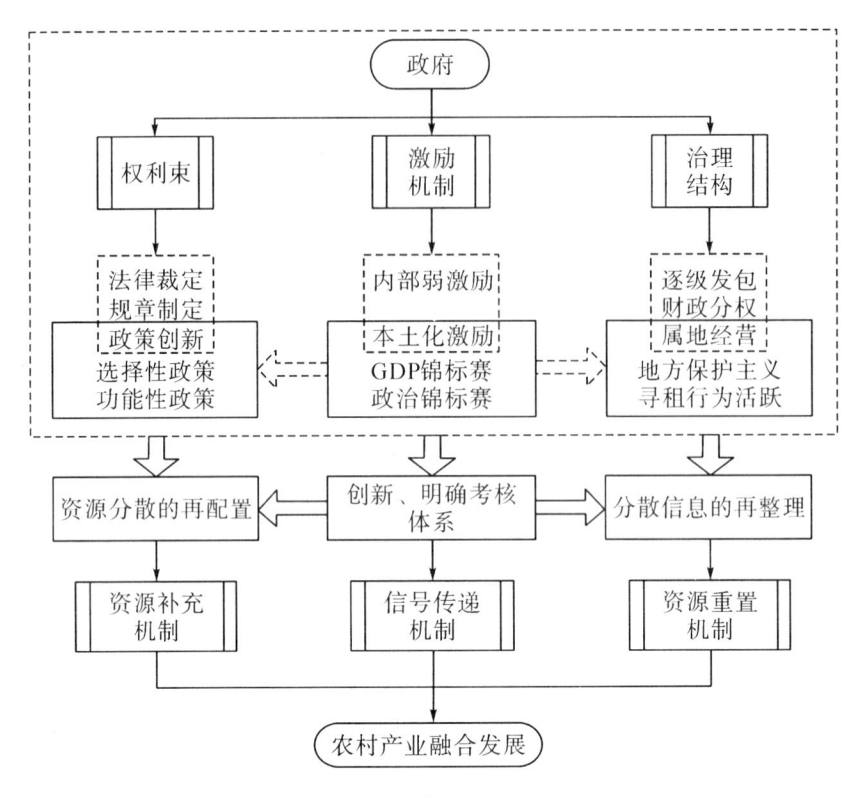

图 3-4　政府维度的农村产业融合发展机制

图3-4中，我们遵从地方政府服从中央政府发展意志的大逻辑。中央政府为了协调和激励地方政府与中央政府的发展利益，通常设定诸如地区GDP、地区人均收入等考核指标作为地方官员职位升迁的基本考核标准，从而促使地方政府在执行权力束的时候意在与"激励机制"相统一。①在激励机制中，在政府体系内部多实行"弱激励"的政策，主要表现为部门职员获取固定工资，但是工作仅为"照章办事"，即其并没有改变工作要求或执行意志的权力。与内部弱激励政策相比，本土化的激励政策则是按照特定情况而制定的各具特色的激励措施，更多体现了一种政绩考核的办法。②地方政府官员出于绩效考核的目的而行使权力，由于地方官员存在任命周期，因此，地方法律、法规通常在官员任命期间变动幅度较小，而真正对地区经济产生影响的正是地方政府推行的各项政策，尤其是产业政策。③地方权力的执行还应考虑政府治理结构，由于政府具有多层级的特点，政府文件通常逐级下发，考虑到财政分权的现实情况，地方政府通常属于属地经营，且纵向联系较多，地方政府之间的横向联系较少，因此政府权力的执行多具有地方保护主义的色彩。

接下来，我们对政府干预农村产业融合发展的机制进行分析。图 3-4 中虚线方框部分为政府在激励目标管理下的行为研判，主要表现为激励作用下政府选择政策创新，但同时由于治理结构的特征可能会存在地方保护主义和寻租行为。虚线下方为破解困境，推动政府助力农村产业融合发展的路径。为什么要破解？本书认为主要原因在于激励目标的诱导下政府产业政策的选择行为是趋利的，即政府官员，尤其是"一把手"的权力所受约束有限，由此导致政府更愿意选取高生产率或容易出绩效的产业进行重点扶持，如资本密集型产业等，而农业作为生产率较低的产业则难以获得地方政府的重点关注。

最后，我们分析破解路径，也是本书"政府"维度下农村产业融合发展的机制。一是信号传递机制。区别于市场价格信号，此处信号传递指的是政府发布相关产业的扶持政策，或者是政府通过出台发展规划等文件宣告某类产业将会得到扶持等，在此基础上引起的农业经营主体积极性高涨或地方产业政策倾向。在图 3-4 中，中央政府通过信号传递机制指示地方政府要关注农业产业发展，这样一来，出于中央政府的权威性，地方政府会选取相应政策扶持农业产业发展。二是资源补充机制。资源补充机制指的是通过政府行政权力将资源继续配置到特定的领域。按照前文所述，地方政府在收到扶农信号后会通过系列措施扶持农业产业发展，较为直接的措施是，通过制定产业政策对农业区进行补贴，或者制定补偿制度要求工业区对农业区进行补偿等，从而推动农业区经营主体收入增长。关键的是，农业生产力的提高需要二三产业的深度融合，出于绩效考核，地方政府会在直接对经营主体转移支付的同时，也会加快涉农二三产业的发展，如推广科技下乡、加速种子研发、开展测土配方等。三是资源重置机制。富农、惠农等的政策出台不仅会加大农业以及涉农二三产业的投入力度，同时也会带动社会资源在一定程度上重新配置，社会各行业在获取支农信号后也会通过多种"策略性支农"或"实质性支农"手段赢取补贴。综合而言，政府通过信号传递机制、资源补充机制、资源重置机制作用于农村产业融合发展，主要分解为产业政策支持与农业补贴、农业基础设施建设、打造公共服务平台、创新金融扶持、产权确认与保护几个方面。接下来，本书以上述梳理的政府维度的农村产业融合发展机制为基本框架，对分解的几个方面及在现实中的具体政策举措进行分析。

3.3.1　产业政策支持与农业补贴

政府对经济进行干预的政策主要包括财政政策、货币政策、产业政策等。其中，财政政策表现为政府的投资和补贴等举措，是政府补充机制的直接表现；货币政策则是通过管理杠杆等手段对经济发展进行干预；产业政策更是一种强干预手段，包括重点产业发展政策、战略性新兴产业发展政策等，体现了政府基于市场需求和产业发展的战略目标对产业结构和生产经营做出的发展引导和动态调整。

产业政策是推动农村产业融合发展的重要支撑。具体而言，产业政策指的是政府根据经济发展形势，以及一定时期内产业的发展形势和变动趋势，在遵循市场机制的基础调节作用下进行的规划、干预和引导产业形成和发展的政策安排。政府的产业政策支持的目的是为了引导社会资源要素在各产业部门之间的合理配置，促进产业结构优化调整、国民经济健康持续发展。产业政策通常是对某一特定产业的结构性政策，因而会对国家或地区的产业布局、产业结构和产业发展产生较大影响。按照产业政策的内容和战略目标，可以将其分为政策类产业政策、调控类产业政策以及行业类产业政策。政策类产业政策指的是以政策的形式调整产业部门的诸如税费等政策，以及重点产业的发展指导目录等；调控类产业政策是通过文件的形式限制某类产业发展；行业类产业政策则是对具体产业的发展给予指导意见。

从理论上看，在市场经济中，市场机制通过价格机制、竞争机制、信息机制对供求关系进行调节，实现生产要素在各部门、各产业之间的自由流动。产业结构的演变正是市场机制在产业之间配置的结果，同时政府的产业政策供给对产业结构的形成和发展也产生重要影响。产业政策通常具有显著的时代特征，不同经济体制、经济发展阶段下的产业政策的内涵并不唯一，因此也引起了产业政策的争议。派克等（Pack et al.，2006）将产业政策界定为政府以干预手段扶持产业发展而推动经济增长的政策。诺曼等（Noman & Stiglitz，2017）认为产业政策问题的实质就是政府、市场在经济发展中的地位与关系问题，并将产业政策界定为政府推行影响资源要素流动的公共政策。产业政策的理论依据主要源于传统市场失灵、市场协调失灵与结构演化的理论脉络（马本等，2018）。新古典主义的完美市场需要满足一系列严假设条件，在现实中一些假设条件通常不能得到满足，如市场的外部性、垄断、信息不对称会导致市场资源配置不能达到帕累托最优状态，为了弥补市场失灵或不足的政府干预，成为产业政策的重要理论依据。近年的新结构经济学追求结构变迁的动态配置效率，并认为创新是这种效率提升的源泉，主张通过产业政策促进产业结构的优化升级。产业政策作为政府对经济计划管理的一种主要形式，反映出国家对经济结构调整的意向。国家可以直接安排重点建设投资项目以及引进社会资本投资，也可以规划和指导产业发展目标和结构布局、产业开发和技术创新等，通过政府的直接干预、间接诱导和法律规制等手段实现政策目标。产业政策主要包括产业的布局、结构、组织、技术等方面的政策，同时它的实施过程的内在逻辑也是按此顺序依次进行，具体领域主要包括农业政策、能源政策、对外贸易政策、金融政策等。

因此，从产业政策的概念、分类以及战略目标上来看，政策类产业政策等均会以政策这种信号的形式传递给经营主体，引起生产单位提前预判发展前景，从而对经营效益和发展前景做出调整。具体而言，以产业政策为导向支持某类产业发展，势必会带动社会资源向一些部门涌入，从而使"政策补偿机制"发生作用，同时调控类产业政策则会提高要素的进入门槛或者会直接限制要素投入该类产业。随着产业政策的实施，重点鼓励产业与限制类产业之间会形成发展上的"鸿沟"，"重点产业"由于具有政策光环，会享受较多的资源补充，而限制类产业则由于资源的重置机制导致拥有的生产资料锐减而出现衰败。而对于诸如政府完善法律法规等规范市场经营秩序和经营环境的举措，看似并不会直接促使三类机制产生作用，实则政府履行社会职能一般可以通过减少交易成本等促进经营主体发展，间接对经营主体进行了补贴，因此，这也符合"资源补偿"机制。

对于具体的农业产业而言，受自然因素的约束生产周期长，农产品市场相对分散，经营主体不易获取市场信息，市场应对能力很弱，容易出现蜘蛛网式的市场波动。同时农业生产的大多农产品具有价格弹性小、季节性强、储存期短、运输成本高等特征。这些因素决定了农业缺乏市场竞争力，因此农产品产量和价格通常具有不确定性，政府对农业产业的政策支持则成为农业发展的必要条件，由于农业是基础性产业，因此农业政策一般是政府产业政策的重要内容。从历史语境来看，农业产业在经济发展初期是农村地区经济发展的主导产业，由于土地生产率和农业劳动生产率较低，农业也成为容纳就业的主体产业。囿于时代生产力发展的落后状态，最初农业生产资料等较为落后，农业生产主要是靠天吃饭。但随着农业革命的推进以及二三产业的快速发展，农业与二三产业的深度融合具有了时代可能性，政府通过农业政策推动农业产业融合可以推动农业实现较快发展。

本书对农业政策做出进一步的分析。政府的农业政策支持为其他产业将农业部门加入业务范围创造了比较宽松的政策和制度环境。从理论上看，政府的农业政策是对"市场失灵"做出的具体反应，其实质是政府凭借自身的权威，以政策的形式将经营主体的利益诉求上升为国家层面的发展意志，从而可以实现对社会资源的再配置，因此农业政策的受众为广大的农业经营主体。当其中一些农业政策安排与经营主体的理性不一致时，就会出现政府与经营主体之间的利益博弈。制定政策的主体是政府的各相关职能部门，政府官员作为"政治人"寻求社会福利的最大化，作为"经济人"追求自身利益的最大化，无论是"政治人"还是"经济人"的假定，在农业政策的择定和实施上都体现"理性人"特征，政府官员受利己动机的驱使，力求实现自身利益的最大化，导致农业政策不能得到有效执行。在经济发展的不同阶段，政府的农业政策显著不同，一般而言，在工业化起初和发展阶段，农业政策的定位是为工业发展提供资本积累和基础，而到了工业化后期则战略性地调整为支持和保护农业发展的政策。农业政策的内容主要包括价格支持、市场准入、农业信息、农业信贷、农业保险以及农业研究、农业科技与教育等方面，而这种农业政策支持的目的是为了克服农业产业自身存在的市场风险、技术风险以及自然风险，其本质就是政府对工业化进程中的工农业之间利益的调整分配。多数工业化国家的农业政策都将农产品价格的提升作为调整方向，累退地向社会各阶层进行重新分配（温斯特，2000）。一般认为农业政策的目标包括十一个方面，分别为农民满意且平等的生活标准，收入稳定化，稳定国内农产品价格，对外来干扰的灵活调节，维持健康的农村社会，地区发展，对家庭农场的保护和鼓励，环境保护，公平的消费者价格，农业效率与竞争力以及安全、可靠、稳定、充足的食品供给，各国根据其经济状态选择政策目标（杜为公，2014）。

在农业政策领域，政府主要通过财政投资、财政补贴等政策支持推动农业产业发展。通常情况下，政府的农业政策主要是通过直接补贴的形式返利于民，从而降低农业经营主体的经营成本，提高农户生产剩余，如我国政府下拨的"小麦补助款""玉米补助款"等。除此之外，由于农业是基础性行业，国家会对特殊的农产品进行价格干预以及必要的收储管理。比如，我国对粮食实行最低收购价政策，2011—2014年对棉花施行临时收储政策，收购价格明显高于国际市场价格，这本质上也是一种农业政策的隐形补贴。农业政策不仅会对农业经营主体的收益产生影响，而且会影响农业产业的上下游产业，引起社会资源在不同经营主体间的再分配，均衡区域之间、不同产业部门之间以及产业内部经营主体之间的利益分配。在WTO的农业协议框架下，农业政策被拆分为"绿箱政策"和"黄箱政策"，前者多为政府出台的有关农业技术、农业生态等领域的政策，后者则多涉及农业补贴、农产品价格等方面的补贴政策。因此，简单而言，前者不涉及农产品价格的扭曲，后者则在一定程度上会引发价格扭曲，具体的各类政策可参考程国强（2000）的分类，如表3-1所示。从表3-1可以看出，农业补贴政策对农业基础设施，农业生产环节的种子、肥料、灌溉，技术支持，保险以及营销服务等方面进行补贴，激励经营主体推动农业产业发展。除此之外，我国还推出了针对农村产业融合发展推行产业园区建设的补贴、扶持新型经营主体的补贴、绿色生态农业补贴、完善农业保险的补贴等，这种信号传递机制吸引了农业企业、家庭农场以及合作社等主体积极加入农村产业融合发展进程中，促进了农村产业的技术融合、市场融合以及要素融合等。

表 3-1　WTO 农业协议下的农业补贴政策体系

绿箱政策	黄箱政策
1. 一般农业服务，如农业科研、推广和咨询、农产品市场促销服务、农业基础设施建设等	1. 农业投入品补贴，如种子补贴、肥料补贴、灌溉补贴等
2. 粮食安全储备补贴	2. 价格支持
3. 粮食援助补贴	3. 农产品营销贷款补贴
4. 与生产不挂钩的收入补贴	4. 面积补贴
5. 自然灾害救济补贴	5. 牲畜数量补贴
6. 收入保险计划	6. 某些有补贴的贷款计划
7. 农业生产者退休或转业补贴	
8. 农业资源储备补贴	
9. 农业结构调整投资补贴	
10. 农业环境保护补贴	
11. 地区援助补贴	

资料来源：程国强. WTO 农业规划与中国农业发展，中国经济出版社，2000：7-13.

3.3.2　农业基础设施建设

农业基础设施建设具有消费的非排他性、效用的不可分性、正外部性的特征，这些特征决定了单方面依靠市场机制难以解决农业基础设施的有效供给问题。农业基础设施具有公共物品属性特征，从理论上看，中央政府是农业基础设施的主要供给主体，是以财政转移支付的方式拨款到地方政府，这就会出现"委托代理"问题。在缺乏有效的监督管理机制、信息不对称的情况下，地方政府为了实现 GDP 考核目标和政治晋升，可能将中央政府的农业基础设施专项资金投入到非农产业领域，从而导致农业基础设施供给不足。而从需求角度看，农业经营主体作为农业基础设施建设的需求主体，需要向供给主体表达和反映对农业基础设施建设的真正需求。这种需求及利益的表达取决于组织化程度:农业经营主体的组织化程度越高,其表达需求与利益的能力就越强;反之组织化程度越低,农业经营主体对农业基础设施建设需求的表达能力越弱。同时农业比较收益较低,兼业农户对农业基础设施建设有效需求不足,新型农业经营主体在土地流转制度、农业保险、金融等约束下对农业基础设施建设的有效需求不足,因此在供给机制和需求机制的共同约束下导致农业基础设施出现供给不足的问题。

农业基础设施建设作为农村产业发展的"先行资本",是农村产业稳定发展的产业基础,是农村稳定可持续发展的基本支撑。政府作为农业基础设施建设的供给主体,通过直接的财政投资、政策引导其他资本投资以及良好的外部环境为农业基础设施建设提供了基础。中央政府、地方政府作为农业基础设施的供给主体,中央政府代表社会最广大人民的根本利益,其制定政策的初衷是最大化整体人民的切身利益,因此中央政府会通过宏观政策为农业基础设施建设提供制度保障、资金支持。同时关注通过农业基础设施建设带来的宏观经济效应可知,地方政府的行为动机主要是实现区域内社会福利最大化,同时追求自身利益最大化和中央政府的满意程度,当中央政府和地方政府之间存在信息不对称、财权与事权不相匹配时,农业基础设施的供给就会出现瓶颈。政府作为农业基础设施建设的主体,以水利、电力、交通、通信等为内容的农业基础设施是农村产业融合发展的重要物质条件。在经济增长的理论模型中,农业基础设施逐渐成为农业经济增长的内生要素,是降低农产品交易成本、提高农产品市场化程度以及农户市场参与率的关键要素(Renkow et al., 2004)。舒尔茨强调通过引进一种以上新的生产要素改造传统农业的同时,并未忽略基础设施对农业发展的重要性,他(1978)明确指出交通基础设施等的投入可以有效降低农业生产和交换的流通成本,从而提升农产品价值。政府通过对公路设施、灌溉设施、通信设施、电力设施、教育设施等农业发展相关设施进行投资建设,有利于为农户、家庭农场、专业大户、农民合作社等经营主体降低生产成本、交易成本,激发经营主体参与农村产业融合发展的积极性。同农业基础设施的数量和质量直接或间接地影响到农村地区生产部门的成本和收益,通过要素流动效应、规模效应、结构效应、乘数效应的作用机理推动农村产业兴旺和产业融合发展(曾福生等,2018)。

整体上而言,农业基础设施建设主要体现了两个方面的博弈。第一,农业基础设施具有公共物品属性特征,经营主体之间由于博弈并不会主动提供,因此,农业基础设施大多需要政府提供。第二,农业生产率较低,要素投入回报率较低，在政治锦标赛下，政府多不愿进行农业基础设施的投资，从而出现了基础设施供给与需求的矛盾。因此，中央政府需要下发重点发展农业基础设施建设的政策文件，通过向地方政府传递任务信号，从而激励地方政府进行农业基础设施建设。从某种程度上来说，农业基础设施建设支持了农业发展，减少了农业作业成本，甚至间接增加了经营主体收入，也带动了二、三产业对农业的扶持。

3.3.3 打造公共服务平台

公共服务平台的服务范围主要包括研发、设计、生产加工等技术服务与信息、咨询、培训、管理服务、市场开拓等综合服务。政府是打造公共服务平台的主导力量，通过建立健全公共服务平台打通信息交互的瓶颈，借助农博会、网络、中介组织等平台拓展农产品销售途径，以及通过完善流通、销售、科技等农业发展服务体系，促进信息资源整合共享。农村产业融合发展需要各种物质投入，包括新品种的开发、新机器的使用。这些投入具有很强的互补性，一个新品种的出现就需要如适应性研究和检验、种植繁殖、鉴定设备、种子销售等复杂的补充投入。此外还需要新投入品的销售、农产品的加工和销售、信贷的扩张和其他调动农业资本资源的手段、运输便利、道路建设、水利设施等农业生产服务体系（郭熙保，1997），这一系列服务都离不开公共服务平台的建设和完善。

从理论上看，新古典经济学认为完全竞争市场下价格可以充分反映市场所有信息，市场的价格机制、供求机制、竞争机制可以实现资源的最优配置，达到帕累托最优，然而市场中存在垄断、外部性、信息不完全、公共物品供给不足等问题，市场失灵问题客观存在。如图3-5展示了公共物品的市场均衡过程，图3-5中的 P^* 为均衡价格，Q^* 表示均衡数量，D 为公共物品的市场需求曲线，是公共物品的个人需求曲线（D_1 和 D_2）垂直相加。然而，个人消费者的"搭便车问题"导致市场中总公共物品的需求曲线无法按照个人对公共物品的需求曲线相加得到，此时政府作为弥补市场失灵的另一种资源配置方式，充分发挥其资源配置职能。新古典范式认为"资源最优配置"下公共物品不能实现自发提供，或者公共物品供给不足是"市场失灵"的表现之一，因此需要政府来提供以实现"最优"。而布坎南在《公共物品的需求和供给》中将公共物品定义为"一些物品与服务是通过政治制度实现需求和供给"。他强调公共物品的需求和供给是"非市场决策过程"，并指出人们在进行公共物品决策或选择时，不仅会考虑物品的价格，同时还会考虑税费问题，这种税费的分担是公共物品决策的本质特征。因此，不论是公共物品还是公共服务，政府都是重要的提供主体。近些年，平台经济学的兴起吸引学者们对政府平台"government as a platform"的研究。有的学者将此理解为政府的信息服务平台，强调政府平台对信息技术的依赖；有的学者认为平台思想是不同的服务、功能和技术的整合，通过平台将多元用户群体联结起来（Janssen，2013）。政府作为打造公共服务平台的关键力量，应该加强中央政府、地方政府和社会的互动合作，促进各级公共服务平台的资源有效整合。

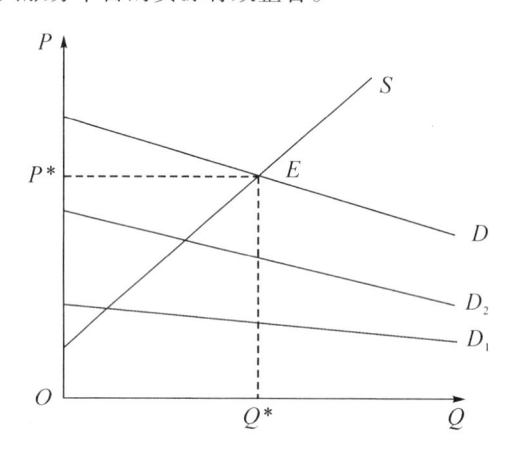

图 3-5 公共物品的市场均衡

与其他产业不同，农业生产率较低，一般具有规模报酬不变的特征，因此在市场规律的作用下，社会力量在综合权衡成本收益的情况下，并没有动力为农业产业的发展提供各类基础设施。这时，政府作为社会资源的主要调控者，需要通过自身的财权、事权等改善农村产业发展的社会环境，通过加大基础设施建设力度，完善农村基础设施网络体系等，为农村产业融合发展提供政策引导。具体表现为，搭建农村产业发展的综合性信息化平台，提供电子商务、价格信息、公共营销、品牌设计、市场交易、融资等服务，同时政府以购买、资助等形式引导企业、行业协会、科研机构提供公共服务。总体而言，产业公共服务平台是引领农村产业融合发展的重要载体，也是国家服务资金重点支持的方向，需要各级政府充分发挥在产业公共服务平台规划、建设、引导等方面的主导作用，同时鼓励社会资本参与到公共服务平台建设中。

3.3.4 创新金融扶持

传统意义上的农业产业具有劳动密集的特征，农业就业人员为了获取更多的产出，会将多数时间配置在农业生产上，这种农业作业方式严重束缚了劳动者的择业取向。同时，农业生产受自然因素的影响严重，而且农业生产资本达到一定的投入水平后也呈现边际效用递减的趋势，因此偏向劳动的农业生产模式单位面积产量较低且提升难度较大，导致农民收入水平低下。农村地区也成为贫困的主要发生区域，从而农村地区如何提升居民生活水平也成为实现振兴的主要短板。

随着农业革命的加速推进以及二三产业对农业反哺力度的持续加大，农业产业日益表现出机械化、规模化和集约化的发展趋势，农业产业由手工劳作转向机械化作业，劳动生产率大幅提升，农业劳动生产力得到进一步解放，这在一定程度上拓宽了过剩农业劳动生产力的就业择业面。新的农业生产面貌也使得新型农业经营主体和职业农民的生产活力得到根本上的释放，居民收入的平均水平得到显著上升。此外，需要注意的是，农业现代化的发展不仅带动了农业资产专用性的日益增强，而且现代农业的发展对农业生产的固定资产投入水平要求也越高。然而，农业经营主体由于缺乏现代企业知识，经营主体多采取自负盈亏的方式。又由于经营主体自有资金的来源有限，且自我积累意识较差，经营主体的资金大多难以支持经营业务的快速发展。另外，由于经营主体多缺乏优质资产，在融资方式上多表现为向亲友借贷，导致"融资难、融资贵"的问题，这严重束缚了农业经营主体的发展。

农业经营主体融资具有渠道不畅、成本偏高等缺陷。渠道不畅主要指的是经营主体向银行等金融机构借款的难度较高。在以银行借款为主的融资渠道方面，借款的形式一般以抵押贷款或担保贷款为主。由于经营主体规模有限、资金短缺、信用等级低等，金融机构通常会压缩信贷支持规模、缩短借贷周期等，这无疑会挫伤农业经营主体的生产积极性。同时，贷款成本对于农业经营主体而言相对较高，导致向亲友借钱成为农业经营主体外源融资的主要渠道，由于这种贷款规模较小，因此在一定程度上也限制了农业经营主体的做强做大。

从理论上讲，农业经营主体融资难的问题实则因农业经营主体与金融机构之间的博弈而导致。首先，由于银行等金融机构是以具体的金融产品的形式向外发放贷款，因此农业经营主体较为了解银行金融产品的收益情况，对农业经营主体而言，金融机构是完全信息。农业经营主体对于金融机构而言则是不完全信息，银行等金融机构虽然可以尽可能通过多种渠道了解、追踪和甄别经营主体的贷款去向、经营能力以及经营项目的收益、成本、风险等，但是并不能完全掌握经营主体的全部信息，即农业经营主体处于非完全信息状态，农业经营主体对于银行存在不完全信息博弈。由于不完全信息的存在，银行通常会担心经营主体之间"劣币驱逐良币"的"逆向选择"现象的发生，以及经营主体在获取贷款后产生违约等"道德风险",因此通常会给予经营主体较低的抵押资质,即通过信贷配给,在较低利率水平上拒绝一部分信贷需求,来保障利润。从非对称信息理论可以看出,为了降低非对称信息下不确定性带来的交易成本,应进一步强化政府的监督、监管职能,明晰农村产权制度,构建完善的担保评估体系。

可以看出,农业经营主体与银行等金融机构之间的博弈会导致经营主体的贷款需求难以满足。解决这一问题的理论分析主要从政府和市场两个视角进行。政府角度的理论主要提倡通过政府信贷补贴,或以政府为主构建非营利性机构,为农业发展提供政策性资金等。该种理论主要依赖于农业发展的弱质性导致的金融机构"逃离"现象及农村居民的贫困事实。市场角度的理论则强调通过利率市场化来推动农村金融发展。市场角度的理论在亚洲金融危机后受到了挑战,出现了农村金融不完全竞争市场理论,该理论认为市场在农村金融的发展中占有重要地位,而政府对市场则具有较强的补充作用,而经营主体的组织化则可以提高贷款效率,也可以避免不确定性带来的风险。

本书认为政府可以在政策引导、资金补贴、资质担保、平台共建等方面推动农村金融发展(如图3-6所示)。政策引导指的是政府通过相关政策等规范民间金融等机构,为农村金融发展提供统一、有效的空间。资金补贴是指在相关政策的指引下,政府可以通过直接对农户补贴等方式缓减农村经营主体"融资难、融资贵"的困局。同时,针对农业经营主体存在的资质不够、融资渠道单一等问题,一方面可以通过政府提供资质担保,提升农业经营主体获取融资的能力;另一方面,推动经营主体组织化,形成以政府和经营主体作为注资主体的借贷平台,推动农业经营主体做大做强。

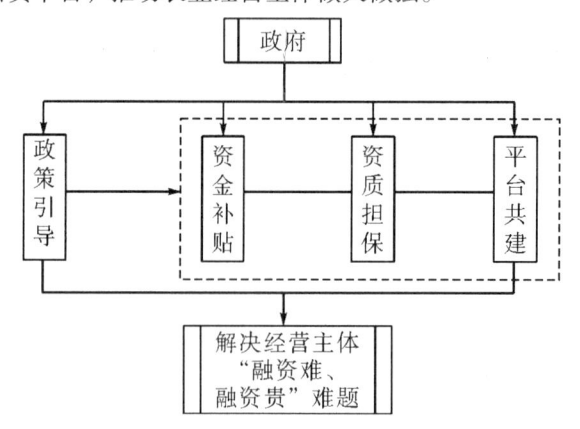

图3-6 政府维度农村金融融资方式创新渠道

3.3.5 产权确认与保护

对于产权与市场交易的关系问题，经济学家依据不同的前提假设开展了多角度的研究。有关产权私有属性的研究可以追溯到庇古在《福利经济学》中提出的私人成本与社会成本的分离导致了外部性的问题，而这种分离的原因是市场失灵引起的，因此强调政府干预的作用。与之相反的奈特，他认为政府未能推行产权私有制导致市场交易的缺乏，才是私有成本与社会成本分离的真正原因。科斯在《社会成本问题》中假定交易费用为零，并在此基础上提出了"科斯定律"，即产权界定是市场交易的前提条件，换而言之，只有在界定了产权后进行市场交易，从而才能消除外部性。从理论上看，产权界定是市场交易的前提，若不能进行产权界定，就不能实现市场交易，因而资源无法实现有效配置。对于产权的界定问题，首先要厘清产权的内涵。马克思、斯密等以"财产整体"为基础，认为产权可分为"所有权、占有权、支配权、使用权等"。巴泽尔（1927）认为产权本质上是指财产所有权的属性化，由于交易费用高昂而出现商品所有权分割，如"如果商品的初始所有者只转让商品的一部分属性而保留其余部分，那么来自交换的净收益常常就能增加"。比起对整体权利的反应，人们更加关注商品或资源属性派生的一束权利。科斯的交易费用理论中指出初始产权的界定大大促进了资源的优化配置，并呼吁根据社会理性判定产权归属。巴泽尔认为产权的界定是一个相对与渐进的过程，即产权的界定清晰程度是相对的。他认为，人们对资产的权利不是永久不变的，它们是他们自己直接努力加以保护、他人企图争夺和政府予以保护程度的函数。他还指出如果交易成本大于零，产权就不能被完全界定，因为完全界定的成本太高。理论表明，市场交易要以界定产权为前提条件，同时产权的功能只有通过市场交易才能完整表现出来，产权的界定会对资源配置效率产生重要影响。

政府是产权界定与保护最有力、最重要的主体。科斯在《社会成本问题》中指出国家主要以强力、法律和行政手段等形式进行产权界定，并且这种产权界定是需要付出成本的，而对于国家界定产权的目的、优势与存在的问题，科斯并未进行研究。诺思在《经济史中的结构与变迁》《制度、制度变迁与经济绩效》等著作中对这些问题进行了较深入的研究。诺思认为国家进行产权界定的目的完全是自利，即统治者被看作"经济人"，国家进行产权界定和保护相对于其他私人组织更具有规模性、经济性。同时诺思指出国家进行产权的界定也存在问题，即"国家的存在是经济增长的关键，然而国家又是人为衰退的根源"的"诺思悖论"，但可以通过构建一个包括正式规则和非正式规则的制度矩阵避免这一问题。理论表明，政府作为产权界定和保护的主体，要通过法律和制度的方式对经济主体的产权归属进行明晰的产权界定和产权保护，但在经济发展过程中，通常存在政府在产权界定中的缺位、界定不清以及产权保护不到位等问题，从而导致资源配置的低效率。以农业资产为例，农村产业融合的经营主体通过对农业资产的占有权、使用权、收益权、处分权等的权利行使而获取收益。在政府不能及时对农业资产进行产权界定时，农业资产产权就会进入公共领域。正如巴泽尔指出一种资产或商品的属性界定需要花费成本，那么个人最大化分析将不断比较边际成本与边际收益，不完全分离使得一些属性成为公共财产，进入公共领域。如果他们处于公共领域，攫取他们就需要花费资源。他在产权界定分析中注意到技术限制问题，若资源或商品的多种属性或用途被不同主体拥有时，由于交易费用、技术及其他方面的制约，会导致资源或商品的部分属性未能充分界定而进入公共领域。现实经济中政府对农业资产产权界定不清，这种不清晰的产权不能使人们形成农业资产的有效预期，从而引起资源配置的低效率和产权主体权益受损，反之，明晰的农业资产产权便于流转和抵押贷款，经营主体更有积极性向金融机构进行贷款。同样的，政府对农地产权界定不清晰会产生资源配置效率损失，挫伤经营主体申请贷款和投资生产的积极性。在产权界定清楚之后，就需要政府对合法产权进行保护，实际上，政府在产权保护中是一把"双刃剑"，诺思指出要通过健全有约束机制的政治体制和权利机制、建立宪法秩序和完善法律制度的三道防线来限制政府的权力，强调产权有效率的基本条件要有社会的制约力量。在现代市场经济条件下，产权的本质就是契约，产权保护就是契约保护。一方面，政府要综合运用法律、制度等多种手段保护产权，即要完善产权制度，健全产权保护的法律制度，维护市场经济的有序运行；另一方面，要加强制度约束，规范政府行为。

农村土地产权关系决定着农村经济发展，土地产权制度的不断完善和创新为农村产业化发展或产业融合发展提供了动力基础。土地产权关系明晰是市场交易的前提和基础。改革开放之初我国推行的"两权分设"，即所有权与承包经营权的分设，将所有权归集体所有、承包经营权归农户，极大地调动了农民的生产积极性；但传统的一家一户经营方式存在规模小、竞争力不足、引入现代生产要素不畅等问题，与现阶段农业发展不相适应；因而政府在"两权分设"的基础上又进行了土地"三权分置"，通过土地制度改革和农村集体产权制度改革为转变农业发展方式和开展多种适度规模经营奠定了制度基础。农地的"三权分置"将承包经营权细分为承包权和经营权，实现所有权、承包权与经营权的并行,创新了农村土地产权制度,进一步明晰了土地产权关系,更好地协调和维护了农民集体、承包农户与经营主体之间的利益关系,在保护农户的承包权的基础上,赋予了经营主体的土地经营权权能,促进土地资源的有效配置,为推动农村产业融合发展提供动力基础。在农地的"三权分置"改革创新的框架下,所有权归农民集体是根本,承包权归承包农户是基础,土地经营权归新型经营主体是关键,三者统一于农村基本经营制度。这种将承包经营权细分为承包权和经营权的产权制度创新,满足了新型经营主体的土地经营权权能的需要,土地经营权作为链接农户与龙头企业、合作社等新型经营主体之间的纽带。在农地产权明晰的情况下放活土地经营权,通过土地经营权的流转和组合实现农业生产的集约化、规模化发展;反之,产权不明晰的土地就不能进入市场进行交易,就会制约土地经营权向专业大户、家庭农场、合作社以及龙头企业等经营主体集中,农村土地资源不能实现优化配置,进而阻碍农业生产规模化和农村产业融合发展。

具体来看,在我国农村土地产权制度改革中,农村集体经营性建设用地入市改革已取得显著成效,通过出让、租赁、作价入股等有偿方式入市,促进集体经营性建设用地变成"活资产"。集体经营性建设用地以及之上的集体资产的所有权归集体所有,使用权归农民所有。政府推行的集体建设用地改革中将集体经营性建设用地纳入了国有建设用地市场,从而可以公开进行市场交易,激发了农村土地资源的活力,为乡镇的工业园区建设、农村产业集聚等提供用地保障。以成都市郫都区战旗村为例,2015年年初,战旗村按照试点政策梳理出符合规定、权属清晰的集体建设用地,将已确权颁证给村委会的原战旗复合肥厂、预制厂、村委会老办公楼的存量土地13.447亩作为第一宗集体经营性建设用地启动试点工作。战旗村将农户确权后的土地承包经营权入股、村集体注入50万元现金入股组建战旗农业股份合作社,通过"1 200元/亩·年保底+50%二次分红"集中农户土地1 800亩。合作社下规划建设战旗现代产业园,包括合作社示范基地400亩、榕珍菌业100亩、薰衣草基地400亩、蓝莓种植园500亩以及草莓种植园200亩等。战旗村将集体建设用地以挂牌出让的方式入市,出让金缴纳相关费用后,将全部返还给战旗资产管理有限公司,再按比例为村公益金、公积金、风险金以及村民共同分配,这种模式充分利用了市场选择,盘活了农村土地资源,催生了订单农业、智慧农业等新产业形态,促进了乡村一三产业的联动,实现了农村产业融合发展。

概而言之,在农村产业融合发展过程中,政府作为产权确认和保护的最重要主体,主要职责是进行农业资产产权的界定与保护,农村土地产权的界定与保护，健全农村产权交易平台以及完善相关的产权制度，以及明晰农村土地产权、农业资产产权等的产权关系，为其进行市场交易提供前提条件，进而激发农村资源资产的活力，为农村产业融合发展提供用地保障、资金动力以及制度保障。

3.4 小结

农业产业具有弱质性的特征，表现为农业劳动生产率提升空间有限以及农业生产所注资本回报率偏低，导致资本"逃离"农村的现象成为常态。从市场机制的角度考虑，生产资本以追逐利润为原则的流动取向无疑会在剩余价值的驱使下投入非农产业，这表现为在城镇化的加速推进过程中必然会伴随着农业的衰落和农村的衰败，因此农业的生产特质要求政府对其进行干预。政府对经济的干预手段主要表现为经济手段、行政手段和法律手段。其中，政府对经济干预的手段是政府作用机制形成的逻辑基础，本书将政府作用机制概括为信号传递机制、资源补充机制和资源重置机制。信号传递机制作为市场信号传递机制的重要补充，不仅是政府行政手段的直接体现，也反映出政府在特定时间的执政理念，资源补充机制则是政府直接进行补贴的一种形式。最后，在政府信号传递机制和资源补充机制的作用下会诱发要素在不同地区和部门之间的调整和重置，我们称其为资源重置机制。

具体地，本书将产业政策和补贴、交通基础设施建设、平台构建、创新金融支持以及产权确认等作为政府的施政方针对机制的适用性进行探讨，本书认为上述几个方面均表现出政府对经营主体的作用机制。首先，政府出台的政策文件均向社会传达了支持的区域或关注的领域，会诱导社会要素的流入。其次，政府的直接或间接补贴会激发经营主体活力，减少经营主体经营成本，起到资源补充的作用，比如政府补贴可以直接提供给经营主体进行补充，又如交通基础设施建设以及平台构建、产权确认等间接补贴，则间接减少了经营主体的基础设施投入、技术培训费用等。此外，赋予农业经营主体产权则强化了其获得经济利益的权利。最后，上述措施会推动要素在部门之间进行重置，引发不同部门实行策略性扶农或实质性扶农，综合而言可以在政府的政策与制度支持下助推农业经营主体做强做大，从而推动农村产业融合发展。

4 "市场"维度的农村产业融合发展机制分析

4.1 要素市场机制与农村产业融合发展

农村产业融合发展的实质就是土地、资本、劳动、技术等生产要素的流动自由化、价格市场化，以及要素集聚效应的跨界集约化配置和优化组合。要素市场化配置直接意义上可以理解为生产要素通过市场来进行配置，要素主体拥有自主决策机制，市场以等价交换机制、信息机制、竞争机制、风险与收益机制的互动调节资源的充分自由流动，从而实现资源的优化配置。马克思、恩格斯在《资本论》中分析利润平均化的过程时就描绘了要素市场化配置这种景象，指出在劳动力要素、资本要素更具有灵活性条件下的利润平均化进行加快，但是这一实现需要前提条件，对于资本要素而言，"消除了资本主义生产方式本身造成的垄断……，其次，信用制度的发展……，不同的生产部门都受资本家支配"（《资本论》第3卷，人民出版社2004年版，第218页）。对于劳动力要素而言，"废除了一切防碍工人从一个生产部门转移到另一个生产部门，或者从一个生产地点转移到另一个生产地点的法律，"（《资本论》第3卷，人民出版社2004年版，第218-219页）从中可以看出要素市场化配置要求要素流动没有任何人为障碍、打破市场垄断、没有法律限制，同时为要素自由流动提供顺畅的通道（洪银兴，2018）。马克思、恩格斯对市场问题的研究，深刻分析了价值、价格、供求、竞争相互作用形成市场机制，提高资源配置效率和调节资源配置的流向和均衡（李萍，2010），同时也指出了市场机制的不足。要素市场化配置的目标就是效率。早期的市场经济理论认为，在完善的竞争市场下，市场机制可以自动调节资源从而实现帕累托最优，之后的市场理论认为不完全竞争才是现实，不仅市场不是完全的，信息也不是完全的。交易费用理论认为市场交易存在成本，现实中的市场竞争残酷，竞争费用高昂。因此，只有在竞争有序的市场中，市场机制调节资源配置的成本才最低（洪银兴，2018）。

要素市场化配置是遵循了市场在资源配置中的决定性作用的，一是市场机制决定资源流向，二是市场机制决定劳动力、资本、土地、技术等要素在各部门、各企业之间的组合，这些资源要素的流向和组合决定了要素配置效率。随着工业化和城镇化进程的加快以及体制机制的约束，农村要素单方向流向了非农产业与城市地区，导致农村产业空心化、农村凋敝的现象，亟须要素市场化配置冲破体制机制障碍、带动城乡要素双向流动。要素市场化配置通过等价交换机制将个别劳动转化为社会必要劳动；通过信息机制将买卖双方联系起来并产生横向信息反馈；通过竞争机制优胜劣汰；通过风险和收益机制将竞争机制与风险机制联系起来，使得经营主体要为自己的选择和行为承担风险。在要素的市场机制作用下，完备的要素市场得以构建，从而促进了要素的自由流动、推动了要素价格市场化，并带动城乡生产要素的双向流动，为农业产业链的延伸、农业与非农产业的融合互动奠定了要素基础。

4.2 要素市场的价格机制

古典经济理论认为，市场是完美的，完全竞争的市场自动实现出清，即市场上不存在供需过剩或不足的问题，市场机制可以自动调节资源，实现有效配置。在完全竞争市场上，企业按照边际成本等于边际收益的原则进行生产，投入的要素则以其价格等于边际成本价值为原则，因此不存在要素价格扭曲的问题。然而，现实经济中政府干预是常态，完全竞争市场几乎是不存在的。传统的要素市场分为土地要素市场、劳动力要素市场、资本要素市场。自亚当·斯密以来的西方主流思想的主导分析范式认为，以价格机制为核心的市场机制调节着各类市场的供给与需求，无论是产品市场还是要素市场都可以自动实现帕累托最优。

马克思、恩格斯认为，资本主义商品生产的现实前提是生产要素的全面商品化，所以他们以劳动力成为商品为逻辑起点研究资本主义生产活动，并在阐释资本流动过程中指出生产要素商品化、市场体系对资本主义生产的重要意义。资本主义商品生产首先要在商品市场上完成一定货币额同生产所需的各种生产要素的交换，即完成 G-W 的过程，这是货币资本循环的第一个阶段。G-

W表示一定货币额转化为一定的商品额,这种转化包含两个方面:一个方面是生产资料;另一个方面是劳动力,即商品生产的物的因素和人的因素。货币额G所购买的商品额W分成了购买劳动力和购买生产资料的两个部分,分别属于劳动市场、商品市场。劳动力的价值或价格是以工资(包含剩余劳动的劳动量的价格)的形式,支付给把劳动力作为商品出卖的劳动力所有者的。马克思、恩格斯认为G-W货币资本的转化表现出质与量的双重关系,并指出资本主义生产过程中流通也成为生产的一个单纯要素,一个过渡阶段。商品的生产过程和流通过程组成了社会再生产过程,企业生产所需的所有生产要素都是通过市场交换所得,企业生产的产品价值也是通过市场交换所得,市场在资源配置中起基础性作用,市场供求关系的变化使得价格偏离价值。马克思批判性地指出,古典政治经济学从日常生活中借用了"商品的价格"说明劳动的价格也像其他商品的价格一样,围绕着一定的量上下波动。马克思指出劳动的价格是供求相抵时的自然价格,将利润转化为平均利润来看,"各种同市场价值相偏离的市场价格,按平均数来看,就会平均化为市场价值"(《马克思恩格斯全集》第25卷,人民出版社1974年版,第219-220页)马克思认为劳动力的价值,也像其他一切商品的价值一样,是由生产它所必需的劳动量决定的。他认为劳动力的价值是由生产、发展、维持和延续劳动力所必需的生活必需品的价值决定的。在马克思看来,资本主义私有制下的生产关系的本质就是雇佣劳动和资本的关系。

从马克思、恩格斯的市场理论和"劳动过程"即生产过程的深刻分析中可以看出,要素市场化要以等价交换、以个别劳动转化为社会必要劳动为基础,充分发挥要素市场价格机制的核心作用,以要素价格市场化带动要素自由流动,冲破市场垄断与政府干预的约束,实现要素的优化组合和配置效率的提高。现实经济中的市场并不是完美的,要素市场价格扭曲是常态,比如劳动力市场的价格扭曲、土地市场的价格扭曲、资本市场的价格扭曲、技术市场的价格扭曲等。在农村产业融合发展过程中,各类要素的价格机制扭曲导致要素的供给方和需求方不能有效地根据要素价格比选择要素的投入量和需求量,从而降低了要素的配置效率。特别地,农业企业、家庭农场、农民合作社等新型经营主体,作为农村产业融合发展的融合推动主体,要素价格扭曲直接降低了其加入农业产业链的生产经营效益,从而制约了农村产业融合发展。

4.2.1 土地市场的价格机制

从理论上看,古典经济学的地租理论可以追溯到威廉·配第的"土地是财富之母，劳动则为财富之父和能动要素"的思想。威廉·配第在《赋税论》中指出地租就是"剩下的谷物"，或者说是"形成歉收和丰收循环周期的若干年的平均数，就是用谷物表示的这块土地的一般地租"，其实质就是剩余劳动的产物。亚当·斯密在《国富论》中最早系统地研究了地租经济学，认为地租是为了使用土地而支付给地主的价格，这个支付价格与离市场的远近、土壤的肥沃程度有关，这为马克思的级差地租理论奠定了思想基础。大卫·李嘉图在《政治经济学及赋税原理》中进一步将级差地租分为两种形态：一是市场距离、土壤肥力的不同产生的地租差异，这种级差地租取决于最优等土地与最劣等土地之间土地产出量之间的差额；二是土地报酬递减规律以及人口增长对农产品需求的增加而引起地租的上升。

新古典经济学家克拉克在《财富的分配》中运用边际生产力理论对地租进行分析，认为地租是由土地的边际生产能力决定的，并将地租定义为以土地作为生产要素应得到的报酬，即总产量中扣除工资之后的剩余。马歇尔（2005）则运用边际理论和均衡理论进行分析，认为地租是实际产出的总报酬超过资本和劳动投入量的剩余部分，受土地的需求影响而由它的边际生产率决定的，实际上这是以土地收益递减律为基础的级差地租学说。

马克思从劳动价值论、生产价值论和剩余价值论出发，研究了地租问题，指出"资本化的地租是土地价格"或"土地价格是出租土地的资本化的收入"，而地租是"增殖价值的形式"，并且一切地租都是剩余价值，是剩余劳动的产物。换言之，马克思认为地租是投入土地的资本的利息，而土地价格不外是资本化的因而是提前支付的地租。因此，先有地租后有地价，从地价是地租的资本化定义出发，当地租一定时，土地价格受利息率制约，两者呈反比关系，实际上，这个购买价格是土地所提供的地租的购买价格。不论是地租还是地价，其实质都是土地所有权在经济上的表现。

新古典综合学派萨缪尔森等指出土地所有者出租土地要素而得到的收益就是地租。从地租的决定来看，短期内的土地供给几乎可以看作一条垂直线，而土地的需求曲线是一条凸向原点的曲线，土地的租金等于土地的边际产品。若在完全竞争市场上，此时土地的需求曲线与土地的供给曲线的交点就是均衡的租金价格，当租金高于均衡价格时，对土地的需求量就会下降，反之对土地的需求量会上升，土地的供求双方共同决定了土地市场的均衡，土地租金就是均衡的价格。

然而，现实经济中市场是不完美的，土地价格的形成不仅受自然条件、供求因素、资本投入、产权结构等影响，还受社会因素、政府干预思想的约束，因此，在要素市场中，土地要素的市场化程度较低，土地要素的价格扭曲程度更为凸显。我国经济目前处于转型过程中，市场经济发展还不十分完善，存在一定程度上政府过度干预土地要素市场的问题，由此导致土地价格扭曲较为严重。

土地要素市场扭曲突出表现为土地要素的价格扭曲。结合我国土地要素市场的发展来看，我国土地资源名义上归国家所有，但实际上地方政府拥有着土地资源的实际处置权，地方政府扮演者"裁判员""运动员"的双重角色。地方政府为了政绩考核目标进行"招商引资"，通常以降低土地要素价格向投资企业供地。这种"优惠政策"通过扭曲土地要素市场的价格信号来影响企业的投资决策、市场退出决策，再加上各地区地方政府偏好投资非农产业项目，以涉土地、财政、税收、资源等多方面的"优惠政策"有效降低企业投资和生产的成本。企业家在做投资决策时面对的不是市场供求决定的土地要素市场价格，而是经过政府干预后的显著低于均衡的新的价格。另外，城乡土地要素市场分割明显，农村土地要素市场发育迟缓，征地制度、宅基地制度、集体建设用地制度的"三块地"改革滞后、市场壁垒、垄断等因素造成土地要素在城乡之间的单向流动与不平等交换，由此带来的土地价格扭曲制约着农村产业融合经营主体的"理性抉择"。

土地产权制度的不完善是农村土地市场化水平较低的关键因素，由于城乡土地规则的不统一，农村土地向城市转移的过程中缺乏有效的产权保护。随着工业化与城市化的加速发展，土地在城乡之间流转变得更为频繁，但是我国土地的所有权以及使用权是在政府行政力量的干预下进行配置的，如我国农村土地属集体所有，若土地涉及经营属性的改变或使用主体的变迁时则需要报备相关政府部门，而后由政府处理土地的销售问题，如在市面上较多的是政府通过"招拍挂"等市场化方式进行处理。在土地进入市场后，土地资源则成为政府部门"以地生财"的重要投资资源，也会成为政府财政收入的重要补充。然而，土地市场的分割状态导致了土地征用价格很低而土地流通价格很高的价格差，农村土地在流转中的相当部分利益分配在土地流通市场上，这侵犯了土地所有者的土地产权收益。以土地征用为例，在土地的征收环节，政府以较低的价格征收农村土地，而后在市场上转让土地的经营权，由于土地的稀缺性，农地在市场上流通会导致农地产生较大的溢价，但是这种溢价显然更多的是留在了流通市场，严重地背离了土地的原始价值（洪银兴，2008）。土地要素市场化程度偏低导致土地要素的价格机制产生扭曲，引致土地要素配置效率的下降，因此，政府征用农民土地—政府转让土地经营权—土地在市场流通，这样形成的价值链显著倾向了土地流通市场，土地的溢价更多地流向了流通市场，这种土地收益的流向严重背离了土地的原始价值（洪银兴，2008）。

概而言之，土地要素市场的价格机制失灵降低了土地要素的配置效率，也制约了农村产业融合主体的有限理性选择。政府在土地要素市场中的作用主要表现为健全土地产权制度，深化土地制度改革，提高土地要素的市场化程度，充分发挥要素价格机制的调节作用，推进土地要素流转和产业化经营，为农村产业融合的经营主体降低土地租金成本、获取更高的利润提供制度供给基础。

4.2.2 劳动力市场的价格机制

按照洛桑学派的一般均衡论观点，市场上超额需求为零的状态是理想的市场状态。在完全竞争的劳动要素市场中，劳动要素价格也是由劳动部门的供给以及社会对劳动的需求决定，若劳动供给和劳动需求相等则可得到均衡状态下的劳动要素价格。但是劳动供给和劳动需求并不是固定不变的，劳动要素价格在产业、地区之间的差异会诱致劳动力要素的配置状态发生改变。因此，市场价格是市场供求状况的直观显示，在一定程度上影响着经营主体的决策行为以及市场上的资源配置状况。当然这种完全竞争市场中的瓦尔拉斯均衡是在一系列假设条件下才会成立，现实经济中垄断因素、体制机制约束、信息不完全等制约着劳动力的自由流动和有效配置，因而常常出现劳动力价格的扭曲。

劳动力的价格机制经历了从古典工资理论到现代工资理论的演变。以亚当·斯密为代表的古典经济学派指出，工资是劳动力的"自然价格"，即能维持工人最低生活水平。李嘉图则指出，工资偏离了劳动力的"自然价格"会引起人口数量的变动，从而又将工资调节到劳动力的价值上，这被称为著名的"李嘉图调节机制"。

新古典学派认为工资是由劳动的边际生产力来决定的，其代表人物马歇尔构建了供求均衡的工资论，认为劳动力的供需价格相等时候的均衡价格就是工资。制度学派则认为市场分割、工资刚性、流动障碍导致劳动力市场并不像新古典学派假设的完全竞争市场一样，认为工资的决定因素取决于各产业或者部门的人力资本。现代工资理论如效率工资理论解释了工资刚性存在的原因，威茨曼（1986）认为将工资制度改变为分享制度是解决资本主义滞胀的"天然武器"。

发展经济学强调，发展中国家存在传统农业部门和现代非农部门这种二元对立的经济结构，这两大部门之间的劳动力生产率或工资存在差距。传统农业部门存在劳动生产率极低（甚至为零）的劳动力，并且其劳动生产率或工资低于现代部门，那么两大部门之间的劳动力流动就会对劳动生产率或工资的收敛产生显著影响（高帆学，2016）。在假定劳动力市场有效和不考虑交易成本时，传统农业部门与现代非农部门之间的工资差异作为市场"信号"诱发劳动力流动，由此产生的结果是两大部门之间的劳动生产率或工资因劳动力的流动配置而逐渐趋向收敛，直到两部门的劳动力实现均衡。然而，直观的问题是很大程度上不同部门之间的劳动力流动、劳动力再配置取决于劳动力市场的有效性，尤其是在经济体制转型的发展中国家，即使不同部门之间的劳动生产率或工资存在显著差异，但是劳动力市场的完善需要一个长期的过程，劳动力流动容易受到体制机制的约束，从而引起劳动力要素错配的现象。

与主流经济学的工资理论不同，马克思分析了工资的本质是劳动力的价值或价格的转化形式，不能直接理解为劳动的价值或价格，否则就会掩盖资本主义生产关系的实质，劳动力商品同其他商品的价值一样，劳动力的价值也是由生产从而再生产这种独特物品所必要的劳动时间来决定的。简而言之，生产劳动力所必需的劳动时间或就是劳动力的价值可以归结为维持劳动力占有者所必需的生活资料的价值，即主要包括本人必要的生活资料、工人子女必要的生活资料、一定的教育或训练的费用等。马克思还指出"如果供求平衡，供求的作用就会相互抵消，工资就等于劳动力的价值"。

结合我国劳动力市场的发展情况来看，城乡劳动力市场分割较为严重，劳动力市场扭曲具有较强的政府干预作用。自新中国成立以来政府制定的收入分配政策比如企业工资论、按职务与级别划分的工资等级制度，一方面规范了劳动力市场制度，另一方面也造成了劳动力的价格扭曲。改革开放后，市场经济体制改革的价格改革逐渐推进，劳动力要素价格转变为由市场来决定，但是一些阻碍劳动力要素市场化的制度安排仍根植在经济体制内部，制约着劳动力价格引导资源配置的有效性。事实上，户籍制度将我国劳动力分为城镇劳动力和农村劳动力，从而引起劳动力的流动障碍以及就业歧视等问题，户籍制度上的医疗、教育、公共福利等社会分配功能在城乡之间的差异较大；同时，工业化发展过程中实行重工业优先发展战略，通过工农产品的价格差价或压低农产品的收购价格，来为工业发展积累发展资金（张培刚，2002），这就造成工农部门发展差距扩大以及二元经济的固化，城乡工资收入差距仍然很大。

城乡劳动力市场分割抑制着劳动力的自由流动，劳动要素流动出现瓶颈，农村劳动力市场化水平低于城市成为城乡劳动力市场分割的主要因素。农村地区自给和半自给的生活方式导致经济货币化程度低，农业市场化和货币化程度低，这就意味着现代生产要素难以通过市场途径进入农业部门，在制度变迁的路径依赖下城乡劳动力市场分割又作为外生变量进一步劣化农村和农业发展的条件。尽管市场机制的引入带动了农村剩余劳动力的转移，但城乡分割体制下的农村劳动力难于与城市人平等进入城市劳动力市场就业，多是进入所谓的"农民工"市场（洪银兴，2008）。城乡统一的劳动力市场是满足农村产业融合发展劳动力要素需求的必要条件，从而让农村地区留住要素，发挥要素集聚效应，带动城乡要素双向流动，引领资源和要素向农村产业融合的园区集聚，促进集约发展。

4.2.3 资本市场的价格机制

经济理论将利率视为资本的价格，这种价格是由资本市场的供求关系来决定的，资本的供给来源于储蓄，资本的需求来源于投资，均衡利率是资本市场上储蓄与投资实现均衡的结果。当利率低于均衡水平时，资本的需求就会大于供给，从而引起资本投资的增加，直到资本市场达到均衡，反之亦然。古典经济学将货币视为覆盖在实物经济上的"面纱"，这种利率观没有考虑到货币因素，认为利率只取决于资本市场上的储蓄和投资。

古典经济学的利率观受到凯恩斯的批判，他提出流动性偏好理论来解释利率，认为利率是由货币的供求来决定而不是资本的供求来决定的，在凯恩斯看来，利率是纯粹的货币现象，它是由货币市场供求关系决定的，利率的变动使得货币的供求趋向均衡，而不是储蓄与投资的均衡。马克思则认为利息、利率必须联系生息资本、借贷资本来解释。如果我们把利息叫货币资本的价格，那就是价格的不合理的形式。资本的产物就是利润，而利息是由利润来调节的，而且是由一般利润率来调节的，"利息率对利润率的关系，同商品市场价格对商品价值的关系相类似……利息率总是由一般利润率决定"，"作为资本的货币或商品，其价值……由它们为自己的占有者生产的剩余价值的量来决定的"（《资本论》第3卷，人民出版社2004年版，第398页）。从马克思的论述我们可以看出，利润率的高低决定了利息率的高低，并且在平均利润率保持不变的情况下，借贷资本的供给与需求状况决定着利息率。

结合我国资本市场的发展情况来看，银行是资本市场上主要的金融机构，其中大型的商业银行拥有绝大部分的金融资源。我国大型商业银行基本属于国有性质，政府拥有较多的控制权，这就造成了政府过度干预资本市场，形成金融抑制，市场机制无法有效地发挥作用。在农业发展过程中，大多资金来源于农业贷款，但是农业生产经营不确定性强、风险性高，并且缺乏抵押品，银行等金融机构不愿投放资金，导致一些经营较好的农业项目因缺乏资金无法正常运行。这就是金融主体趋利和信息机制失灵导致的农业发展的资金不足或错配等问题，从而导致价格机制无法实现最优配置。我国农村资本要素市场发育滞后，在农村产业融合发展过程中农业企业、专业大户、合作社等经营主体对资金具有很强的需求，资本集聚是农村产业融合发展的物质保障。同时，要充分发挥政府财政资金的引导作用，拓宽资金筹集渠道，提高农村金融服务水平，还要规范地方政府行为，提高农村资本要素的市场化水平。

4.2.4 技术市场的价格机制

在农村产业融合的发展实践中，农业产业及旁系产业的发展水平关乎农村产业发展的融合深度，这其中，技术要素是关键，尤其是对助推农村产业融合发展的龙头企业等新型经营主体而言。依据《工业企业科技活动统计年鉴——2016》，2015年我国以农产品为原材料的上下游制造业部门的专利申请数占全部制造业部门的比重逾12.12%，专利所有权转让及许可数、许可收入分别达到整个行业的8.93%和6.58%。可以看出，我国农业产业链在知识产权保护方面意识逐渐增强，科研创新能力也不断提高。但是，需要注意的是，专利所有权转让数量仍然较少，许可收入也明显低于专利的申请量。因此，如何完善技术市场的价格机制，进一步推动涉农产业加速技术革新，是推动农村产业融合和实现农业提质增效的重要保障。

然而，技术要素不同于一般投入要素，其自身具有较强的特殊性。第一，唯一性和专有性。技术需要依附于科研人员，且受知识产权保护，因此技术研发成功后，技术要素通常仅属于研发群体，仅可在政府法律框架内进行技术的转让，因此技术拥有者也同样是该领域的垄断者。由于短期内专利技术不会有其他替代品，因此，专利的出售往往会有较高收益。按照供给与需求理论观点，技术供给有限，表现为垂直的供给曲线，因此随着需求增大，专利技术的转让也会随之提高。第二，不确定性。在专利供给垄断的情况下，技术还具有一定的不确定性，包括运营风险的不确定性以及收益的不确定性。技术研发在开始投入时会存在投入成本的不确定性。一旦成果落定，成本转化即转为沉没成本，加上技术产品的可复制性，技术研发在成功后的边际成本为零，但是技术要素的边际收益则始终表现出不确定性。第三，时效性。在技术进步日新月异的时代，已有技术随时可能被一些新的更好的技术所替代，因此，技术具有一定的时效性，这也给技术要素如何定价带来较大困难。从技术要素的角度来看，技术研发者是技术的垄断方，但是技术具有一定的时效性。按照垄断市场的基本特征，若没有其他替代品，则技术要素的价格按照所获产品边际收益给付，否则，若市场出现全新的技术形态，则边际产品收益会出现较大降低甚至为零。当不考虑时效性时，技术要素的市场价格还依赖于技术实施的形式。按照既往实践，技术的实施包括自用以及许可实施两种，后者又可分为转让专利及让渡专利使用权，专利转让即为一次性转让，让渡使用权又包括独有、非独有和普通的使用许可。具体而言，在让渡技术的独有市场形式中，买方为单一主体，因此，技术的价格为产品预期的边际收益；在让渡技术的非独有市场形式中，为了满足多个购买者使用需求以及获取最高利润，技术会以购买方所出最低价格出售；在普通的市场形式中，技术供给者则会综合考量不同市场需求下的技术让渡收益，最后确定市场价格。

技术要素是农村产业融合发展的关键因素，只有技术创新突破产业边界，才能推动各产业之间交叉、渗透、融合而形成产业新形态。其中技术市场的价格形成涉及的问题十分复杂：技术要素具有唯一性和专有性、不确定性、时效性等特征，技术交易过程中存在信息不确定、技术商品的公共物品属性、技术产权界定复杂以及人的有限理性等，因此技术要素市场的交易成本高昂，其配置资源的功能往往会受到限制。综上，提升技术要素市场化程度、完善技术要素的价格机制对农业与二三产业之间融合发展具有重要意义。

4.3 要素市场的竞争机制

统一的市场体系、充分的市场竞争是保障市场机制有效运行的必要条件和前提基础，以保障市场机能够有效配置资源，提高市场中企业的竞争力和创新能力。市场分割与市场整合是相伴而生的，随着社会分工的不断演化，市场空间不断扩大，然而由于自然因素、制度因素、技术因素等导致市场分割问题一直存在。比如自然因素的地理距离、地理区位差异、气候因素等是造成市场分割的重要原因。正如马克思、恩格斯（1982）指出的，随着资本主义原始积累的迅速膨胀，资本主义市场不断扩张，生产与消费出现了分离，市场半径的扩大迫使资本家为了攫取更多利润而进行交通基础设施的改善，进而缩短流通环节所需成本。这表明地理距离与区位引起的运输成本、区位的差异是影响市场范围的重要因素，再者技术壁垒、体制机制的约束、地方政府之间的竞争以及地方政府官员之间的政治晋升导致不同地区、区域之间出现要素市场分割的现象。

从城乡角度来看，城乡土地市场、资本市场、劳动力市场、技术市场等要素市场分割降低了资源配置效率，导致了地方产业结构高度趋同、地方重复建设严重、企业竞争力削弱等问题，从而在制度变迁的路径依赖下农村经济发展的要素需求更加困难。城市要素市场相对统一和完善，在城市化进程中农村地区的要素、资源都向城市地区集聚，农村要素的空心化、空洞化引起农村经济凋敝。比如，我国城乡土地要素市场的分割问题十分突出，在城乡土地的产权制度、管理制度、土地增值收益分配制度等方面呈现显著的二元特征。根据《中华人民共和国宪法》《中华人民共和国土地管理法》《国有土地上房屋征收与补偿》等相关法律的规定，城市的土地和农村的土地在产权归属上分别为国家所有和集体所有，其中农地集体所有在概念上模糊不清、产权主体也属于虚置状态，农地产权权能残缺、产权流动性差，国家在征收或征用农村集体农地的过程中也出现了利益分配不合理，以及农地产权法律不健全等问题。可以看出，这种城乡二元分割的制度约束下城乡土地要素难以实现平等交换，从而导致农民土地财产权利受损、土地交易成本高、农村用地效率低等一系列问题。土地要素是农村产业发展的基础保障，城乡土地市场分割让农村土地要素不断地向城市地区和工业部门集聚。尽管近年来政府也出台了多项推动土地制度改革的政策措施，但并未从根本上消除城乡二元制度，农村集体土地与城市国有土地的权利并没有实现"同质、同权、同价"。另外，还存在地方政府过度干预农民的土地使用权等问题，土地市场分割中的竞争机制往往因此受到限制，在农村产业融合的经营主体需要土地要素时出现流动瓶颈、交易成本高等问题，从而降低了土地要素的配置效率。

从区域视角来看，地方政府为了保护本地区经济发展，比如在面临其他区域的产品进入时采取行政审批限制或税费不平等手段对本区域进行保护，这种地方保护主义成为区域要素市场分割的主要原因。这种要素市场分割造成不同区域、地区之间的要素不能自由流动，要素市场的竞争机制不能有效调节资源配置，降低了不同地区、不同区域的要素配置效率。这种地区分割的要素市场竞争不充分、不完善，也限制了农村产业融合的经营主体行为。比如，一些地区的要素在体制机制约束下长期处于不流动的状态，极大程度上受行政因素调节，而可流动要素受市场因素调节，这就造成要素之间的竞争机会不均等，经营主体只有通过调整部分要素的投入增量来提升自身的竞争力，从而大大降低了要素市场配置资源的功能。结合我国的要素市场分割情况来看，区域性分割特征十分突出，一些地方政府针对外来劳动力实行暂住证制度，实际上这种制度导致这些外来劳动力在就业、生活以及教育等方面仍受限制，这就造成劳动力要素不能自由流动和实现有效配置资源的功能。同样的，土地要素市场也存在区域分割问题，由于土地本身具有不可移动性，也就决定了土地要素不可能像资本、劳动力、技术等要素一样自由地流动。相对而言，东部发达地区的土地市场化程度较高，而中西部地区的较低，并且在这些经济发展落后的地区，地方政府对土地财政的依赖程度高，更倾向以低价或者定向的方式出让土地。在这些地区，政府对土地要素市场的干预程度较高，土地市场的竞争不充分，从而降低了土地市场配置资源的效率。此外，其他要素市场也同样存在分割问题，其中主要原因还是政府过度干预要素市场，实行地方保护主义。

从产业角度来看，政府的产业政策和规划在一定程度上会引起产业之间的分割。结合我国情况来看，新中国成立之后的很长一段时间里，政府将产业政策的重点放在重工业和城市上，并构建了农业支持工业、农村支持城市的发展战略。在这种计划经济体制下政府直接干预各种生产要素的流动和配置，要素市场的竞争机制不能在各产业之间充分地、有效地运行，从而导致生产要素的流动受限，降低了资源配置的效率。改革开放之后，党和政府都认识到了农村农业发展的重要性，在中央层面上对产业政策进行了调整和优化，构建了支持农村农业发展的政策框架。尽管如此，财政分权下的地方政府之间存在竞争，各级地方政府之间也存在政治晋升博弈，从而致使要素更容易配置到效益高的非农产业层面，而对农业发展投入的动力不足。政府过度干预要素市场而导致市场竞争不充分，也制约了产业之间的要素自由流动。

总的来说，要素市场的竞争机制在城乡、地区或产业之间存在竞争不充分、不完善的现象，即劳动力、资本、土地、技术等要素不能实现自由流动，出现要素流动瓶颈，从而在一定程度上抑制了农村产业融合发展的要素供给。可以看出，要素市场分割和要素市场竞争不充分的原因中，既有中央政府的产业政策、产业规划，也有地方政府对要素市场的干预等，因此，减少地方政府的保护主义以及产业政策的过度干预，保障各地区、各区域的要素自由流动，为农村产业融合发展创造条件。

4.4 要素市场的信息机制

信息经济学认为，信息的不完备性、不对称性往往会造成机会主义的形成，即道德风向和逆向选择以及交易费用高，从而影响市场配置资源的效率。若要素市场信息充分，各种要素的供求信息和价格信息都公开透明，要素配置主体就能快速且准确地反映出与要素配置决策相关的商品生产或要素供给信息,这样要素配置主体就能根据市场信息确定自身的要素配置最优状态。然而,在现实经济中,信息通常是不完全的、不对称的,要素市场的信息不完全造成要素的供给与需求失衡,降低了要素市场配置资源的效率。对于农村要素市场来说,地理区位处于劣势、交通不便的客观因素导致要素市场的信息传递受阻;农村信息技术发展落后导致要素市场的信息不对称;农民普遍受教育程度较低、接受现代生产要素的能力较弱等,造成农村土地要素市场、劳动力要素市场、技术要素市场等的信息不完全。在农村产业融合发展过程中,这种信息机制失灵就会导致机会主义的产生,由此导致农村要素市场配置资源的功能弱化。

从理论上来说,农业生产经营活动具有较高的生产风险和市场风险,农产品作为生活必需品,它的需求价格弹性低,农产品供求失衡容易导致农产品价格较大幅度的波动。当要素配置主体在信息不充分时,将过多的生产要素投入某种农产品的生产中,造成农产品供给大于需求,使得该农产品价格下降带来的收益减少的幅度大于农产品供给增加带来的收益增加的幅度,则会导致要素配置主体的收益受损。相反,在信息不充分时要素配置主体将过少的要素配置于某种农产品,此时该农产品的供给小于需求,结果是该农产品价格大幅度上升。这种农业生产经营风险是由于经营主体拥有的信息不完全和不对称,不能有效预测市场需求量或需求品种,因此,在要素市场信息不充分时,要素配置主体决策失误导致要素配置无法实现最优。具体来看,农户、农业企业、家庭农场、农民合作社等主体也面临要素市场的信息不充分问题。比如,"农业企业+农户"的组织模式中,农户经营规模小、组织化程度低、市场应对能力弱,要想获取"完全信息"的成本远高于其由此获得的收益,而农业企业相对农户来说具有更强的收集市场信息和法律知识的能力。在双方签订契约时,农户与农业企业之间的信息是不对称的,受机会主义动机的驱使,会出现道德风险和逆向选择问题,这种契约具有内在的风险性。因此,在农业产业组织模式中又出现了"农业企业+农户+农民合作组织"以减少内部交易费用,形成比较稳定的契约关系。

从土地要素市场来看,在产权制度不断完善的条件下,通过构建产权交易中心将市场机制引入土地要素市场,这样公开透明的信息传递降低了交易成本或交易费用,信息机制将土地要素的供给者和需求者横向联系起来,提高了土地要素的配置效率。结合我国农村土地市场进行分析,改革开放之初,农村土地实行家庭联产承包责任制的"两权分设",经过2008年的"确权颁证、还权赋能",2014年的"三权分置",2017年的"三变改革"一系列土地制度的深刻改革，赋予了农民承包权、经营权、处置权、收益权等权利，逐渐明晰了农村土地产权，并通过构建农村土地产权交易中心，以农村产权交易平台为土地要素的供给双方传达有效信息。农户作为土地要素的供给方，在产权界定明晰的情况下充分发挥其自主权，通过土地经营权流转、入股分红等方式实现农村土地产权的资本化，而作为土地要素需求方的经营主体，可以在信息平台获取农村土地要素的相关信息，适时调整自身在农业生产过程中对土地要素的投入比例，以农村土地要素流动为动力，集聚各种生产要素到农村产业发展之中，并且这种产权交易制度的完善也降低了交易成本，从而推动了农村土地要素的有效配置。

从劳动力市场来看，我国传统体制下的劳动力资源采取的是行政配置方式，在这种配置方式下，作为劳动力要素的需求方和供给方都没有自由选择的权利，劳动者就业是政府部门和城乡集体组织统一规定，这样就很少出现劳动力资源在不同部门和不同地区之间的流动。在市场化改革之后，市场机制配置劳动力资源的领域和范围逐渐扩大，但是在历史和体制的约束下劳动力市场分割严重，主要表现为城乡之间、体制内外的制度性壁垒，比如城乡分割、区域封闭的户籍制度、就业政策、社会保障和教育等方面的歧视性政策。这样造成了劳动力市场的信息不充分、不对称，劳动力市场需求的变化不能及时传递给要素的供给者和需求者，因而要素配置效率无法实现最优。

总体上看，农村要素市场化程度还很低，土地、劳动力、资本、技术等要素市场的信息不完全性、不对称性特征突出。在农村产业融合发展过程中，农户、家庭农场、农业企业、农民合作组织等经营主体通常会出现"隐藏信息"的情况，在签订契约之前"隐藏信息"，在签订契约之后"隐藏信息或行动"。这些经营主体都是有限理性的，在合作过程中存在信息的不对称性，签订的契约就不可能是完全的，从而导致机会主义行为的形成。因此，完善要素市场的信息机制，就是要减少政府直接对要素配置的干预，让要素配置依据要素市场供求信息变化、价格变化的市场规则实现效益最大化和效率配置最优，同时政府需要发挥其服务功能，通过搭建信息服务平台，比如全国农村要素流转信息化服务平台，有效传递要素信息。在农村产业融合发展过程中，也可以通过融合先导区、专业化的要素和商品市场来提高信息传递效率，降低交易成本。

4.5 小结

要素市场通过价格机制、信息机制、竞争机制实现资源要素的配置功能，要素市场化配置的作用下各种资源要素能够实现自由流动、发挥要素集聚功能以及降低交易成本，从而为农村产业融合发展提供要素供给基础。然而，在现实经济中，存在政府过度干预要素市场或在维护市场秩序或市场环境方面缺位的问题，导致要素市场的价格机制扭曲，以及竞争机制与信息机制失灵，因而出现要素流动瓶颈、要素集聚功能受限以及交易成本高昂的现象。

理论层面上，要素市场化配置要有一个完备的要素市场，然后各种要素都要同等进入市场，这其中有一个重要的前提就是产权制度的健全和完善，厘清资源的权利边界，明确产权归属和相关责任。正如索托（2007）在《资本的秘密》中指出，"任何资产的经济和社会价值，如果没有在一种正规所有权体制中固定下来，就很难在市场运行"，没有产权保护的"钟罩"，市场就很难发展起来。在产权制度健全与要素市场化配置的结合下，要素的主体可以获得决策自由和保障的空间，激活要素和要素主体也将进一步增进市场活力，充分发挥市场在资源配置中的基础性作用，从而使要素本身和要素市场更加灵活。要素市场的本质特征是产权交易，若产权界定不清或产权不完整，该要素的市场交易就会不完全，比如当产权不完全时就会产生租金耗散，要素的等价交换机制无法有效配置资源，要素市场的资源配置功能就会受到制约。

当前，我国的要素市场化程度低，劳动、资本、土地、技术等要素价格市场化改革滞后，各个要素进入市场的程度不平衡，主要是体制性障碍的制约作用，比如，户籍制度、城乡地缘行业的分割和身份性别歧视导致城乡劳动力流动出现瓶颈，从而出现劳动力要素价格扭曲。要素价格市场化改革的实质就是让资本、土地、劳动、技术等要素价格由市场来决定，要素供给方和要素需求方会根据要素价格比例进行要素供给和要素有效组合，这就是要素市场实现有效配置的重要体现，同时要减少政府对资源要素的直接配置，充分发挥要素市场的价格机制、竞争机制、信息机制配置资源要素的功能，实现要素的自由流动，发挥要素集聚功能，降低交易成本等，而政府必须在加强和优化公共服务、加强市场监管、弥补市场失灵等方面做好保障工作。

5 "经营主体"维度的农村产业融合发展机制分析

5.1 政府与市场约束下经营主体理性行为分析

政府和市场是配置资源的两种手段,市场机制与政府作用机制相互重叠、交叉作用构成了农村产业融合基本架构,形成了农村产业融合的"天花板",政府效力的有力发挥则可以消除农村产业发展桎梏和前置性障碍,拓宽农村产业发展的融合空间。相反,若市场与政府"失灵",则可能导致市场扭曲和压缩农村生产生活空间,导致经济体的发展以牺牲农村地区利益为代价而实现。因此,经济基础决定上层建筑,上层建筑仅作用于经济基础。若政府发展战略符合市场规律,顺应农村经济的发展趋势,则会推动农村解放生产力,反之政府发展战略意在扭曲农业发展来实现战略意志,农业发展将会掉入"政策陷阱"。

市场和政府构筑了农村发展的基本格局。作为农业发展的主体,农业经营主体是农村经济发展的生产者,是农业生产力的主要推动者,是在实践中推进农业生产方式和生产模式更迭的主力军。因此,在本书"政府、市场、经营主体"三个维度的分析框架下,农业经营主体具有举足轻重的地位,农业经营主体的有限理性行为是本书关注的焦点之一。

5.1.1 政府与市场的约束作用

经济发展和经济改革的实质是处理好政府和市场的关系。经营主体在农业生产经营活动中,同样需要处理好其与政府和市场的关系,在政府制度约束和市场约束的作用下经营主体会进行有限理性行为选择,即以竞争或合作机制调节经营主体功能。

一方面，政府制定发展战略具有较强的主观性，并在政策实施前会以不同的信号传递的方式散布于市场上。政策信号传递后至政策发布和执行期间，经营主体则会对现有的作业领域、作业方式、农业投入等进行再选择，以通过这种策略性调整获取政府的扶持或避免政府的惩罚等。因此，面对政府的发展意志，经营主体也可以通过竞争与合作的形式迎合政府发展需要抑或规避政府的扭曲意图。比如，政府的发展决策若符合农业发展趋势，则会鼓励农业生产经营者按照现有的或未来的农业发展领域开展深入研究，促进农业科技革新、农业装备换代等，从而提高农业竞争力。相反，若政府发展战略不符合市场需求或违背农业生产规律，农业生产者迫于政府权威进行生产作业，但是也可以凭借与二三产业的合作，如加入农业保险、与农业龙头企业合作等形式来降低风险等。

另一方面，经营主体的行为需要符合农业发展的市场规律，市场机制会调节生产要素在经营主体之间的分配，并通过产品价格调节供需，甚至借助竞争机制实现优胜劣汰。因此，经营主体需要实时掌握市场信息、提高劳动生产效率、调优农业生产方式等，以实现农业作业决策最优和获取较好的农业收入，并在市场竞争中得以生存。现实中，农业经营者为了在市场中立足并长期经营，不仅选择了竞争策略以壮大自己，同时也会选取合作的方式来确保经营状况稳中向好。

按照上述的分析，本书认为农业经营者面对市场和政府作用交叉存在的经营情况，农业经营者会通过既竞争又合作的方式来进行生产。其中，不仅合作是促进农村产业融合发展的主要方式，竞争也会促进农村产业融合。农业经营者之间的竞争主要体现在同生产链上的经营主体之间，合作指的是农业经营者之间的相互融合和相互渗透，既有横向的合作也有纵向的合作。横向合作指的是以农业为原点，通过嫁接二三产业生产方式、运作方式的融合；纵向融合则指的是通过延伸农业产业链，增强农业多功能性的融合方式；二者均可以提高农业的增加值率。

5.1.2 双重约束下经营主体的有限理性行为

在政府制度约束和市场约束的作用下，经营主体通过竞争或合作机制提高自身的组织化程度、市场应对能力，并积极构建合理的利益联结机制、激励共享机制，从而推动农村产业融合发展。结合前文的分析，政府作用机制主要分解为产业政策支持与农业补贴、农业基础设施建设、打造公共服务平台、创新金融扶持以及产权确认与保护，要素市场的价格机制、信息机制、竞争机制作用下分解为要素流动效应、要素集聚功能以及交易成本,在这种双重约束下农户、农业企业、农民合作社、家庭农场等经营主体通过有限理性选择影响农村产业融合发展进程。

结合我国的现实情况来看,在政府制度供给与服务存在不足、要素市场机制扭曲的约束下,经营主体在农村产业融合发展进程中面临着公共服务与农业基础设施供给不足、金融支持不够、保险保障水平较低以及土地流转不畅等方面的难题。具体来看,新中国成立之后,我国推行的重工业优先发展战略,以及改革开放之后又提出以城市为中心的发展战略,一系列的体制机制约束导致农村农业发展滞后。直到2004年提出"工业反哺农业、城市支持农村"的政策框架,党和政府将"三农"问题作为工作的重中之重,但是在财政分权下地方政府为了完成政绩考核任务,支持农村农业发展的积极性和动力显得不足。家庭联产承包经营制度下,集体"统"的功能逐渐弱化,政府对农村农业发展的经济技术服务功能也在逐渐减弱,加剧了农村公共服务和农业基础设施供给不足的状况。同时,传统体制延续下来的部门分割的产业政策制约了农民家庭进入合作经济的范围和领域,以及农村土地产权制度不完善,财税政策和信贷、保险制度不健全等问题一直存在,因此,在农村产业融合发展进程中形成了政府制度和服务供给不足的局面。从要素市场来看,我国的要素市场化程度低,目前,产权制度不健全,很多的资源要素还不能进入市场进行交易,在垄断因素、体制机制约束下要素流动的成本高,政府在要素市场化进程中进行过度干预,而又在维护市场秩序和环境中缺位,从而出现要素市场的价格机制扭曲,以及信息机制和竞争机制失灵,降低了要素市场配置资源要素的功能和效率。

在双重约束下,农户、农业企业、家庭农场、农民合作社等经营主体通过有限理性选择影响农村产业融合发展。家庭联产承包经营制度下的小农分散经营模式不再与农村产业融合发展的现实相适应,因此,农户积极加入合作组织,提高自身的组织化程度和应对市场风险的能力,这种形式扩大了生产经营规模,降低了市场交易成本。农户通过合作的形式加入农业生产产业链,推动了农业产业链的延伸和农民增收。随着农村土地产权制度的深化改革,尤其是集体经营性建设用地入市改革的推进,村集体以土地作价量化入股的形式与现代企业进行合作经营,作为集体成员的农户参与集体收益的分配。在农村产业融合进程中,普通小农户只有通过加入合作社或者直接联合现代企业等其他新型经营主体进行联合经营,以此降低农业生产成本,抵御自然风险、市场风险等。农业企业、家庭农场、农民合作社等新型经营主体在面对政府制度与服务供给不足、要素市场机制扭曲的双重约束下,通过有限理性选择参与农业产业链,通常以"龙头企业+合作社+农户""家庭农场+合作社+农业企业"等利益联结模式调节资源要素的优化配置,延伸农业产业链、价值链,发展农业产业新形态。这些新型经营主体作为农村产业融合发展的主体,通过融合主体的互动和互补,参与农业产业链的整个形成过程,推动同一产品产业链上的不同环节向同一经营主体集中,从而实现农村产业融合发展。

5.2 农村产业融合发展中经营主体之间的行为博弈

囿于市场机制和政府机制的制约,经营主体会选择竞争或合作的方式来进行农业作业。因此,本书较为关注的是经营主体如何选择自己竞争抑或合作的行为。按照实际情况来看,经营主体无论任何时候均希望通过增加要素投入或减少劳动时间来提高农业作业效率,因此,竞争是经营主体为了生存的常态,即使合作也是为了增强自身的竞争力从而达到生存的目的。所以竞争或合作都是经营主体从自身利益出发,从各项选择集中选择一项行为或策略,并从中获取经济收益,这其实就是博弈的过程。

5.2.1 农户与农户之间的博弈分析

首先,我们来考察一个静态博弈,是对同处于一个生产链上的经营主体之间是选择竞争(不合作)还是合作的博弈。假定存在经营主体甲和乙,双方均为理性的经营主体,即甲和乙均会通过择业来实现自身利益的最大化。但是,两位经营主体的职业技能存在差异:甲方为专职农户,设备齐全,技术先进,若能生产则其单位面积耕地收益为 $P_甲$;乙为普通农户,生产技能与甲相比较为落后,若乙专职从事农业,则其收入为 $P_乙$;比较可知 $P_甲 > P_乙$。因此,若乙不经营农业的话可以进城从事非农产业,且从事非农产业的收入(I)大于其经营农业的收入,即 $I > P_乙$。但是考虑到会面临职住分离的状态以及乡土观念的缘故,甲若流转土地会降低其效用,因此,乙面临自己兼职作业和完全流转的两种选择。假定甲和乙双方的耕地面积相同(均为 λ),且质地均匀,且甲、乙双方均可流转土地,但是甲考虑到自身经营技术好,只有当产品的市场价格低于 P_1 时才会选择流转。同样,乙也有两种选择行为:合作(流转)、不合作(不流转)。乙会在价格低于 P_2 时流转,考虑到甲技术较好、耕种效率高等原因,甲所能承受的耕地价格会低于乙,因此 $P_1 < P_2$;若乙不流转,则其

进城务工的收入会由于缺勤而不能获得全部收入,且折扣的收入(w_1)大于土地流转由甲方给付给乙方的土地流转额(w_2),土地流转额小于双方农业经营收入,兼职农业的收入为(w_3)。

按照上述设定,我们可以得到甲、乙双方在面对竞争与合作不同情境下的收益矩阵,如表5-1所示。可以看出,甲或乙一方的决策将会影响另一方的决策,整体上可以分为(合作,合作)与(不合作,不合作)两种策略,(合作,合作)的策略选择利于实现甲、乙双方的利益最大化。

表5-1 农户与农户博弈的收益矩阵

		乙 合作	乙 不合作
甲	合作	$2\lambda P_甲 - w_2$, $I+w_2$	$\lambda P_甲$, w_3+I-w_1
甲	不合作	$\lambda P_甲$, w_3+I-w_1	$\lambda P_甲$, w_3+I-w_1

5.2.2 农户与企业之间的博弈分析

接着,我们考察农村产业的纵向融合。按照纵向融合的理念,我们以"企业+农户"的运作模式为例。假定企业和农户的一般性收益为 r 和 R。农户与企业合作,先期是由企业下订单,而后农户进行生产,这样企业将减少未来进行产品搜索时的成本 c_1,且可以通过发展原料地观光等实现间接盈利 r_1。农户也会因为有企业进行了预定,而减少了储存、寻找买家等的成本 c_2。企业一经下单,则会签订协议,协议规定,企业若违约,将支付违约金 A,这种情况下农户只能以市场价格进行销售获取收入 R_1,$R_1<R$。然而农户却存在道德风险等的行为,因此企业规定农户的违约成本为 B。可以看出,若企业违约金 A 高于产品搜索成本 c_1,农户违约金 B 高于农户储存等成本 c_2,(合作,合作)则为纯策略纳什均衡(如表5-2所示),农户会选择与企业合作,这种模式利于推进农村产业融合。若进行有限次重复,则均衡解不变。

表5-2 农户与企业博弈的收益矩阵

		农户 合作	农户 不合作
企业	合作	$r+r_1-c_1$, $R-c_2$	r, R_1-B
企业	不合作	$r-A$, R_1	$r-A$, R_1-B

5.2.3 企业、合作组织与农户之间的博弈分析

接下来,分析"企业+合作组织+农户"模式下经营主体的行为选择。按照这种模式的规则,首先需要企业向合作社发出要约,因此在要约之前企业需要对农产品的市场情况做出相应的评估,继而以合作社为中间,寻求企业、合作社与经营主体之间的利益均衡,再签订契约,并对经营主体下达生产任务。在龙头企业或合作社提供的技术支持和服务下,农户进行生产活动。待生产阶段结束后,也是由合作社这类中介组织对农产品进行筛选、评价和收购,企业则负责加工、销售。相比"企业+农户"模式,合作社作为农户联合行动的产物,代表农户的利益与企业进行谈判。可以看出,企业与合作社为双方当事人,二者之间地位平等,可以进行相互博弈,最终契约的订立也是双方在自愿平等原则的基础上达成,体现了当事人之间的利益联结机制。而在"企业+农户"模式中,农户经营分散、获取信息能力弱,企业与农户之间往往是一种不平等的交易关系。

首先,本书考察农户加入合作组织对其收益的影响。为了方便分析,假设存在两个"同质"农户,是否加入合作社会对二者的福利效应(收入)产生影响:二者同时加入和均不加入合作社会给双方带来的平均收益分别为 r_0 和 r_1;而若仅有一方愿意加入合作社,由于加入合作社的一方可以获得更为优越的技术服务和更为丰富的销售信息,因此,其获得的平均收益为 r_2。加入合作社会使得经营主体的成本由 c_2 调整为 c_1。一般情况下,农户会进行成本—收益分析,若农户愿意加入合作社,其获得收益大于未加入时的收益,即 $r_2 > r_1 > r_0$,相应的加入合作组织按照契约规定生产的成本 $c_1 > c_2$,如表5-3所示。

表5-3 农户加入合作组织的博弈矩阵

		乙	
		加入	不加入
甲	加入	(r_1-c_1),(r_1-c_1)	(r_2-c_1),(r_0-c_2)
	不加入	(r_0-c_2),(r_2-c_1)	(r_0-c_2),(r_0-c_2)

从博弈模型的收益矩阵可以看出,纳什均衡存在于双方均加入或都不加入的两个选项中,若要得到双方均加入的结果,则需要使 $r_1-c_1 > r_0-c_2$。因此,壮大农业合作社的前提就是让入社农户比非入社农户或农户入社前的收益更高、成本更低,这样才能推动合作社的良性发展。

以上是分析农户是否加入合作社的博弈行为，然后我们分析农户加入合作社是否能按照农产品的生产标准协议进行生产，这是农户与合作组织进行合作的重要基础，合作组织有职责监督农户按照协议进行种植，这才能保证企业收购的品质需求。通常，农户按照规范进行种植的农产品每单位的生产成本比不按照规范进行种植的成本更高，假定合作组织内有 m 个均质农户，每一个农户按照规范进行种植的成本为 c_1，不按规范进行种植的成本为 c_2，存在 $c_1 > c_2$，除去生产之外的入社生产成本（如会费）为 c_3。由于企业与农户之间存在信息不对称现象，企业则按照农产品的平均质量给付价格。假定农户按照规范生产，农产品质量会比较高，因此农户是否按照种植规范也是影响农产品质量的重要依据。本书令农户按照规范种植和不按照规范种植，则农户的收益分别为 r_1 和 r_2；而若农产品质量没有达到标准，企业会对合作社的惩罚为 t_1，农户也将支付相应的违约成本 t_2。在收益分配中，合作社的收益分别为 y_2 和 y_3，y_2 为会费收入，y_3 为企业支付报酬，合作社的综合利润中需要分配给农户的为 y_1。若 $t_2 < c_1 < c_2$ 时，即农户的违约行为得到的惩罚成本就会小于不按规范生产花费的成本，从而农户可能会选择"搭便车"的行为。因此，如何约束农户的"搭便车"行为就成为破解"组织管理困境"的关键。

表 5-4 的支付矩阵显示，农民与合作组织同时守约需要满足 $y_2 + y_3 - c_4 - y_1 > y_2 + y_3 - y_1 - t_1 - t_2$，即满足 $t_1 + t_2 > c_4$。这意味着企业对合作组织监管不到位行为的惩罚和合作组织对农户违约行为的惩罚力度应该加大。如果是合作组织守约，要让农户也守约，即 $r_1 - c_1 - c_3 + y_1 > r_2 - c_2 - c_3 + y_1 - t_2$，简化得出 $r_1 - r_2 > c_1 - (c_2 + t_2)$，也就是说农户按照规范种植与不按规范种植之间的收益差额应该满足大于其相对应的生产成本（加上相应的违约成本），这就意味着应该降低农户生产成本，同时提高对违约行为的惩罚力度。

表 5-4 农户与合作组织之间的支付矩阵

		合作组织 守约	合作组织 违约
农户	守约	$(r_1 - c_1 - c_3 + y_1)$, $(y_2 + y_3 - c_4 - y_1)$	$(r_1 - c_1 - c_3 + y_1 + t_2)$, $(y_2 + y_3 - y_1 - t_1 - t_2)$
农户	违约	$(r_2 - c_2 - c_3 + y_1 - t_2)$, $(y_2 + y_3 - c_4 - y_1 + t_2)$	$(r_2 - c_2 - c_3 + y_1)$, $(y_2 + y_3 - y_1 - t_1)$

最后，在企业与合作组织之间的博弈行为中，企业作为重要的农业经营主

体，其与合作组织的融合更能体现延伸农业产业链，提升农业竞争力的要求。由于企业与合作组织具有一定的规模，因此二者均存在资产专用性的特征。假定企业与合作组织不进行合作的收益分别为 R_1 和 R_2。若二者有意向合作，则会以契约的形式进行合作，但是二者均面临着道德风险而遭到对方"敲竹杠"的行径。这里考虑两种情况：①在企业对合作组织产品进行收购时，假定市场价格为 P_1，生产成本为 C，契约价格为 P，$P_1<P$，则此时企业就会倾向于采用市场价格进行收购。作为合作的另一方，合作组织在企业违约的情况下将会起诉企业，起诉成本为 F，裁决后会得到企业的补偿 E。如此一来，合作社的收益为 $P_1*Q+E-F-C$，Q 为产量，若补偿弥补了起诉成本则合作社会进行合作。与此同时，企业的收益比不合作时名义增加 $(P-P_1)*Q*i$，i 为单位农产品企业的收益，则企业也倾向于合作；而若不合作，则按照市场价的收益为 P_1*Q-C，由于 $E>F$，则合作社在该种情况下也会选择合作。②若市场价格高于契约价格，则企业倾向于按照契约价格给付，合作组织则要求按照市场价格给付。若按照市场价格给付，则合作组织收益为 $P*Q-C$，相比往常单位农产品高卖 (P_1-P)。但是此时企业会进行起诉，起诉成本为 M，可得到农户补偿 N，则起诉后农户收益为 $P*Q-C-N$，企业收益与不合作时相比，收益为 $(P_1-P)*Q*i+N$，因此，若 N 足以补偿差价则企业愿意进行合作，否则企业不会进行合作。从上述分析可以看出，企业与合作组织若遵循契约则利于双方增进收益，相反若有违约的一方，则需要裁定后的补偿足以弥补受损方的损失才能够促进纵向的产业融合。因此纵向的融合具有诸多的不稳定性，不仅需要明晰权责义务，也需要政府等第三部门的介入。

5.2.4 家庭农场与合作社之间的博弈分析

以家庭农场为核心的农业经营模式促进了农业产业链的延伸，推动着农村产业融合发展。其中，"家庭农场+合作社"是基本模式，在此基础上，家庭农场与公司之间也可以通过合作社为中介组织形成新的"家庭农场+合作社+公司"模式，以及同其他不同的经营主体组织成差异化的利益联结模式等。家庭农场利于农业的规模化、集约化、商品化运营，其主要是以家庭成员为主要劳动力，同时可以招工，包括短期和长期的务工人员。在生产过程中家庭农场比传统的小农户具有更为丰裕的土地、资金、劳动力、技术等要素，以获取更高的劳动生产率，并降低生产成本。家庭农场与合作社、公司、合作社自办加工企业的合作是在自愿基础上组成的利益共同体，有利于实现信息资源共享、农机农技的共用，以及在农产品的生产、加工、销售等环节获取资金、技术、信息等在内的社会化服务。家庭农场作为农产品加工企业的生产原料的主要供应者，专注于农业生产环节，克服了小规模农户生产经营波动大、生产方式不规范和质量安全难以保障的缺陷，因此，在实践中很多龙头企业也将家庭农场作为农产品加工原料的主要供给者。以"家庭农场+合作社"为例，家庭农场专注于农业的生产环节，合作社致力于农业生产前期的生产资料购买、生产中的技术指导以及生产后的农产品销售和加工等环节。两个经营主体之间保持着利益的高度一致，家庭农场和合作社之间的合作将外部交易行为内部化，降低了交易费用。同时这种协作模式带动了生产要素在更广阔的空间进行优化配置，获取规模经济效应，促进合作剩余的增加，也提高了农民组织化程度，改变了农民的弱势地位增强了农民在市场交易中的话语权。家庭农场作为家庭基本生产经营单位，具有产权关系清晰、利益关系直接、监督成本较低的优势，在实践中是提高农业生产效率的重要经营方式。综合而言，家庭经营作为农业经营最基本、最普遍的组织形式，具有很强的普适性。家庭农场与其他农业经营主体之间的竞相发展与融合互动、协同发展，有助于构建紧密的利益联结机制，从而推动农村产业融合发展。

5.2.5 概括性总结

综上，在外部环境发生变化时，比如政府发布政策支持和规划、信息技术渗透农业领域、市场需求结构变化等，市场经营主体通常会在利益的驱动下，选取变动生产模式、形成利益联结机制等规避市场风险和保证正常利润率。在这种激励约束机制下，农户、企业、合作组织、家庭农场等经营主体通过有限理性选择，即合作或竞争推动农村产业融合发展。但是，在要素市场价格机制、信息机制、竞争机制扭曲作用下经营主体功能则会发挥受限，比如经营主体的组织化程度低、市场应对能力较弱、利益联结机制不完全、缺乏有效的激励机制和约束机制等。可见，市场机制的调节配置是推动农村产业融合发展的内在基础，政府应该充分发挥激励和保障作用，防止市场失灵引发的主体行为偏离预期目标。

5.3 "经营主体"行为与农村产业融合发展

在政府和市场的作用机制下，经营主体通过竞争和合作提高组织化程度与市场应对能力，以及构建紧密的利益联结机制、激励机制与共享机制，推动农村产业融合发展。农业生产活动具有较高的自然风险和市场风险。在市场机制作用下，小农户以及一些小规模的经营主体就表现出交易能力和交易效率双低的特点，这些主体的组织化程度较低，因而市场应对能力也较弱。在面对农村产业融合发展的趋势和机遇时，农业经营主体之间通过"龙头企业+农户""龙头企业+中介组织+农户""龙头企业+家庭农场""股份合作制"等模式提高主体组织化程度，同时构建紧密的利益联结机制、激励机制与共享机制，形成利益共同体。这种组织模式本质上是一种农户、龙头企业、家庭农场、农民合作社等经营主体之间的契约模式，也是一种产业组织形态。

从理论上说，理性的农业企业、中介组织、农户等都会选择最有效率的契约，政府的作用主要在维持正常的市场竞争。但是，在中国国情下，政府不仅是维护者，还是市场的塑造者和参与者。事实上，我国地方政府往往成了某种农业发展组织模式的推动者，这种政府行为产生了正面与负面的效应，而结果取决于其推动农业发展模式的有效性。

我国农村产业融合发展呈现经营主体之间的多种合作模式，基本趋势是以龙头企业来带动，通过龙头企业将农产品的生产、加工、销售等环节结合起来。进一步地，该种类型的合作模式又可以分为"公司+农户"模式和"公司+中介组织+农户"模式，二者的区别在于农户是否与公司直接订立合同。显然，该种类型的合作模式利于农户与企业实现双赢。简单来看，一方面，农户可能会接受公司提供的生产资料，由于直接对接购买方，从而销路也变得通畅；另一方面，公司可以有稳定的货源，从而也减少了市场交易成本。整体上，这种订立契约的合作模式降低了市场不确定性给农户和公司带来的影响。但是，在这两种模式在实践过程中，由于公司对农户的生产行为监督成本过高，而对整个农业生产过程的控制能力过低，同时在农户的诚信意识、质量意识缺失的情形下，农户的逐利倾向导致"搭便车"行为难以控制，这样农户为公司提供的农产品质量得不到保障。此外，农户与公司的利益链条是割裂开来的，公司只需对农户支出农产品生产成本，公司销售的农产品的价格加成则与农民无关，因此公司很难有效激发农户保障农产品质量的积极性。这样一来，信息不对称以及道德风险等因素的存在，可能会对公司信誉以及产品质量造成负面影响。因此，在实践过程中经营主体之间又形成了"公司+合作社+农民"模式。在这种合作模式下公司即可以通过与"合作社"签订农产品订购合同，由于合作社多为农业经营主体直接参与，因此便于合作社对农户生产行为进行监管，降低了农户与企业发生矛盾的可能，而且监管成本相对较低，同时合作社以及农户生产所得收益也可能会有所提高，在这样的合作模式下农户与公司之间形成了紧密的利益联盟。

农业经营主体之间的共同利益是推动农村产业融合发展的核心机制，各经营主体之间对农村产业融合发展的劳动、资本、土地、产品、技术等要素投入和他们在其中的资产产权得到认可，并获得回报和收益。在市场经济条件下，经济活动以利益最大化为目标，只有存在共同利益，各经营主体之间才会联合起来。在农村产业融合发展中，经营主体之间形成基于共同利益的联结机制是关系农村产业融合发展的稳定性和持续性的关键力量。

从主体组织化程度来看，普通农户面临着市场风险和自然风险，在激烈的市场竞争中农户难以对市场变化做出准确及时的反应。农户作为有效且非唯一的组织，要实现农户与其他农业经营主体之间的互利共赢，需要提高农户的组织化程度，为延伸和巩固农业产业链、推动农村产业融合发展奠定坚实基础。农民在自愿、互利、公平的原则上构建的农民合作社实际上是应对市场竞争而构建的合作组织，目的是解决农户在生产过程中面临的经营分散和规模小的问题，将小农户与社会化大市场联系起来，通过提升农产品生产规模以及推动农产品的提质增效，增强农户在利益联结机制中的作用和地位。

从激励机制和共享机制来看，政府对经营主体的扶持、引导和激励具有决定性作用，政府通过制度供给健全的激励机制、共享机制和创新制度安排促进资源要素注入农村产业。比如，通过政策扶持和培育壮大新型农业经营主体，着力完善土地流转制度、合理放宽搞活农村土地市场，在财政注资的同时还应撬动民间资本，推动形成为新型农业经营主体提供低息贷款的多种组织形式。政府还应进一步明晰界定产权，强化经营主体借贷资质，降低贷款门槛，为发展较好的经营主体提供贷款担保、资金垫付等服务。龙头企业可以提供科技转化支撑，引导各类创新要素向龙头企业集聚，加强市场信息互通、品牌的共建共享。

概而言之，经营主体之间的利益驱动是推动农村产业融合发展的原动力，农户依靠传统的农业发展模式实现增产、增收已不是以应对现代社会的变化。随着现代农业的发展和农村产业融合的推进，农户及相关组织为了追逐自身利益持续增加会出现相互合作，从而进一步促进了生产要素在更广的范围内得到优化配置，生产出更具有市场竞争力的产品和服务。换句话说，经营主体之间合作的利益驱动是推动农村产业融合发展的内在动力，这种合作通过新的组织形式将外部交易内部化、生产经营规模化和标准化，组织成员共同协商收益分配，组成价值创造共同体，共享增值收益，从而提高经济效应。这种合作降低了要素的流动障碍，要素配置得以满足规模一定的成本最小或成本一定的规模最大化，从而以经营主体的融合互动推动农业与第二产业、第三产业实现融合发展。

5.4 小结

在政府和市场机制下经营主体通过竞争和合作推动着农村产业融合发展，也就是说在农村产业融合发展过程中要正确处理政府和市场的关系，要充分发挥市场在资源配置中的基础性作用，同时更好发挥政府作用。这一方面需要经营主体围绕市场需求进行生产，利用市场价格机制、信息机制、竞争机制选择要素投入规模、产业发展方向和布局、融合方式和路径，提高比较收益和综合效益。另一方面，要发挥政府在农村制度改革、促进要素市场化配置、弥补市场失灵和不足、科学制定发展规划、健全公共政策和优化市场环境、提供更好的公共服务和公共物品等方面的作用，为农村产业融合发展提供更好的制度环境和外部环境。经营主体在政府和市场作用下通过竞争和合作机制优化主体功能，逐渐提升主体组织化程度、市场应对能力，构建起紧密的利益联结机制、有效的激励机制与约束机制等，推动着农村产业融合发展。

6 中国城乡关系演变下农村产业融合发展的历史进程与基本经验

6.1 中国城乡关系与农村产业融合进程

农村产业融合发展内生于特定的城乡关系，城乡关系的演变又根植于生产力与生产方式的动态变迁。在生产水平较低时，农业生产主要依靠劳动要素的投入，中间产品较为单一，农村产业融合发展水平十分低下。随着生产力水平的提升，生产资料的生产部门日益繁荣，农业生产可用的中间品日益多样，农村产业融合发展水平则会出现提高。新中国成立初期，我国生产力水平极度落后，农业生产首先需要解决的是"温饱"问题，加之国际环境的影响，我国借鉴了苏联的社会主义发展模式，推行计划经济体制，以单一的公有制经济推动重工业优先发展，由此导致了我国长期鲜明存在的城乡二元结构。这一阶段，我国农村人口占全国人口的比重达到89.36%[1]。1978年之后，随着我国改革开放的不断深入，我国生产力水平得到了极大提高，市场经济体制渐渐得到健全，居民对粮食的需求逐渐转向品质化、安全性、多样化等需求。在政府支农政策的影响下，二三产业支农、辅农的反哺力度逐渐加大，农村过剩劳动力规模日益庞大并转向城市就业。2017年我国农村人口占全国人口的比重为41.48%[2]。新时代下，我国城乡关系逐渐步入城乡一体化、城乡融合发展的新时期。

6.1.1 典型事实

不同时期城乡人口比例的消长多可反映城乡关系演进的阶段性特征。城市

---

[1] 数据来源：《中国统计年鉴（1950）》。
[2] 数据来源：《中国统计年鉴（2017）》。

经济具有集聚属性，既是进行集中生产的区域，也是"集体消费"的场所。按照农业的生产属性，借鉴发达国家的发展经验和我国的农业生产现状，农业生产劳动力的提升需要转移农业过剩劳动力，加大农村产业融合发展力度。

通过梳理我国城乡人口的动态演变过程（如图6-1所示），本书发现，新中国成立以来，我国农村人口的绝对量在1995年后才出现较长时期的实质性下降。1949—1995年，我国农村人口年平均增长率达到1.26%，与之相对，城镇人口年平均增长率为4.08%，总人口年平均增长率为1.77%。然而，在改革开放前，出于缓解城市就业压力和应对农副产品短缺的缘故，我国严格限制农村人口到城市就业，并鼓励城市青年以及农村返城人员到农村就业和开展多种经营，我国甚至出现了人口从城市向农村流动的"逆城市化"现象。1995年之后，我国农村人口出现显著下降（1995—2017年平均下降1.80%），城市人口则继续保持上升态势（1995—2017年平均增长3.89%），总人口增速出现缓慢下降（1995—2017年平均增长0.63%）。这一时期，城镇人口绝对量的增额远高于总人口的增额，因此农村人口进城成为这一时期城乡交流的主旋律[①]。

除去劳动要素的融合交流外，城乡关系的演进更多地体现为城乡边界的日益模糊以及城乡接合部出现的繁荣迹象，这一方面主要体现为城乡土地之间的相互转化。2000年以后，我国农用地转他用的面积伴随着城镇化的推进不断攀升。2016年，农用地转他用面积达到30.35万公顷，是2000年的3.24倍，其中耕地面积比重为57.39%[②]。可以看出，农村在为城市输送过剩劳动力的同时，土地要素的流出也是推动城市建设的重要因素。

农村产业融合既是城乡融合的主要内容，也影响着城乡融合的发展阶段，是提升农业生产力、丰富农业经营模式、延伸农业产业链、推动农村发展的重要抓手。农村产业融合发展是否深入不仅与农业生产经营的体制机制相关，而且与二三产业是否发达也有重要关系。

[①] 数据来源：中国统计局官网，http://data.stats.gov.cn/easyquery.htm?cn=C01。
[②] 数据来源：历年《中国国土资源统计年鉴》整理得来。

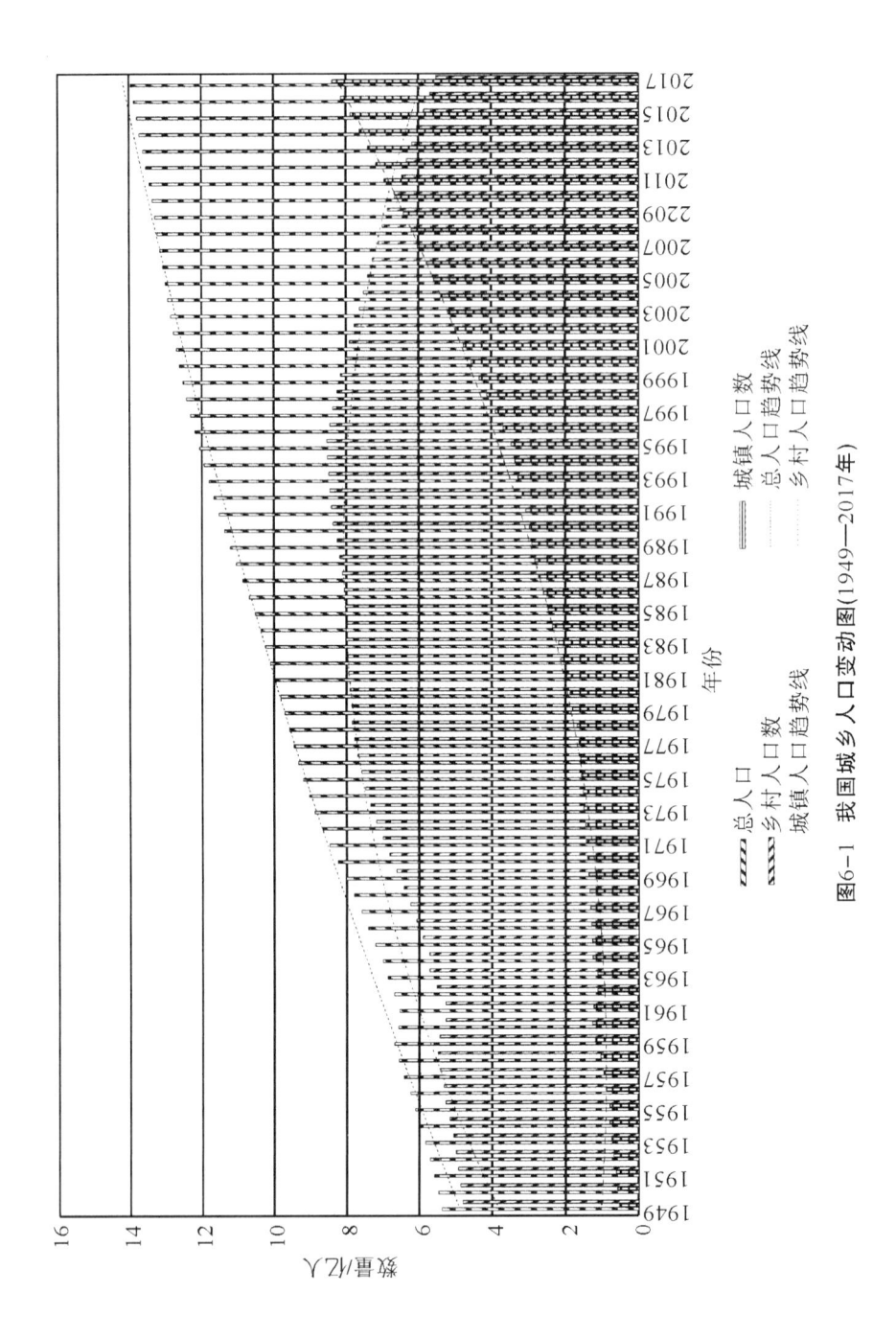

图6-1 我国城乡人口变动图(1949—2017年)

按照本书测度，我国第三产业对农业的融合在2016年处于较低水平，因此，我国农村产业融合发展的过程也多是第二产业对农村产业的中间投入。鉴于此，本书在上述分析的基础上，以农用机械总动力和大中型拖拉机两个指标的发展水平为例，总结出了1959—2016年我国农业生产的机械化水平[1]。可以看出，在新中国成立初期的较长时期内，我国农业机械化并没有出现明显的上升。在1970年左右，我国农业机械化水平才出现了小幅上涨。20世纪70年代末期，我国开始实行改革开放，首先在农村地区实行改革，推行家庭联产承包责任制。这一政策在我国当时历史背景下较大幅度地解放了劳动生产力，推动农业产业实现了较大发展，但是随着农业产业的发展，这种农业生产方式导致的耕地细碎化以及难以规模化经营的弊病也日益凸显，不利于建设现代农业。这一特征也可以从图6-2中看出，在1978年后，我国农业机械化水平虽然仍然保持了较好的上升趋势，但是大中型农业机械的台数却在较长时期内保持不变或呈现出一定的下降趋势的。直到我国2004年和2005年分别提出"以工促农、以城带乡"的城乡关系建设意见，以及推行土地流转的农村发展方针后，我国大中型拖拉机的增加才成为我国农业机械化动力增长的主要因素。

上述分析整体体现出几个思路：①城乡关系的演变影响了我国农村一二三产业的融合水平。政府发展战略偏好的调整不仅会给各经济主体传达下一阶段战略重点，而且会诱发资源在部门之间重置。政府由"农村支持城市"的战略重点转变为"以城市反哺农村"会直接带动第二产业提供农业生产资料，从而支持农村建设和农业发展。②生产关系适应生产力的发展是生产力提升的根源。农村一二三产业融合发展是生产力发展的必然要求。在非农产业发展较为落后的情况下，市场规律客观要求调动农户生产的积极性，增强市场机制作用的发挥。待非农产业发展较为成熟后，市场经济则客观要求非农产业支持农业发展，以更好地优化市场竞争机制，推动非农产品的消费，完善非农产业市场的供求机制。因此，在城市反哺农村中，农业的适度规模经营才是强化农村一二三产业融合和提升农业生产力的关键。与此同时，20世纪80年代兴起的乡镇企业以及20世纪90年代乡镇企业现代化改制是推动农村产业融合发展的直接力量，是农村生产力发展的生力军。

---

[1] 数据来源：中国统计局官网，http://data.stats.gov.cn/easyquery.htm?cn=C01。

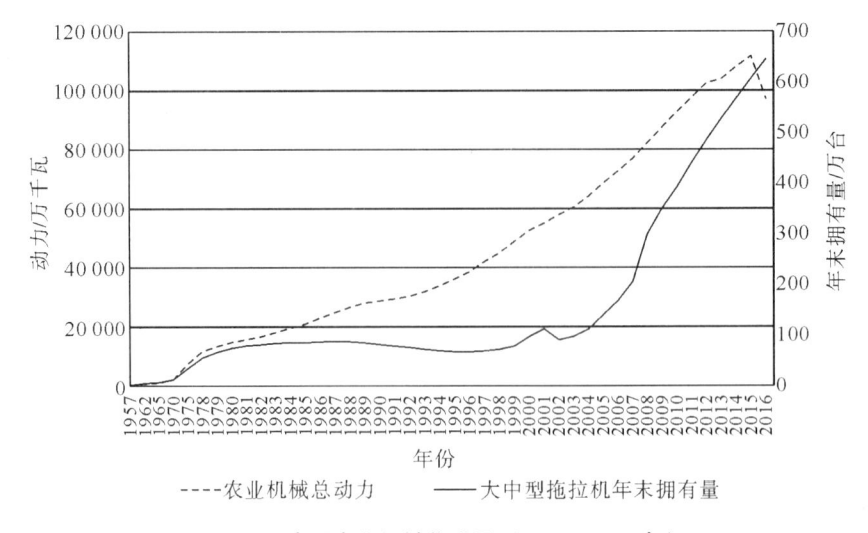

图 6-2　我国农业机械化进展（1957—2016 年）

可以看出，我国城乡融合较新中国成立初期已经有了长足进步。进入新时代，在"创新、协调、绿色、开放、共享"五大发展理念的指引下，城乡融合的基本要求和根本特征是在城乡之间实现产业融合。1990 年，我国二三产业对农业生产的中间投入比重为 16.41%；2012 年，这一比重提升至 27.67%。分产业来看，第二产业对农业的中间投入占总产出的比重由 1990 年的 12.77% 提升至 2012 年的 22.65%；相应地第三产业中间投入则由 3.63% 升至 5.02%[1]。在产业融合发展的推动下，我国农业产量激增，2015 年，我国粮食平均商品率达到 90.5%[2]，机械化水平也得到明显提高。2016 年农作物耕种收综合机械化水平达到 66%，显著高于 2008 年的 45.85%[3]。与此同时，农业劳动生产率也得到显著提升，第一产业劳动生产率在 2017 年达到 14 117.06 元/人，相当于 2002 年（4 418.72 元/人）的 3.19 倍[4]。

综合而言，我国城乡关系经历了农村支持城市、城市反哺农村，再到城乡一体化发展的阶段。城乡关系协调不仅有利于"三农"问题的科学解决，也是我国加速推进城镇化的基础性条件。其中，农村产业融合发展起着关键作用。产业发展是塑造农村发展新优势的关键环节，推进农村产业融合发展才能有力地推动乡村振兴。城乡关系的演变与乡村振兴一脉相承，相互促进。合理

---

[1] 数据来源：中国投入产出表整理得来。
[2] 数据来源：中国农产品成本收益数据库。
[3] 数据来源：中国农业部和中国农林数据库。
[4] 以 2002 年为基期，通过农产品生产价格指数进行平减得来。

的城乡关系是实现乡村振兴的前提，乡村的振兴可以更好地优化城乡关系。因此，本书有必要对我国城乡关系的演变以及农村产业融合发展的历程进行梳理，并抽象出相应的发展机制，从而做出一般性概括。

6.1.2 阶段划分

按照马克思主义的观点，城乡关系大致可以归类为城乡混合、城乡分离与对立、城乡融合。城乡关系的演变归根结底是受到生产力发展的约束。在封建社会，社会主要是以农业为主要产业，城市和乡村的形态处于一种"混沌状态"。随着工商业从农业中分离出来以及社会阶层的转变，城市形态以及城市产业开始集聚出现。一方面，城市和农村的形态、产业以及文明程度完全相对；另一方面，城市和农村是经济体运行不可或缺的部分，分担着经济体运作的不同职能，因此，城市和乡村处于对立与一体化并存的形态。城市产业的生产率优势以及城市文明的繁荣，使得城市的兴起以及农村的衰落成为一国经济发展过程中的鲜明特点，二元化的经济结构要求着力推动城乡融合发展。马克思认为城乡融合发展不仅要大力发展生产力，协调工业、农业之间的关系，消除私有制以及消除城乡劳动差异也是推动城乡融合的必要条件。马克思主义城乡观对我国消除二元经济结构、完善社会主义制度具有重要意义。

我国城乡关系的演变受马克思主义城乡观影响深远。新中国成立初期，我国在1949年发布的《中国人民政治协商会议共同纲领》中明确"城乡互助"是我国经济建设根本方针的重要组成部分，标志着我国摒弃了旧社会"城乡对立"的城乡关系发展观，形成了具有中国特色的城乡关系发展史。由于我国早期的城市化多实行的是计划手段，政府干预对我国城市建设以及城镇的发展起着主要的引导作用，农业发展则多是由自下而上的改革方式转变为后期的自上而下的改革。因此，本书有必要在梳理城乡关系发展历程之前对我国农村制度的演变进行简要概括。

新中国成立初期，我国进入了国民经济恢复和社会主义改造两个阶段。这一时期，农业发展成为我国历史上发展最快的时期，农业基础设施建设加快，农业产量较1949年有较大幅度的提升，这主要得益于我国自1947年以来实行的土地改革运动。1950年我国颁布了《中华人民共和国土地改革法》，重新对土地进行了分配，调动了各阶级进行农业生产的积极性。1949—1953年，我国制定了过渡时期的总路线和总任务，开展了"一化三改造"，着力推动了农业的合作化，但是在农业合作化后期推进中由于忽略了农业个体经营的积极性，导致农业生产出现较大的波动。1953—1957年，我国农业合作化进一步得到强化，并在1966—1978年达到高峰。这一阶段，我国逐渐对农业经营实行了完全公有制，取消了农业经营中存在的非公有制成分，加上自然灾害和"大跃进"的影响，1958—1978年的20年间，农业下降幅度较大，增长迟缓。

改革开放初期，我国仍未能解决人民的温饱问题，为了改变农业生产的落后面貌，我国推行了家庭联产承包责任制，极大地激发了农民的生产积极性。1992年，我国进一步明确了建立社会主义市场经济体制的改革目标，随后我国的改革开放进一步深化。1998年我国推出了"多予、少取、放活"的支农惠农政策，农业生产力不断得到解放。2002年党的十六大提出要通过"统筹城乡经济社会发展"来解决"三农"问题。2003年的中央农村工作会议又强调将解决农村、农业和农民问题作为全党工作的重中之重。2004年以来，我国针对城乡关系政策的表述出现转变，提出"以城带乡、以工促农"的趋向论断；面对农业生产波动的情况，取消农业税的同时逐步推行粮食保护价格收购政策以及临时收储制度，并对农业生产进行直接补贴。进入"十二五"时期之后，我国将现代农业作为构建现代化经济体系的重要组成部分，注重调优农业结构，提升农业生产质量，转变农业生产方式。在"十三五"期间，我国着力推动农业供给侧结构性改革，着力满足人民日益增长的农产品质量的需求，我国正式进入了从追求农产品数量到追求农产品质量的转变。整体看，我国城乡关系在一定时期内表现为工农业的生产关系，城乡关系在新中国成立以来的历史上整体表现出乡村扶持城市到城市反哺农村的历程，这一过程中既有城乡阻隔，也有城乡阻隔消失、城乡一体和城乡融合的关系特征。

根据以上对我国城乡关系政策脉络的梳理，本书将1949—1977年农业支持工业、乡村支持城市归为城乡二元阶段。这一时期的城乡关系主要受优先发展重工业战略的影响。改革开放后的城乡关系发生了两次明显的转变，1978—2003年期间，国家推行家庭联产承包责任制，推出"多予、少取、放活"的支农惠农政策，以及改变限制城乡人口流动的体制和政策，极大地调整了城乡关系，本书将此阶段归为城乡关系缓和阶段。2004年的十六届四中全会正式提出"工业反哺农业、城市支持农村"的两个趋向论断，之后一系列"以工补农、以城带乡"的政策陆续出台，构建起了城乡一体化发展的政策框架，支农强度大幅度提高，因此将2004年至今归为城乡一体化阶段。依据城乡关系演变的阶段特征，对应地我国农村产业融合大致可以分为：①城乡二元分割阶段（1949—1977年）。这一阶段，以农业支持工业、农村支持城市为典型特征，农业生产方式较为简单，生产方式主要依靠人力投入，具有靠天吃饭的生产特点，服务业水平低下，工业化较为落后，农村产业融合处于初级水平。②

城乡关系缓和阶段（1978—2003年）。这一阶段，由于家庭联产承包责任制的推行，我国农村生产力得到进一步解放，农村产业融合仍处于较低水平，但较上一阶段有所提升。③城乡一体化阶段（2004年至今）。这一时期，我国农村产业融合水平不断提升。党中央在十六届四中全会提出"工业反哺农业、城市支持农村"的政策框架，之后对农业实行取消农业税的政策，并开展"四补贴"政策，出台推动土地流转的政策文件更是直接促进了产业融合。同时，二三产业的迅猛发展为我国农村一二三产业的深度融合奠定了基础。进入"十二五"时期以来，我国更加注重现代农业的建设，农村产业融合有了较大的发展空间，"五化协同"发展是这一阶段的显著特征。

6.1.3 "政府、市场、经营主体"三个维度的阶段性阐释

按照本书的分析逻辑，市场在农村产业融合中发挥着决定性作用，然而政府为了一定的战略意图会对市场机制进行干预，从而使得干预后的市场机制成为服务政府发展战略需求的机制。但是，长期来看，若政府发展意志符合农村市场的发展规律则会促进农村产业增长；相反，若不能体现市场规律，则会成为农村生产发展的阻碍。在政府和市场机制的双重约束下，经营主体会通过与其他经营主体、政府等的博弈，通过合作和竞争的方式提升自身竞争力，以避免在市场竞争机制中遭到淘汰。

在农村产业融合发展的初始阶段，我国的生产力水平较低，是一个典型的农业大国。1952年第一产业产值占国内生产总值的比重为50.5%，第二产业产值占比仅为20.9%。在此阶段政府建立了计划经济体制，大力推进工业化发展战略，牺牲农业发展利益为工业化道路提供资本积累基础。在这种发展战略的指导作用下，工业化快速发展起来，而农业生产增长缓慢，农业与工业、服务业之间的融合处于初级水平阶段。1949—1977年，工业支持农业的农用化肥由0.6万吨增长到723.8万吨，化学农药由0.1万吨上升到45.7万吨。工业支持农业的农机具数量也在逐渐增加，比如，拖拉机数量由1958年的0.1万台增加到1977年的9.93万台，联合收割机从1954年的1台增长到1977年的2 483台，机动脱粒机由1954年的0.01万部增长到1977年的18.82万部[1]。此阶段服务业发展水平较低，结合服务业产业增加值变动情况来看，1952年其产业增加值占国内生产总值的比重为28.7%，而到1977年服务业增加值占

---

[1] 数据来源：《中国工业经济统计年鉴》（1949—1978）整理得来。

比下降到 24.3%。① 同时我国信息技术发展还十分滞后，不能为农业与工业、服务业之间的融合提供技术支撑，不具备打破产业边界的技术基础条件，因此在新中国成立初期到改革开放之前的这一阶段我国农村产业融合发展还处于初始阶段。

改革开放之后，政府为了改变落后的农业生产方式，推进家庭联产承包责任制，并逐渐建立起支农惠农政策体系，促进了农业生产力水平的不断提升。同时随着市场机制的引入，逐渐打破了计划经济体制下城乡之间的要素流动屏障。农村剩余劳动力逐渐向城镇地区和非农产业部门转移，一方面促进了农业劳动生产率的进步，另一方面也为农村工业化的乡镇企业发展提供劳动力基础。在政府的政策支持和市场机制引入的作用下，我国经济实力日渐增强。1978—2003 年人均国内生产总值由 385 元增长到 10 666 元，加速了工农业现代化进程。在此阶段第一产业增加值增长了 16.66 倍，第二产业增加值增长了 35.72 倍，第三产业增加值增长了 63.81 倍②。三次产业的快速发展为产业融合创造了条件，加之信息技术的不断进步，因此三次产业之间的产业边界逐渐被打破，农业与工业、服务业之间的融合水平初步提升。比如，农业与工业的融合主要表现为农产品加工，与服务业的融合主要是休闲农业、乡村旅游，但是受信息技术、科技创新能力较低的约束，这一时期我国农村产业融合水平还比较低。

2004 年至今，这一时期我国开启了工业反哺农业、城市支持农村的模式，国家高度重视"三农"问题。农业税的取消、农业补贴的完善、土地制度的深化改革、基础设施建设的加强等各项政策支持直接推动了农业生产发展。同时二三产业的快速发展为农村产业融合提供了动力，再加上信息技术的迅猛发展，促进了我国农村产业融合发展水平有所上升，但是现阶段的农村产业融合层次较低，融合水平不高，还有很大的发展空间。

因此，本书根据城乡关系演变阶段将农村产业融合发展划分为 1949—1977 年的城乡二元阶段、1978—2003 年的城乡关系缓和阶段以及 2004 年至今的城乡一体化阶段，并从"政府、市场与经营主体"三个维度分析对应阶段的农村产业融合发展机制。

6.1.4 概括性总结

城乡关系的演变以及农村产业融合的发展归根结底是受生产力发展水平的

---

① 数据来源：中国统计局官网，http：//data.stats.gov.cn/easyquery.htm? cn=C01。
② 数据来源：《中国统计年鉴》（1978—2004）整理得来。

制约。生产力的发展水平决定生产关系，而生产关系则对生产力具有反作用，与生产力发展阶段相适应的生产关系会促进生产力发展，反之则反是。整体上而言，在我国生产力较低的情况下，只有依托投入劳动力的生产效率的提高来提升农业产量。改革开放之前的农业生产经营模式多是出于发展重工业的目的，违背了我国的比较优势，这一时期，在政府鼓励支持重工业优先发展的战略引导下，社会资源主要集中于工业经济，农村产业融合程度较低。随着改革开放的逐渐深入，市场价格体系逐渐得到构建和完善，加之我国政府开始注重农业发展，在市场和政府的双重推动下，我国农业生产实现了较大幅度的连增。进入新时代，随着我国生产力的进一步提高，我国开始着力构建新型农业经营体系，新型农业经营主体成为我国农业实现高质量发展的关键。按照生产力和生产关系的演变历程，下文将具体分析农村产业融合的三个阶段，同时抓取关键主体，通过三个维度的分析架构给出相应的阐释。

6.2　城乡二元分割阶段的农村产业融合发展

6.2.1　城乡二元分割阶段的典型事实

1949—1952年，我国经历了三年的国民经济恢复时期。这一阶段，新中国政权得到了进一步的建设和巩固，工业生产取得了较大进展。1952年，我国工业生产总值相当于1949年的2.45倍[①]；我国农业生产总值达到1949年的1.48倍。这一时期，我国推动完成了土地制度改革，提出了恢复农业发展的方针，大兴水利等农业基础设施建设，国民经济取得了较大的发展成果。除此之外，这一阶段较为鲜明特征是个体经济、私营经济、国营经济等多种所有制经济并存，市场经济较为活跃。特别地，1950年后我国工业企业数量出现较大幅度的增长，这一趋势一直维持到1954年，这期间，国有企业和集体企业数量占比相对较低。1955年，我国工业企业数量出现下降，1956年更是出现了断崖式下降，这之后，国有企业和集体企业则占据了较大比重。具体地，考虑到1954年与1952年趋势相同，因此，本书将其纳入这一阶段一同进行分析。1950—1954年，全国工业企业单位数增长了68.77%，与此同时，国有企业和集体企业的比重仅由1.21%上升至2.32%，在国民经济恢复时期发挥了较

---

① 数据来源：《中国工业经济统计年鉴》整理得来。

大作用。与1954年相比，1955年工业企业数量减少了7 559家，降幅达到19.09%。1956年，工业企业数量大幅下降，占比仅为1955年的11.16%，国有企业和集体企业的比重则分别增至3.33%和44.49%[①]。

1952年年底，我国国民经济基本得到恢复。1953年，我国提出过渡时期的总路线，希望通过三至五个五年计划完成社会主体改造。同年，我国开始学习苏联发展模式，这可以从毛泽东主席在1953年2月的讲话中得到相关印证。他指出，"应该在全国掀起一个学习苏联的高潮，来建设我们的国家"（《毛泽东文集》第六卷，人民出版社1999年版，第264页）。1953年，我国开始实行第一个五年计划，着力推动工业化建设和社会主义改造，从前文的统计数据也可以发现，计划经济主要实行单一的公有制经济，将生产资料私有转变为生产资料社会主义公有，借助计划手段配置生产、生活资料。这种做法虽然在短时间内完成了社会主义改造，但无疑这种"休克式"的方式不利于经济的平稳运行，与列宁所倡导的迂回式的发展模式相背离，列宁认为应该在一定限度内允许资本主义经济成分与社会主义经济竞争，通过贸易与建立工业化体系发展生产力，尤其是在小农经济占主体的国家（林蕴辉，2009）。过渡时期总路线的实行以及"大跃进"等的进行，使得我国工业企业数量直到20世纪70年代才有所增长，真正的实质性增长要到1993年后。这其中，国有企业和集体企业比重在改革开放初期仍保持在100%，1993年后才逐渐降低至80%以下[②]。

这一时期政策执行的鲜明特征还包括优先、重点支持重工业和城市发展，从而引致的是对重工业、农业和轻工业关系的探讨。按照武力（2007）的论述，重工业发展所需的资本积累在当时只能来自农业，但是由于我国小农经济发展落后，因此，我国于1952年开始推行统购统销政策。这一政策的实行给农村和城市商业带来了较大冲击，也使得对农业生产资料统得过死严重影响了农民进行农业生产的积极性。同一时期，为了避开苏联以牺牲农业为代价来发展重工业的老路，毛泽东提出了工农协调发展的思想，这一思想体现在毛泽东的《论十大关系》中，该文要求控制好重工业、农业和轻工业的比例关系，并在1962年的经济建设方针上将农业确立为基础性产业。由于生活资料供不应求，我国在这一时期通过多项措施严格限制农村和城市交流。比如，人民公社化运动、统购统销、限制人口流动、城市农产品定量供应，等等。随着措施

---

① 数据来源：《新中国统计资料汇编》整理得来。
② 数据来源：《新中国统计资料汇编》整理得来。

这一政策愈演愈烈，在后期则采取强制性措施将不能就业的高中毕业生流向农村就业。人民公社和统购统销的政策一方面将农村剩余劳动力束缚在农村和农业生产商，另一方面也使农村劳动力附属于合作社和集体经济，从而遏制了农村劳动力本身以及生产资料的流动。随着人民公社制度的推进，由于过分夸大公有制经济和个人的主观能动性，我国逐步取消了农村经济中的非公有制成分，忽视了个体经济的积极作用，导致农户生产积极性下降，农业生产出现较大幅度的下降。这一阶段的城乡关系表现为城乡二元的分割阶段，呈现出三个典型特征：一是工农产品之间不能平等进行交易，以工农产品之间的差价或压低农产品的收购价格为工业发展积累资金；二是城乡要素不能自由流动；三是在城乡分割的户籍制度下城乡居民之间的权利和发展机会不平等（韩俊，2009）。

首先是工农产品之间不能平等交易。新中国成立之后，我国生产力水平低下，工业部门的生产总量稀少，技术水平十分落后，出于推动重工业优先发展战略的考量，国家对棉花、粮食等农产品采取统购统销的政策，严格限制了市场的自由交易，将廉价获取的农业剩余作为工业发展的资金积累基础。1958年，在我国农村又建立起人民公社制度，国家推行的统购统销制度和人民公社制度全面控制了农业剩余，为国家工业化发展奠定了基础。这种制度的推行在一定程度上是出于增加工业生产积累的目的。一方面，国家通过控制农业剩余来进行农产品的统一分配，在农产品短缺的时代也保证了绝大多数群众的温饱问题；另一方面，国家对农产品实行统购统销政策，无疑降低了工业的平均成本，提高了工业的利润水平。农产品的低价统购统销，在一定时期内，成为中国社会主义工业化的一个重要支柱（张培刚，2002）。正是在这种体制作用下，国家通过工农产品之间的不平等交易获取农业剩余，据有关数据统计，改革开放之前的二十多年，国家以工农产品的差价形式从农业部门获取的剩余约为6 000亿元到8 000亿元（韩俊，2009）。在这一阶段，按照工业总产值、农业总产值、社会总产值的平均每年增长速度来看"一五"时期、"二五"时期、1963—1965年、"三五"时期、"四五"时期、"五五"时期的增长速度（如表6-1所示），可以看出，除"二五"时期外，其他时期内工业总产值的增长速度较快，而农业总产值的增长速度较慢，可以说农业发展为国家工业化发展奠定了基础。

表 6-1　工业、农业与社会总产值的平均每年增长速度　　单位:%

时间分段	工业总产值的平均每年增长速度	农业总产值的平均每年增长速度	社会总产值的平均每年增长速度
"一五"时期	18.0	4.5	11.3
"二五"时期	3.8	-4.3	-0.4
1963—1965 年	17.9	11.1	15.5
"三五"时期	11.7	3.9	9.3
"四五"时期	9.1	4.0	7.3
"五五"时期	9.2	5.1	8.3

数据来源:《中国工业经济统计年鉴》。

二是城乡之间的劳动力、资本、土地等生产要素不能自由流动。新中国成立之初，农民自由地向城市迁移，为城市建设提供了大量的劳动力。同时伴随越来越多农民涌入城市，城市的就业、粮食供给出现了问题，并且大量农民脱离了农业生产活动，也影响到了农业发展，因此，在 20 世纪 50 年代初期，政府采取了一系列强制性措施严格限制了农民自由地向城市迁移。比如，严格限制企业招收农民工、将进城的农民遣送回原籍以及建立城市收容机构等，自 20 世纪 50 年代后期，我国逐步建立起严格的户籍制度体系，在这种严格的体制约束下农村人口被严格地限制在农村地区，国家控制着城乡人口的迁徙，城乡劳动力不能自由流动。改革开放之前的近三十年里，我国农业劳动力向非农部门的转移速度非常缓慢，几乎大部分的农业劳动力都限制在农村地区和农业部门。实际上，我国在工业化发展过程中将农村、农业和农民都排除在外，牺牲了农业部门的利益为工业化发展提供资金积累基础。从 1952 年到 1978 年，农业总产值占社会总产值的比重则从 45.4%下降到了 20.4%，于此相对应的农业劳动力占社会总劳动力的比重从 83.5%下降到了 73.8%[1]。

三是城乡居民之间的权利和发展机会不平等。在户籍制度的约束作用下，城市户籍和农村户籍的人口流动受到了严格的控制，并且国家还制定了与户籍制度相对应的统一分配的就业制度，以及低价食品、生活用品的配给制度等，使得城市户籍人口拥有比农村户籍人口更多的权益。在 20 世纪 60 年代后期，国家进一步强化了户籍制度，阻隔着城市居民和农村居民之间的流动，因此，城乡二元结构逐渐形成和发展。新中国成立之初到改革开放之前，我国在计划

---

[1] 数据来源:《中国工业经济统计年鉴》整理得来。

经济体制下推动重工业优先发展战略，依靠这种体制较强的资源配置能力推动了我国工业化的快速发展，到了20世纪70年代末期，我国就已经建立起较为完整的现代工业体系。在这一阶段，计划经济体制和工业化发展战略强化了我国城乡二元结构特征，造成了城乡居民的生产、生活水平都产生了很大的差距。这种快速发展的工业化模式不仅未把我国带入现代化国家行列，还造成了城市地区和农村地区的分割、工业发展和农业发展的失调，城乡关系严重失衡。从1952年到1978年，农业生产总值由342.9亿元增长到1018.4亿元，工业总产值由141.8亿元增长到1745.2亿元，在此阶段工业总产值增加了12.31倍，而农业总产值仅仅增加了2.97倍[①]，农业生产仍为传统的生产方式，农业部门的发展水平仍然十分滞后，并且城市化进程也受限。1978年乡村人口占总人口的比重仍高达82.08%，而农业总产值占社会总产值的比重只有27.8%，农村居民的收入水平、消费水平都很低，尤其是食品消费支出占生活消费支出的比重超过60%[②]，按照恩格尔系数的标准，农村居民仍然处于绝对贫困阶段。总的来说，在城乡二元结构形成和发展阶段，快速的工业化进程并未惠及农村、农业和农民。

6.2.2 城乡二元分割阶段农村产业融合发展概况

本书通过宏观数据给出直观说明。这一时期，由于我国奉行重工业优先发展战略，生产力水平低下，与农业生产相对应的二三产业相对落后，整个阶段农村产业融合处于停滞阶段。从农业产业的角度来看，新中国成立以来，我国农业机械化程度直到1973年才出现明显的提升，但是1978年，我国单位公顷面积的农作物种植面积的机械动力不足1千瓦（0.783千瓦），单位公顷农作物种植面积的用电量也仅为168.62千瓦，化肥使用量为0.059万吨。农村产业融合也需要较为发达的上下游企业，以工业企业为例，与1957年相比，1978年的工业企业单位数达到34.84万家，相当于1951年的2.055倍，其中国有企业占比24.02%，而工业总产值相当于1957年的7.28倍[③]（1956年=100）。1952年，我国工业劳动者占社会劳动者的比重仅为6%，工业总产值占全社会总产值的比重为34.4%，工业总产值占工农业总产值的比重为43.1%，而工业净产值仅为国民收入的19.5%，工业净产值占工农业净产值的比重为

---

① 数据来源：《中国工业经济统计年鉴》整理得来。
② 数据来源：中国统计局官网，http://data.stats.gov.cn/easyquery.htm?cn=C01。
③ 数据来源：《新中国六十年统计资料汇编》整理得来。

25.3%①。到了1978年，工业劳动者占全社会劳动者的比重为12.6%，工业总产值占全社会总产值比重为59.4%，工业总产值占工农业总产值的比重为72.2%，工业净产值占国民收入的比重为46.8%，工业净产值占工农业净产值的比重也提升到56.9%②。可以看出，在政府发展战略的诱导下，我国工业产业取得了一定的发展，而农业生产则相对并没有明显的发展。

6.2.3 "政府、市场、经营主体"三个维度的阶段性阐释

新中国成立初期到改革开放前的这一时期为城乡二元结构的形成和发展阶段，也是农村和农业支持城市和工业发展的阶段。在三次产业发展水平都较低、信息技术滞后的制约下我国农村产业融合还处于准备阶段，此阶段的融合主要表现为农业与工业之间的融合。结合本书的研究框架，以下从政府、市场与经营主体的维度来分析这一时期我国农村产业融合发展的作用机制。

一是政府作用机制。新中国成立初期，我国实行了国民经济恢复和农业发展的基本方针，政治、经济环境相对自由，各种经济成分齐头并进，农业土地重新分配，我国经济在这一时期（1949—1952年）获得了较好发展。1953年，我国开始实行重工业优先发展的国民经济计划。这一时期的经济发展的特点是优先发展重工业，并通过扭曲要素价格和供给体系，采用统购统销的方式进行按计划分配。结果是一方面破坏了市场机制，不利于农业生产，另一方面通过政府干预的形式避免农产品价格由于短缺而过高的现象，支持了城市建设和工业发展。可以看出，在新中国成立初期的计划经济时代，我国政府的作用机制对区域经济和产业经济均产生了深远影响，这种以农补工、以农补城的发展模式极大地抑制了农业发展，也造成了城乡二元结构固化，尤其是城乡之间的户籍制度、资源配置制度，以及工业支配农业与城市领导农村的体制机制，造成城乡之间要素基本处于封闭运行的状态，形成了以农业、农村剩余满足城镇化、工业化的制度安排，使得农村、农业发展陷入困境。具体来看，这一时期，政府的财政支持政策主要针对工业化建设，以农业税、工农产品之间的不平等交换为工业发展提供资本积累。1958年政府颁布的《中华人民共和国农业税征收条例》从法律角度保证农业税支持工业发展的政策取向。1950—1952年的经济恢复期间，土地改革激发了农户的生产积极性，促进了农业生产力发展，其中农业税占农业总产出的12%~15%。1953—1957年的"一五"时期，

---

① 数据来源：《中国工业经济统计年鉴（1949—1984）》整理得来。
② 数据来源：《中国工业经济统计年鉴（1949—1984）》整理得来。

由于恢复农业生产的需要，农业税支持工业的幅度有所下降，然而随后的"人民公社化""大跃进"以及"文化大革命"导致农村和农民的负担沉重，尤其是"文化大革命"时期全国平均每年农村杂项负担费用超过了20亿元（陈宗胜等，2008），政府从制度安排上保证农业剩余转移到工业化建设之中，"据估算，30年来在农产品价格剪刀差形式内隐藏的农民总共赋达到8 000亿元"（发展研究所综合课题组，1988），而安排了较少的资金支持农业生产。

二是市场机制。市场作用下的价格机制、信息机制和竞争机制，归根结底也是通过调节和优化生产资料在不同生产部门和经营主体之间的配置来实现要素效用最大化。在新中国成立初期，百废待兴，农业、工业均落后的情况下，农业生产更多地依赖于劳动力投入的数量，这里的劳动力可以用来指代劳动时间投入量，可以延伸为尽量调动劳动者的生产积极性。在人民公社制度下，生产资料归集体所有，大大挫败了劳动者的生产积极性，使得农业生产在1958—1978年出现产量下降的局面。因此，在生产落后的情况下，调动农户生产的积极性才能顺应农业生产规律。这也是家庭联产承包责任制成为自下而上的农村改革成功的典范，并于1978年开始全国实行的原因。农村产业融合是生产力达到一定水平下适应农业生产规律的重要举措。强化产业融合不仅有利于提升农业生产力，也可以推动非农产业的发展。具体来看，这一时期，计划经济体制强制性干预要素市场机制运行，导致要素市场配置出现扭曲。比如，户籍管理制度阻碍着城乡劳动力市场发展，将农村劳动力限制在农业生产活动中，劳动力要素不能进入市场、不能自由流动，形成了城乡分割的劳动力市场，导致劳动力要素价格扭曲而不能实现要素优化配置。同样的土地要素、资本要素、技术要素等在城乡市场之间也是封闭运行的。政府的行政配置下要素市场分割和要素市场竞争不充分、要素市场信息不充分引起要素配置无法实现最优。因此，这一时期的要素市场基本处于扭曲状态，不利于农村和农业的发展，也制约着我国经济的发展。

三是经营主体的作用机制。按照前文分析，本书认为在生产力水平很低的历史背景下，我国农产品供不应求，非农产业发展水平落后。此时，按照市场规律，应该加大劳动力投入或加大农业研发以增加农产品供给，从而应该选择可以激发劳动者生产积极性的生产模式，然而强调农户的个体能动性的生产方式受农业弱质性的束缚，靠天吃饭的局面较难改观，农户抵御自然灾害的能力弱，耕地的细碎化也不利于农村产业融合的推进，农业产业竞争力的提升受到很大影响。因此只有将农户、其他经营主体组织起来，抵御市场风险能力才会进一步增强，市场议价能力才会有所抬升。具体来看，新中国成立初期，缘于农村耕地的重新分配，我国粮食生产在新中国成立初期国民经济恢复阶段取得了较大成绩，无论是粮食生产总量还是人均粮食产量均有一定幅度的上升。1953—1957年，我国开始推行农业互助组和合作社，并大规模兴修农业基础设施，农业总产量仍然保持了上升。1958年后，我国开始实行"大跃进"，全民大炼钢铁挤占了大量的农村劳动力，平均主义的分配倾向更是挫伤了农民生产的积极性，加之受自然灾害以及违背农业生产规律的运作等影响，我国农业生产出现大幅下降。从总产量来看，我国的粮食产量水平直到1966年才恢复，平均粮食产量水平甚至到1975年才达到。但是，在此期间，一些地区面对产量下降也试行了一些包产到户的生产模式（范子英等，2018），使得农业生产出现一些波动。1949—1977年我国人均粮食产量变动情况如图6-3所示。总的来看，这一时期，我国经济社会发展滞后，农业与非农生产力发展水平都很低，此时农业生产主要取决于劳动力投入的多少，具体而言指的是劳动时间。我国实施长时间的人民公社制度，在一定程度上是违背了人民意愿和农业生产规律，重工业优先发展的战略也挤占了大量农业劳动力，因此，农民生产积极性不高，农业生产力水平仍十分滞后。

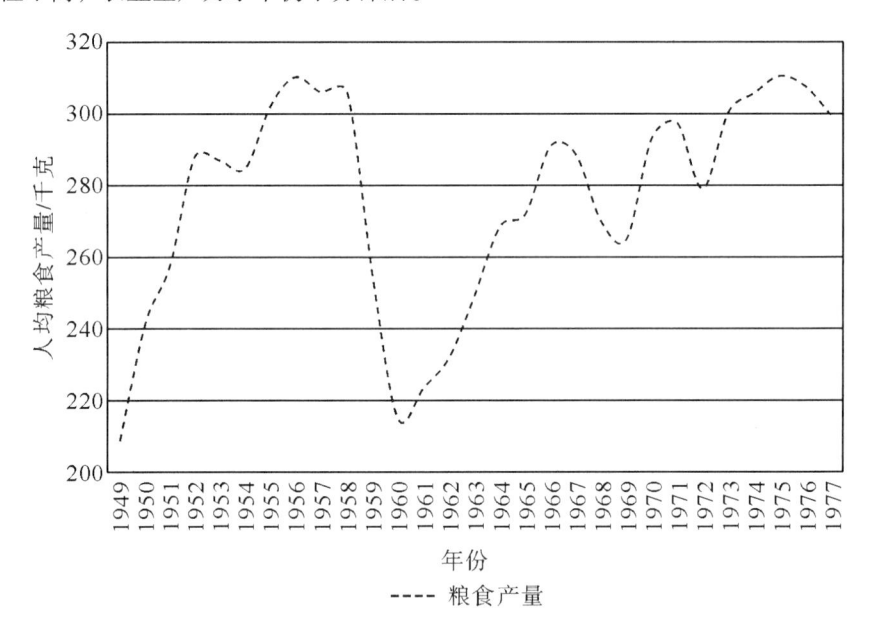

图6-3 我国人均粮食产量变动趋势图（1949—1977年）

（数据来源：通过《中国统计年鉴》整理可得）

6.2.4 概括性总结

从整体上看，城乡二元结构的形成和发展阶段是我国生产力发展水平低下决定的，也是我国这一时期缺乏经济实践经验，着重突出意识形态统一，支持和完全学习苏联模式的结果。这一时期，我国虽然没有抓紧新兴国家发展的机遇，但是初衷都是促进本国工业经济和生产力的发展。这一阶段，我国在经济建设路线的制定上强调了重工业、轻工业与农业协调发展的总方针，但是迫于国际环境以及急切发展重工业的现实背景，在实际操作中采取了冒进的战略，通过农业积累来促进重工业优先发展。在生产力水平较低的情况下，我国又推出人民公社、统购统销、户籍制度等限制了农村与城市之间的要素交流，导致政府干预过多，而彻底否定了市场作用，从而形成了这一时期的城乡分割的二元经济结构。在政府发展战略的影响下，我国农业发展整体上处于停滞状态，农业机械化水平较低，城乡交流受阻，农业生产的上下游产业薄弱，农村产业融合较为简单。

6.3 城乡关系缓和阶段的农村产业融合发展

6.3.1 城乡关系缓和阶段的典型事实

改革开放后，我国开始重视并遵循市场经济规律来对经济进行干预。1977年，我国恢复高考，大批在农村的知识青年通过高考返回城市，也在随后的一个时期内增进了城乡之间劳动要素的流动。1978年，党的十一届三中全会成功召开，全会重点探讨了农业问题，强调大力发展农业生产，提出"以粮为纲，全面发展，因地制宜、适当集中"的方针，并开始逐步推行生产责任制，对农产品生产价格体系进行了局部调整。1979年，邓小平和李先念分别指出了我国实现社会主义现代化的起点较低，从而必然是分阶段的和长期性的，因此应认清比较优势，优先推动轻工业发展。1979年及之后的一个时期，我国开始对粮油棉的统购统销政策进行调整以及局部地取消。这一政策直接推动了农村集市贸易的发展，仅1979年的交易额就达到1978年的1.36倍。《人民日报》甚至在1981年专门刊登《春到上塘》一文来对活跃的农村集市贸易进行了特写，农村集市成为城乡商品交流的重要枢纽。改革开放后到1982年，我国正式确立了家庭联产承包责任制。这项改革制度的实行，一方面放松了农业和农村对农户的束缚，让农民有自己购买生产资料和从事非农产业的选择权；另一方面，随着户籍制度的适度开放，农村与城市之间的要素开始出现交流。

1983年，我国开始通过大力发展小城镇来缓解农村过剩的劳动力，并逐步放宽了户籍制度的管理，推动了乡村、小城镇、中小城市和大城市协同发展。与此同时，乡镇企业和城市发展成为推动农村人口转移和地区经济建设的重要推动力。这一时期，虽然城乡之间存在一定的交流，但主要是以建设镇为核心来推动农村发展，并通过农产品价格剪刀差的形式为城市提供农产品，因此从某种程度上来说，农业支持工业、农村支持城市仍是这一时期的主旋律。随着经济社会的发展，一些农户开始在小城镇落户，不少大中城市也开始放松外地居民入住的限制，但是由于存在一些社会融入等的问题，城乡要素的交流仍存在诸多壁垒。在这一阶段，城乡关系逐渐走向缓和阶段，统购统销制度的取消推动了工农产品交易市场化程度的提高，逐步放开了大部分农产品的经营，实现了大部分的农产品价格由市场来决定，并逐步调整了计划经济体制下形成的工农产品交易的价格关系。农业市场化改革让农村和农业经济发展释放出巨大的潜力，比如，呈现出粮食生产量的稳步增长、农业生产结构的调整与优化、农产品供给的多元化等特征。1978年到2003年我国粮食总产量由30 476.5万吨增长到43 069.5万吨，人均粮食产量、人均油料产量、人均糖料产量、人均棉花产量也都不同程度实现了增长（如图6-4所示）。农业结构由粮食为主转变为农林牧副渔业的多元化经营，相应的农产品供给由短缺状态转变为总量平稳增长、丰收有余。1978—2003年，农业总产值由1 018.4亿元增长到17 092.1亿元，增长了16.78倍；农村居民家庭人均纯收入由133.6元增长到2 690.2元，增长了20.14倍[①]。城乡收入差距逐渐缩小，"三农"问题逐渐开始改善，城乡关系逐渐走向缓和阶段。

---

① 数据来源：《中国统计年鉴》整理得来。

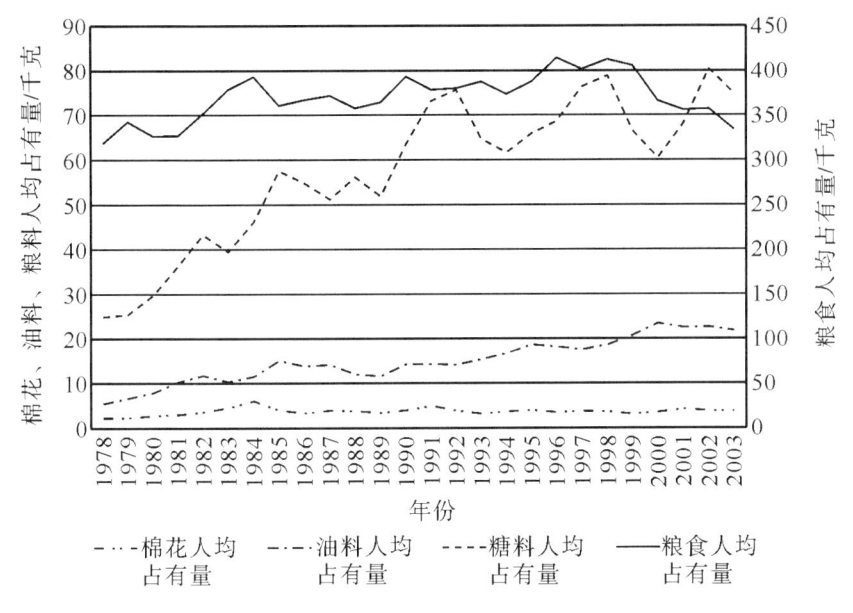

图6-4 我国人均拥有部分农产品产量情况图（1978—2003年）

  同时，城乡要素流动性加强，尤其表现为农村富余劳动力转向城镇和非农产业，密切联系了城乡关系。改革开放后，乡镇企业的兴起和发展成为我国经济发展的一个显著特点，也是工业化进程中的重要组成部分。乡镇企业的快速发展，推动了农村工业化和农村农业的融合发展，也有利于转变我国的城乡二元结构。可以说，这一阶段乡镇企业的快速发展是促进城乡关系走向缓和的主要动力，它为农村经济发展开辟了新路子，也为农村富余劳动力转移提供了出路。1978—1988年，乡镇企业数量由152.42万个增加到1 888.16万个，增长了12.39倍数；其中工业企业由79.39万个增加到773.50万个，增长了近9.74倍。同期内乡镇企业总产值从514.37亿元增加到7 502.43亿元；其中工业企业总产值从388.76亿元增加到4 992.90亿元[①]。此时的乡镇企业发展壮大成为我国工业发展的重要部分，也吸纳了更多的农村富余劳动力。1978—2003年，乡镇企业从业人员数由2 826.55万人增加到13 572.93万人，累计转移的农村剩余劳动力达到10 746.38万人。其中，1994年乡镇企业的职工就业人数占据了农村总劳动力的约27%，具体数据如表6-2所示。乡镇企业的兴起带动了农村非农产业发展，也推动城乡关系趋向缓和。

---

  ① 数据来源：《中国乡镇企业年鉴》整理得来。

表6-2 1978—2003年乡镇企业的企业数量、总产值、职工人数等情况

年份	企业数量/万家	企业总产值/亿元	工业企业总产值/亿元	职工人数/万人
1978	152.42	514.37	388.76	2 826.55
1979	148.04	560.73	424.94	2 909.33
1980	142.46	678.32	519.07	2 999.67
1981	133.75	767.25	585.17	2 969.56
1982	136.17	892.32	649.41	3 112.91
1983	134.64	1 019.31	754.21	3 234.63
1984	164.96	1 420.84	1 021.00	3 848.09
1985	1 222.50	2 728.40	1 827.20	6 979.00
1986	1 515.30	3 717.00	2 443.48	7 937.13
1987	1 750.25	5 054.97	3 412.40	8 805.18
1988	1 888.16	7 502.43	4 992.90	9 545.46
1989	1 868.62	8 401.81	6 100.54	9 366.77
1990	1 873.43	9 780.34	7 097.04	9 264.75
1991	1 908.74	11 810.57	8 699.58	9 613.62
1992	2 091.95	17 879.95	13 193.37	10 624.71
1993	2 452.92	32 132.32	23 558.58	12 345.30
1994	2 494.46	46 124.04	34 688.00	12 017.46
1995	2 202.66	69 568.66	51 259.17	12 862.05
1996	2 336.32	76 777.64	56 239.02	13 508.28
1997	2 014.85	89 900.59	65 851.48	13 050.42
1998	2 003.93	96 693.65	69 127.53	12 536.54
1999	2 070.88	108 426.06	76 736.22	12 704.08
2000	2 084.66	116 150.27	82 456.41	12 819.57
2001	2 115.53	126 046.87	89 845.44	13 085.57
2002	2 132.68	140 434.50	100 357.82	13 287.71
2003	2 185.07	152 360.71	—	13 572.93

注：数据来源于《中国乡镇企业年鉴》（1978—2002年、2004年）。

在乡镇企业发展的带动作用下，大量的小城镇逐渐发展起来，比如典型的苏南模式、浙江模式以及珠三角模式等。从1978年到1997年，我国的小城镇从2 173个增至18 200个，其中有一百多万个乡镇企业都是集聚在小城镇和工

业区里的（吴丰华等，2018）。这种农村工业化发展带动小城镇的兴起，对我国城乡关系演变产生了重要影响。乡镇企业发展和城乡关系走向缓和引起城乡要素的流动增加，此时政府也逐渐放松了对城乡劳动力流动的限制，开始对户籍制度进行改革。政府在1984年的中央一号文件中关于城镇落户的规定、1985年《关于城镇人口管理的暂行规定》、1994年建立的三种户口登记制度，以及1997年、1998年、2001年关于城镇与农村户籍制度改革、小城镇户籍管理制度改革等均表明，政府对户籍制度的松绑促进了人口的流动。1985—2003年，我国城镇人口占总人口比重由23.71%上升到40.56%，城镇化水平逐渐提高，其中1989年民工潮开始兴起。1995—1996年我国常年农民工的流动量达到5 000万~6 000万人。农民工进城一方面为城市建设提供了廉价劳动力；另一方面创造了消费需求，促进了产业结构优化和城镇化快速发展。小城镇作为一些乡镇企业发展的空间集聚地，它的大量涌现和发展弱化了城乡之间的阻隔格局，为城乡关系走向融合奠定了基础。总的来说，这一阶段内农村改革有了一定起色，但城乡差距仍然很大，农业和农村发展仍是支持工业和城市发展的基础，存在工农产品比价仍然不合理，农民收入低、负担重，以及农业转移人口在就业机会、教育水平、身份地位等方面与城市居民相差很大等问题，因此城乡关系虽有所缓和但仍处于矛盾的、不合理的阶段。

6.3.2 城乡关系缓和阶段农村产业融合发展概况

本书首先结合投入产出表对城乡关系缓和阶段的农村产业融合情况进行概述，继而选取宏观层面的数据进行相应的阐释。投入产出表以1990年和2005年为例进行说明。

首先是对1990年中国投入产出表做初步的描述。按照数据样本，城乡二元阶段末期，工业行业对农业生产的中间投入比为12.71%，第三产业的中间投入比为3.63%。整体来看，工业对农业的投入不高，而第三产业对农业生产的投入比例偏低。在农业生产的中间投入比中，化学工业最高，达到6.55%；其次为食品制造业，达到3.88%；货运邮电业也相对较高，达到1.49%。然而，从当前来看，农业机械以及农业生产性服务业作为农业生产的重要保障，金融保险业以及农机制造部门①对农业的中间投入仅为0.43%和0.51%。因此，根据上述数据，有理由相信我国农业机械化水平在当时是极低的，而在农

---

① 农机制造部门指的是机械工业、交通运输设备制造业、电气机械及器材制造业、电子及通信设备制造业、仪器仪表及其他计量器具制造业、机械设备修理业的总称。

业生产中，化肥是重要的生产资料，可见农业产业融合的上游产业较为薄弱。此外，农业生产价值链较短，食品制造业投入也相对较少，指明农业生产的下游产业也十分薄弱。

根据2005年中国投入产出表，制造业和第三产业对农业的中间投入比分别为18.89%和6.14%，较1990年的统计结果均有所提升。具体地，化学工业、食品制造、机械制造、金融保险的中间投入比为7.41%、8.04%、1.09%和1.03%。整体上也可以看出，城乡关系缓和阶段，我国农村产业融合得到了较大提升，尤其是工业对农业的融合提升较为明显，但第三产业的融合水平仍然较低，尤其是金融保险对农业的扶持力度仍有待加强。

本书结合宏观数据①给出进一步的说明。2004年，我国农业机械总动力达到64 027.9万千瓦，相当于改革开放初期的5.45倍。然而，机械动力的增长主要是依赖于小型农机具动力，2004年小型拖拉机的动力相当于总动力的21.64%，相较1978年增长了10.82倍。单位公顷播种面积的动力达到4.17千瓦，相当于1978年（0.78千瓦）的5.33倍，可以看出这一时期我国工业对农业的融合程度在逐步加深。

6.3.3 "政府、市场、经营主体"三个维度的阶段性阐释

1978年，我国开启了市场化改革之路。市场机制的引入打破了计划经济体制下要素市场分割的局面，带动了城乡关系走向缓解阶段，对应的农村产业融合逐渐发展起来。改革初期政府的政策放活和支持促进了农业生产力发展。改革首先起于家庭联产承包责任制，通过包产到户调动了农户的生产积极性，农业生产效率大大提升，粮食产量大幅度增加。同时，政府在短时间内又陆续开展多项改革，比如，提高粮食收购价格、取消统购统销制度、逐渐放开农村市场、放松城乡劳动力流动限制等，使得农业生产力潜力得到释放、农村商品经济得到恢复和发展。改革带来的一系列产业政策调整的影响下，工业与服务业也快速发展起来，由此推动了农村产业融合有了初步进展。依据本书的分析框架，下面接着从政府、市场以及经营主体的三个维度分析1978—2003年我国农村产业融合发展机制。

一是政府作用机制。改革开放之后，这一时期，按照范子英和张军的观点（2018），我国的改革可以分为自下而上的改革（1978—1993年）和自上而下的改革（1993—2003年）。1993年，我国实行价格市场化改革，自上而下的价

---

① 数据来源：《中国农村统计年鉴》整理得来。

格改革也是我国向社会主义市场经济迈出的关键一步。自下而上的改革则包括家庭联产承包责任制、乡镇企业的崛起、经济特区的设立等。这些措施在政府的信号传递机制、资源补充机制和资源重置机制的配置作用下，推动了资源在城乡之间进行流动并开始倾向于非公有制经济和东部地区。"三来一补"的产业安排以及一些制度性补贴，大大促进了东部沿海地区的经济面貌和外商投资环境的改善，也为农村产业融合发展提供了基础。具体而言，政府进行了农业产业政策放活、财政支农力度加大、粮食价格改革等一系列农村改革，推动了农村商品经济的恢复和发展。从1978年开始，政府颁布了多项政策支持农业发展，主要围绕农业生产责任制、发展农村多种经营等问题制定了相应的政策。值得注意的是，这一时期政府对农业发展的重视程度明显可划分为两个阶段：1978—1986年和1987—2003年。第一个阶段经历了改革之初家庭联产承包责任制的制定以及1982—1986年连续五个中央一号文件的颁布。第二个阶段是自1987年起，直到2003年政府才出台了第六个中央一号文件。第二个阶段政府对农业发展的重视程度明显降低的原因是1984年开启的城市经济体制改革，政府将城市改革作为发展重心，而对农业发展的重视程度有所减少。总的来说，这一时期的农村改革成效显著，农产品供给由不足转向供需平衡、农民收入有所上升、农业生产率逐步提升，同时乡镇企业的兴起和快速发展推动了工业化进程加快。尤其是在2001年我国加入WTO后，经济发展与国际接轨，农业、工业以及服务业都全面发展起来，三次产业在交织、互补中融合发展，推动了农村产业融合发展水平有了初步提升。

表6-3　1978—2003年我国政策对农业发展问题制定的相关政策和法律

年份	政策和法律
1978年	《中共关于加快农业发展若干问题的决定（草案）》
1980年	《中共关于印发（关于进一步加强和完善农业生产责任制的几个问题）的通知》
1981年	《中共中央国务院转发国家农委（关于积极发展多种经营的报告）的通知》
1982—1986年	《全国农村工作会议纪要》《当前农村经济政策的若干问题》《关于一九八四年农村工作的通知》《关于进一步活跃农村经济的十项政策》《关于一九八六年农村工作的部署》

表6-3(续)

年份	政策和法律
1986—2003年	《中华人民共和国农业法》《农民承担费用和劳务管理条例》《关于涉及农民负担项目审核处理意见的通知》《中共中央国务院关于当前农业和农村经济发展的若干政策措施》《关于发展高产优质高效农业的决定》《农村土地承包法》,以及全面推开农村税费改革、实施"良种补贴、农机具购置补贴、种粮直接补贴"等

二是市场机制。改革开放之后,国家为了顺应市场化改革的要求,进行了农村和农业市场化的多项改革,逐渐放开农村市场、废除统购统销制度、提高粮食收购价格以及放松城乡劳动力流动的限制。这些改革调动了农民的生产积极性,农村剩余劳动力开始从事多种经营或流向城镇地区,带动了农业生产力发展、农民收入增长,以及农村商品经济恢复和发展,从我国农副产品价格市场化进程来看(如表6-4所示),改革开放后我国农副产品逐渐实现了价格市场化。政府定价比重从1978年的92.6%下降到1998年的9.1%,且政府指导价比重在1989年后逐渐下降,对应的市场调节价比重由1978年的5.6%上升到1998年的83.8%,在此阶段农业市场化程度大幅度提升。1984年,由于城市相对于农村来说,资源集聚度更高、规模经济效应更强,市场化改革追求最大的回报,国家将改革的重心由农村转向城市。同时,一系列农村改革也在持续推进,城乡关系走向缓和阶段,这一时期城乡关系的改善和乡镇企业的快速发展促进了城乡要素流动的范围更大、频次更高。1989年兴起了民工潮,1993年党的十四届三中全会又提出"逐渐形成劳动力市场",城乡要素市场逐渐统一起来;但是,城乡二元分治的政策并未得到实质性的改变,城乡差距仍然很大,要素市场分割、要素市场价格扭曲与信息不完全等机制制约着要素配置效率的提升,也不能满足农村产业融合发展的要素需求。

表6-4 1978—1998年我国农副产品价格市场化进程   单位:%

年份	政府定价比重	政府指导价比重	市场调节价比重
1978	92.6	1.8	5.6
1984	67.5	14.4	18.1
1985	37.0	23.0	40.0
1986	35.3	21.0	43.7
1987	29.4	16.8	53.8
1988	24.0	19.0	57.0

表6-4(续)

年份	政府定价比重	政府指导价比重	市场调节价比重
1989	35.3	24.3	40.4
1990	25.0	23.4	51.6
1991	22.2	20.0	57.8
1992	12.5	5.7	81.8
1993	10.4	2.1	87.5
1994	16.6	4.1	79.3
1995	17.0	4.4	78.6
1996	16.9	4.1	79.0
1998	9.1	7.1	83.8

注：洪民荣等，《市场结构与农业增长——基于理论与中国实证研究》，上海社会科学出版社，2003：31-32。

三是经营主体的作用机制。改革开放之初，我国全面推行家庭联产承包责任制，这种经营方式的特点就是在土地归集体所有的基础上赋予农民土地的承包经营权。在推行家庭承包经营方式之后的几年内，我国农业劳动力生产率、这农副产品的总产量大幅度提高，同时也为轻工业快速发展提供了充足的原料，这说明这种经营方式与我国当时的生产力水平是相适应的。但是，进入21世纪后，我国一家一户的小农分散经营方式不能满足现代农业发展需要的规模经营效应，制约着农业集约化、规模化与现代化发展，农户在市场竞争中处于弱势地位，缺乏市场应对能力，只能是价格的接受者，提高农户组织化程度成为农业现代化发展的内在要求。农户是我国农业经营主体的基础，各类新型经营主体就是以农户家庭经营为基础而逐渐发展起来的。早在20世纪90年代，随着农村劳动力转向城镇而出现农户间土地流转的现象，此时就已经出现一批专业大户。20世纪90年代中期农业产业化经营方式兴起，在政府的大力推动和支持下，一大批龙头企业应运而生。这一时期专业大户、龙头企业以及合作组织等经营主体逐渐培育和发展起来，成为这一时期农业发展的新兴力量，推动了农村产业融合发展水平有了初步提升。结合我国农业生产情况来看，我国粮食生产总量由1978年的30 477万吨一直波动上升到1999年的51 230万吨，此后就呈现下降的趋势，一直下降至2003年的43 070万吨[1]，这种变化与家庭承包经营方式不再适应现代农业发展的趋势相吻合。21世纪初，

---

[1] 数据来源：《中国统计年鉴》整理得来。

我国粮食生产出现显著的下降趋势，面对这种情形，我国出台了土地流转和一系列农产品价格保护、临时收储等体制改革，农业产量则继续保持了较高的增长势头。在农业产量增长的因素中，产业融合也是一个较大的影响原因，我们可以从农副产品加工的发展情况有所窥见。1978—2003年我国城乡居民的人均食用植物油产量都大幅度增加，如图6-5所示。总体上看，这一时期农户承包经营仍是我国农业生产的主要方式，新型经营主体还未发育壮大，出现规模小、效益低以及与农户的联结不紧密等问题，经营主体之间难以实现有效合作制约着农村产业融合发展。

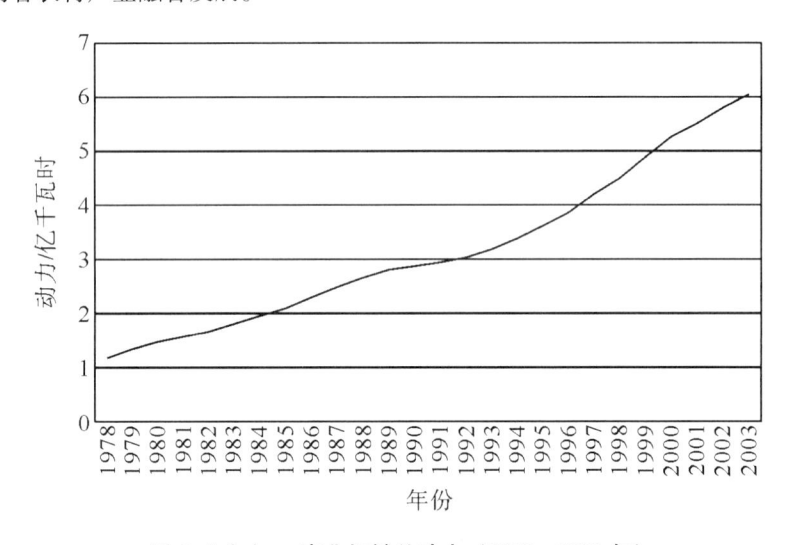

图6-5（a） 农业机械总动力（1978—2003年）

6.3.4 概括性总结

改革开放后，我国做出了以经济建设为中心的重大转变，制定了社会主义初级阶段的基本路线。改革开放首先在农村推行家庭联产承包责任制，而后逐步在其他领域全面展开。家庭联产承包责任制的实行保证了责任到人、责任到户，极大地调动了农民生产的积极性，同时其他行业的改革以及开放的不断推进，我国二三产业得到了极大发展。随着农民生产生活水平的提高以及我国生产力水平的提升，以家庭生产为主的小型农业机械逐渐普及，农业生产出现机械化的趋势。在这一阶段，工业对农业的融合程度得到了较大提高。

图 6-5（b） 粮食作物产量（1978—2003 年）

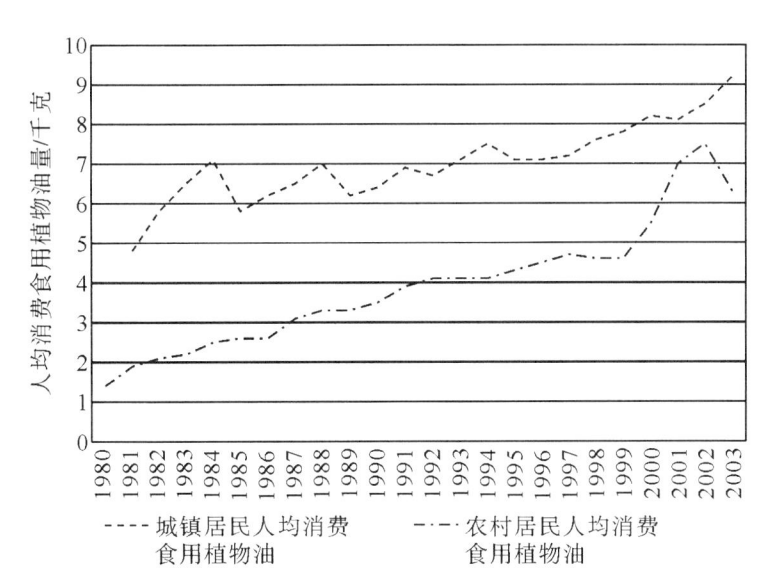

图 6-5（c） 人均消费食用植物油量（1980—2003 年）
图 6-5 农业机械总动力、粮食作物产量、人均消费食用植物油量变化情况

6.4 城乡一体化的农村产业融合发展

6.4.1 城乡一体化阶段的典型事实

2004 年，我国城乡关系发生了重大转折，党中央指出我国已经进入以工促农、以城带乡的阶段。2005 年，十届全国人大常委会第十九次会议宣告在我国实行 2 600 余年的农业税废止，并审议通过了《农村土地承包经营权流转管理办法》。2006 年中央一号文件主张城乡统筹发展，并提出我国建设社会主义新农村的重大历史任务，从此之后我国开始着力推动农村地区的综合改革，开始探索现代农业的发展道路。2013 年，我国开始大力推进新型农业经营体系建设，并着力培育新型农业经营主体。进入"十三五"时期，面对"三农"问题出现的新情况、新挑战，党中央提出深入推进农业供给侧结构性改革，并于 2018 年提出乡村振兴战略。这些关键的农业发展政策导向也可以反映出我国农业发展的现实情况发生了显著改观，主要体现在：①农产品由供给不足转为一些农产品供给过剩；②农业发展更加注重结构优化和质量提升；③现代农业发展道路业已成体系，新型农业经营主体不断壮大，农村事务不断繁荣，价格、补贴等制度体系不断完善，农业产业适度规模经营逐渐铺开。

进入 21 世纪之后，我国的经济实力逐渐增强，2003 年我国人均 GDP 已经超过了 1 000 美元，农业总产值占国内生产总值的比重为 14.57%，工业总产值与农业总产值的比例为 3.58∶1。按照国际上的工业反哺农业起步阶段的参照值，我国已经初步满足工业反哺农业的条件（马晓河等，2005）。此时政府不断进行理论探索和实践指导，对城乡关系的变化提出了一些新认识。2004 年党的十六届四中全会指出我国已满足工业反哺农业的条件，开始进入工业反哺农业、城市支持农村发展的阶段。之后国家对"三农"的支持力度也不断加大，比如，政府加强了财政支农力度、取消农业税、支持农村公共服务等，对户籍制度进行深化改革，逐渐破除户籍制度的约束，赋予流动人口和农民工更多的权利和公平的机会；土地制度方面，对土地承包经营权进行改革、三权分置等，农村综合改革和发展取得了显著成效。从 2003 年的"统筹城乡发展"，到 2007 年的"城乡经济社会一体化"，到 2012 年党的十八大提出的"城乡发展一体化"，再到党的十九大提出的"城乡融合发展"，每个阶段国家针对城乡关系的演变都积极进行理论探索和实践指导。在一系列改革和实践的推动作用下我国城乡差距逐渐缩小，主要表现在城乡居民收入差距的缩小、农民收入结构优化、城镇化水平提升、产业结构优化等,促进了城乡关系走向融合。具体来看,2004年我国城镇居民家庭的人均可支配收入为9 421.6元,其恩格尔系数为37.7%,农村居民家庭的人均可支配收入为2 936.4元,其恩格尔系数为47.2%;城乡居民收入比为3.21∶1。2004—2008年城乡居民收入比一直保持着较平稳的水平,直到2009年开始呈现下降的趋势,由2009年的3.33∶1下降到了2017年的2.71∶1,城乡居民的收入差距逐渐缩小。[①] 如图6-6所示,2004—2017年城乡居民收入都在逐渐增加,然而,从2009年开始农民的可支配收入增长幅度高于城镇居民的增幅,扭转了城乡收入差距扩大的趋势。

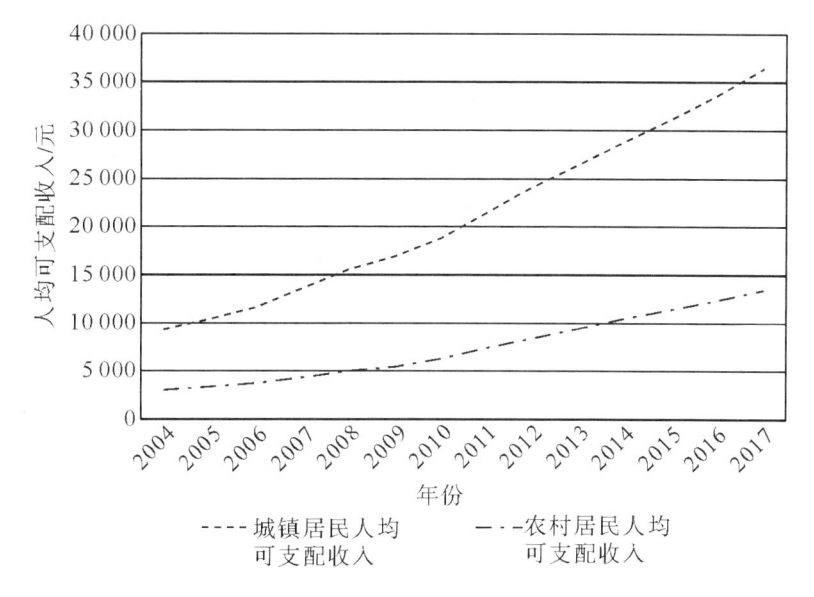

图6-6 城乡居民人均可支配收入(2004—2017年)

同时,农民的收入来源结构逐渐优化,非农收入比例呈现上升的趋势。2004—2017年,农民的家庭经营净收入占总收入的比重由69.4%下降到37.4%,而工资性收入的占比从2004年的24.7%上升到40.9%,财产净收入的占比由1.9%增加到了2.3%,转移性收入的占比由4%增加到了19.4%(如图6-7所示)[②] 从图6-7中可以看出,农民收入水平整体提升明显,农民收入结构中非农收入所占比重持续上升,尤其是2013年实行精准扶贫战略之后,农村贫困人口数量大幅度下降。根据国家统计局数据,按照每人每年2 300元

---

① 数据来源:历年《中国统计年鉴》整理得来。
② 数据来源:《中国统计年鉴》整理得来。

(2010不变价)的农村贫困标准，2014年我国农村贫困人口7 017万人，到了2020年全国9 899万农村贫困人口全部脱贫，城乡居民收入差距显著缩小[①]。2021年，习近平总书记在全国脱贫攻坚总结表彰大会上庄严宣告：我国脱贫攻坚战取得了全面胜利，创造了又一个彪炳史册的人间奇迹！

再从城镇化水平来看，2004—2020年，我国常住人口城镇化率由41.76%上升到63.90%，增长了22.14个百分点[②]。城镇化水平的快速上升说明农村人口逐渐向城镇集中，农村剩余劳动力由农业向非农产业转移，城乡之间产业结构优化，经济发展差距在逐渐缩小。考察产业结构变动趋势，2004—2020年我国第一产业增加值比重由12.9%下降到7.7%，第二产业增加值比重由45.9%下降到34.8%，而第三产业增加值比重则由41.2%上升到54.5%[③]。产业结构逐渐优化升级，也推动城乡关系走向融合。

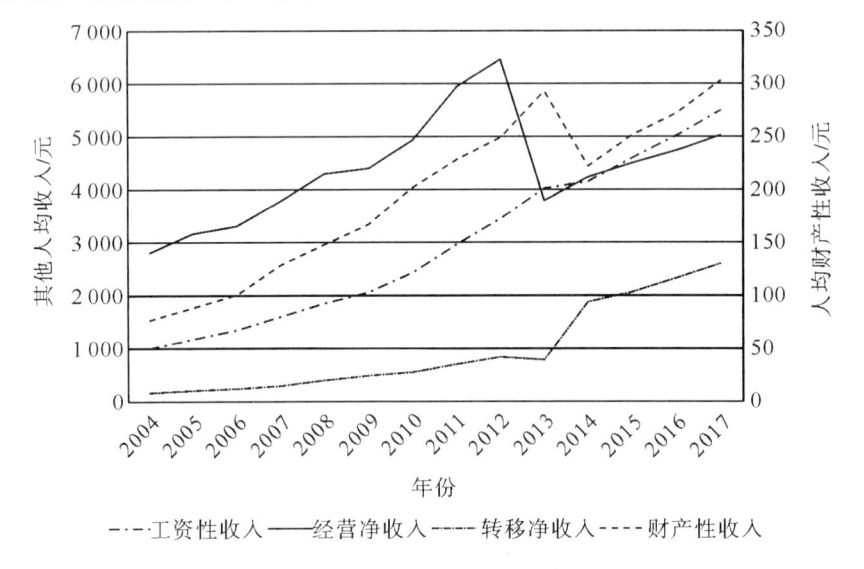

图 6-7 2004—2017年我国农村居民家庭人均收入来源

6.4.2 城乡一体化阶段农村产业融合发展概况

囿于数据获取受限，本书选取《2012年投入产出表》进行分析。相比上一阶段，随着土地流转以及新型农业经营主体的发展壮大，城乡一体化阶段的

---

① 数据来源：国民经济和社会发展统计公报（2015—2021），国家统计局官网，http://www.stats.gov.cn/tjsj/zxfb/201902/t20190228_1651265.html。
② 数据来源：历年《中国统计年鉴》整理得来。
③ 数据来源：《中国统计年鉴》整理得来。

农业机械化、规模化得到前所未有的发展。2012年，制造业与第三产业对农业的中间投入率分别为21.62%和5.02%。可以预见，随着农村电子商务以及智能手机、网络等的普及，加之金融对农村扶持力度的加大，第三产业对农村、农业的中间投入力度必将持续加大。这一时期，从农业生产的下游来看，食品和烟草制造业对农业的中间投入为10.53%，从农业生产的上游来看，化学产品、金融产品的中间投入率分别为8.48%和1.24%。可以看出，相比前一阶段均有明显的提升。

《中国农村统计年鉴》数据显示，这一阶段，我国农业的机械化、规模化得到了明显的提高。2020年，我国农业机械总动力相当于2004年的1.68倍。其中，按照机械数量来看，我国农业规模化的趋势日渐明显：2020年全国拥有的大中型农业机械相当于2004年的4.27倍；而小型拖拉机数量自2011年后出现下降，2020年小型拖拉机数量仅为2011年的95.38%。单位公顷播种面积的动力达到6.31千瓦，相当于2004年的1.51倍。与此同时，我国乡村人口比重持续下降。2020年，我国乡村人口占总人口的36.11%，相当于2004年的62%，人口净减少2.47亿。乡村人口的减少也意味着单位农户经营的土地面积扩大以及人均机械拥有量的增加。

综合来看，这一阶段，随着我国城乡关系一体化的加速推进，我国二三产业发展提质增效明显，第二产业对农业的支持力度持续加大。可以概括为三个方面：一是工业反哺农业程度加深，主要包括农业机械由小型为主向大中型为主转变，以及其他农业生产资料的供应。二是土地流转的深入开展以及城乡要素流动的日益频繁，农业规模化、机械化成为农业发展的基本现状。三是第三产业的扶持仍有待强化，包括科学研究和技术服务等的中间投入比重仍较低。整体而言，城乡一体化为农村产业深度融合提供了条件，保障了"要素进来"和"人口出去"，但是第三产业对农业的扶持力度仍有待提升。

6.4.3 "政府、市场、经营主体"三个维度的阶段性阐释

一是政府作用机制。从农业发展上来讲，我国在2004年正式提出"以工促农、以城带乡"的发展战略，并对农业进行"四补贴"（农户直接补贴、良种补贴、农机具购置补贴和农业生产资料综合补贴）。同年我国公布了土地流转的政策文件，可以看出政府意在引导农业开展适度规模经营，以适应现代农业的要求。2004年之后，我国逐步推行粮食保护收购价格，并对一些其他作物实行临时收储制度。这些措施大大促进了非农产业对农业的支持力度，农业生产实现了"十二连增"。随着一些农产品生产过剩以及消费者对粮食质量的

要求，我国提出发展现代农业、注重农业生产的可持续性，并在进入"十三五"时期之后，推行农业供给侧结构性改革，着重调优农产品结构和农业生产质量。进入中国特色社会主义新时代，我国进一步提出要按照产业兴旺、生态宜居、乡风文明、治理有效、生活富裕的总要求推进"乡村振兴"战略[《乡村振兴战略规划（2018—2022年）》]，新一轮的农村改革拉开序幕。这一时期，政府通过加强基础设施建设、增强财政扶持力度等形式培育和扶持新型农业经营主体成长。截至2018年年底，我国的龙头企业、合作社以及家庭农场等各类新型农业经营主体超过300万家，新型职业农民总数超过了1 500万人①。政府积极开展土地制度改革，改革开放之初家庭联产承包责任制的"两权分离"逐步演变成"所有权、承包权、经营权"的三权分制，允许土地经营权进行流转，积极开展土地征收、宅基地、集体建设用地的试点改革，激发了农村土地生产要素的活力。与此同时，政府高度重视和支持农业科技发展，逐渐构建起了中央到省、市、县、乡的多层次、多功能的农业技术推广体系。国家推动建设的农业科技园等极大地推动农业科技水平的提高，为农业产业链价值链延伸、农业产业新形态提供了技术支持。此外，政府积极搭建信息服务平台、产业公共服务平台、农村产权流转交易平台等以便提供价格信息、农业物联网、电子商务等服务，即通过平台集聚资源为农村产业融合发展提供服务。此外，政府积极支持创新金融，比如，2017年6月农业部颁布《关于政策性金融支持农村一二三产业融合发展的通知》，强调以政策性金融支持农村产业融合发展。

二是市场机制。这一时期，我国商品市场基本实现了市场化，而土地、劳动、资金、信息等生产要素的市场化程度很低。在各类生产要素中，土地要素对农村产业融合发展来说是一种基础性的资源，土地要素市场化改革关系要素市场化改革的全局。在城乡二元经济结构的背景下，我国土地市场被分割为城市和农村的两大块，随着土地市场化进程的加快，农村土地市场化水平也在逐渐提升。在农村土地市场上，土地确权保证工作基本完成，农村承包地的"三权分置"稳步推进，"三块地"改革试点也逐渐取得了成果，2020年，全国耕地流转的面积达到了5.3亿亩，占承包土地面积的34.1%（高鸣 等，2022）经营性建设用地通过"招拍挂"占出让总面积的比率从2004年的29.2%上升到2015年的92.3%，占出让总价款的比率由2004年的55.2%增加

---

① 余瑶. 我国新型农业经营主体数量达280万个，中国农业新闻网，2017-03-08，http：//www.farmer.com.cn/xwpd/jjsn/201703/t20170308_1280774.htm.

到 2015 年的 96%[①]。但是农村土地市场化水平仍然远远落后于城市，并且土地的市场化水平落后与其他生产要素的市场化水平。整体上看，土地市场化程度较低、土地供给结构不合理、土地市场化区域差异大等问题制约着土地市场化改革。同样的，在城乡二元结构的约束下劳动力市场、资金市场等要素市场分割导致信息不对称、价格机制扭曲等问题，制约着城乡要素流动，从而制约着农村产业融合发展水平的进一步提升。整体而言，这一时期我国要素市场化程度明显提升，尤其是盘活了农村"沉睡"的资源，在市场化改革的深入推进和土地制度不断深化改革的作用下，农村地区逐渐开展"资源变资产、资金变股金、农民变股民"改革，许多以往不能进行市场交易的要素或资源在政府构建的制度框架下进行了产权界定和保护，从而可以进行市场交易，提高了农村要素市场化水平。这在一定程度上推动了农业与二三产业融合发展，但是城乡之间仍存在较多不同的制度安排，制约着城镇要素向农村流动，因此，打破体制机制约束、推动要素市场化改革的任务迫在眉睫。

三是经营主体的作用机制。2004 以来，我国国力日渐强盛，农业和非农产业生产力均得到前所未有的提升，这一时期，农业生产的资本专用性增强，仅仅依靠劳动力投入的粗放的农业经营模式已经不能适应现代农业的需求。因此，我国需要在土地制度改革的基础上进一步释放农业生产力，通过一二三产业融合进一步提升农业劳动生产率和农村发展。2007 年，我国颁布了《中华人民共和国农民专业合作社法》，农民合作社得到快速发展。截至 2020 年 11 月，农民合作社数量达到 224.1 万家，辐射带动农户约占全国总农户数的近 1/2，1.3 万家农民合作社进军休闲农业和乡村旅游（张辉，2008）。2007—2017 年我国农民合作社的发展情况如表 6-5 所示。2012 年，党的十八大进一步明确了培育以专业大户、家庭农场、农民合作社、农业产业化龙头企业为主的多种农业经营主体，构建新型农业经营体系的农业发展任务。一方面，推动了农业纵向产供销一体化，提升了农业经营规模，利于农业开展适度规模经营，增加了农产品附加值，提升了农业竞争力。另一方面，农民合作社推动了农业生产利益联结机制的形成，壮大了农业经营主体，丰富了农户的财产权、收益权和抵押权等，推动了农业生产模式的现代化，开创了农民互利共赢的局面。

[①] 张辉，以土地市场化为抓手，推动要素市场化改革，环球网，2018-03-12，http：//finance.huanqiu.com/cjrd/2018-03/11658342.html.

表 6-5 2007—2017 年我国农民合作社发展情况表

年份	合作社总数/万家	注册资产/亿元	社员规模/万户	平均社员规模/户
2007	2.6	3 000	35	13
2008	11.09	9 000	142	13
2009	24.64	25 000	392	16
2010	37.91	45 000	716	19
2011	52.17	72 000	1 196	23
2012	68.89	110 000	2 373	34
2013	98.24	189 000	2 951	30
2014	128.88	273 000	9 227	72
2015	153.11	323 000	10 090	66
2016	179.4	—	10 667	59
2017.7	193.3	—	11 243	58

注：数据来源于国家工商行政管理总局公布的统计数据。

6.4.4 概括性总结

随着我国全面深化改革的持续推进，我国城乡一体的趋势日渐明显。城乡一体化的推进为乡村人口进城以及生产资料进入农村创造了条件。随着政府对农业扶持力度的不断加大，第二产业与农业的融合取得了较大进展。然而，第三产业与农业的融合程度仍然较低，金融支持农业发展仍有待深入，科学研究等农业生产的上游部门的支农力度仍有待增强。

6.5 小结

城乡关系的具体形态受生产力和生产关系的约束，是特定时期生产力和生产关系相辅相成、相互矛盾的产物。作为城乡关系的重要内容，农村产业融合发展的变迁内生于城乡关系的演变。此外，城乡关系与农村产业融合又受到市场、政府以及经营主体的直接影响。按照我国生产力与生产关系的发展阶段，本章将新中国成立以来我国的城乡关系划分为二元分割、关系缓和以及一体化的三个阶段。在这三个阶段中，城乡关系以及农村产业融合具有鲜明的阶段性特征，政府的干预偏向、发展理念，市场规律的地位以及经营主体的发展情况等均存在明显差异。

本章分别对三个城乡关系阶段的农村产业融合发展情况进行了梳理，并结合政府、市场与经营主体"三个维度"给出了相应的机制阐释：

第一，新中国成立初期到改革开放前（1949—1977年），我国生产力极度落后，城乡关系典型的表现为二元分割。这一时期，在重工业优先发展战略的影响下，我国实行单一的公有制经济，以及通过计划手段配置资源，加之愈加严格的户籍制度和人民公社制度，乡村与城市要素流动渐趋禁止，农业生产中间品投入单一，农村产业融合模式简单、水平较低。

第二，改革开放以后到2003年（1978—2003年），我国扭转了重工业优先发展的违背比较优势的发展战略，并在农村首先推行改革事业。这一时期，农产品价格体系逐步放开，加之小城镇及乡镇企业的崛起，农业机械化水平较上一阶段有了明显提升，但表现出以小型农机具为主，适应包产到户生产制度的特征。这一时期，农业与第二产业的融合发展水平有了较大提升，与第三产业的融合程度仍处于起步阶段。

第三，2004年后，我国重新确立了"以工促农、以城带乡"的城乡发展路径，随着土地流转制度以及土地确权等工作的深入推进，我国农业机械化、规模化等趋势日渐凸显，农业与第二产业的融合程度得到了进一步提升。虽然农业与第三产业的融合水平仍不高，但是随着农村电子商务以及智能手机、网络设备等的普及，农业生产与第三产业的融合发展将成为未来的大趋势。

7 "政府、市场、经营主体"维度的中国农村产业融合发展实证检验

农村产业融合发展是我国进入新时代推动乡村振兴和实现农业现代化的主要抓手，是提升农户获得感的有力举措，是到 21 世纪中叶实现乡村全面振兴的基础保障。2018 年中央一号文件指出，推进农村一二三产业融合利于提升农业发展质量，培育乡村发展新动能。同年，国家印发首批农村产业融合发展示范区，并要求强化对农业产业化的金融支持。《乡村振兴战略规划（2018—2022 年）》进一步强调了产业融合是乡村振兴的基本要求，并将形成农村产业融合发展的新格局，作为乡村振兴战略基本框架和政策体系的基本组成部分。因此，农村产业融合发展对乡村振兴战略的实现具有举足轻重的作用，探讨农村产业融合发展实践也是把脉我国乡村的基础性工作，具有重要意义。

随着乡村振兴战略的出台和规划的制定，诸多学者开始尝试对农村产业融合发展的内涵、目标、路径等进行界定和开展相应的研究。他们认为农村产业融合发展是以农业为基础，多个产业在要素配置、技术供给、资源索取等方面进行的交叉、重组和渗透（姜长云，2015；马晓河，2016）。他们研究认为产业融合是农村产业兴旺的基本特征，也是乡村振兴战略的基本实现路径之一，存在融合程度和融合组织形式的差异，并会引起农业生产方式和组织模式的变迁。因此，本章首先对我国农村产业融合发展的情况进行统计和测度，并对异质性进行分析，进而展开后续研究。

通过对相关文献进行梳理发现，国内有关农村产业融合发展的研究肇始于 2005 年，并在 2016 年之后达到关注度的峰值区间，但是现有研究尚处在起步阶段，仍是以农村产业融合发展的案例分析为基础，综合考察农业产业融合发展的内涵、路径以及动力机制等。此外，现有研究仍是以定性分析为主，定量分析乏人问津，有关产业融合发展水平的测度也未能形成统一的框架。

本章对农村产业融合发展的探讨是基于前文构建的"政府、市场、经营主体"三个维度的基本架构。在这一框架内，市场在经济运行中起着决定性

作用，并通过价格机制、竞争机制、信息机制影响经济活动，但是市场并非完美的，且不能体现政府的战略意志，因此，政府会对市场机制进行干预，主要表现为政府履行职能下的信号传递、资源补充和资源重置，以通过直接或间接的干预措施调节资源在各类经济主体之间的配置。在政府和市场的相互交叉作用下，政府和市场的"作为"抑或"失灵"会诱发市场主体之间的博弈，不仅产业链横向单个主体之间，而且产业链纵向、上下游主体之间也会表现出既竞争又合作的关系。一方面，经营主体会着力提升自身的竞争力，如提高自身组织化程度、提升技术水平等；另一方面，将外部效应内部化，借助利益联结等的途径形成组织抱团发展，减轻市场风险的影响。本书以此为据，构建了本章实证分析的基本框架。

7.1 理论推导

在具体的数据分析之前，本章首先给出一个简单的政府调节机制的数理演绎框架，借以阐述本章对农村产业融合发展水平测度的基本逻辑。

本节构建一个"一政府，两部门"的分析框架。以我国为例，在新中国成立初期，迫于国内落后的生产面貌和国际经济形势压力，我国实行了重工业优先发展的战略，这种战略的达成在一定程度上是以扭曲农产品要素价格为代价。在这里，出于简便，我们假定市场发生作用，但是并不考虑市场机制具体的作用路径，从而政府成为社会经济活动中调节资源配置、调控产品进出口的主要部门，且市场经济活动在一定层面上是为了满足政府发展战略的需求。假定政府是理性的，借鉴邓宏图等（2018）的研究，设定国家出口农产品，进口资本密集型产品，则有政府的效用函数：

$$u_g = \int_0^{+\infty} e^{-\rho t} \left(\frac{p_a}{p_i} \cdot Y_1 \right)^{1-w} (Y_2)^w dt \tag{7-1}$$

上式中，Y_1 和 Y_2 分别为农产品和资本密集型产品的数量；$\frac{p_a}{p_i}$ 表示农产品出口价格与资本密集型产品的进口价格之比，指代贸易条件；w 为资本密集型产品的自给率，$(1-w)$ 为进口率。考虑到进口的工业品仅为所有工业品的一部分，因此 $0 < w < 1$。按照邓宏图等（2018）的设定，资本密集型产品的进口主要依赖于农产品出口，因此农产品主要有自给和出口两个用途，ρ 为政府发展重工业迫切程度的贴现因子。将上式线性化可得

$$u_g = \left[\left(\frac{p_a}{p_i} \cdot Y_1\right)^{1-w} \cdot (Y_2)^w \cdot \frac{1}{\rho}\right] \tag{7-2}$$

在这些假定基础上,可以得到约束条件。首先,农产品出口换汇收入应该等于资本密集型产品的进口额度,即

$$\frac{p_a}{p_i} \cdot Y_1 = (1-w) \cdot Y_2 \tag{7-3}$$

第二,农业生产依赖劳动、资本以及资本密集型中间品的投入

$$Y_1 = f(L_1, K_1, \Theta Y_2) \tag{7-4}$$

其中,Θ 为融合指数,即资本品作为中间品投入占资本品产量的比重。

7.1.1 两种极端情境的考察

考虑两种极端情况:第一种是资本密集型产品完全自给($w=1$),第二种则与之相反,资本密集型产品完全进口($w=0$)。依据这两种情境我们可以将(7-2)式进一步延伸为

$$u_g = Y_2 \cdot \frac{1}{\rho} \tag{7-5}$$

$$u_g = \frac{p_a}{p_i} \cdot Y_1 \cdot \frac{1}{\rho} \tag{7-6}$$

结合上述两式可以看出,无论是在资本密集型产品完全自给还是完全进口的情况下,政府效用均与重工业发展优先程度负相关,即在工业品充裕,发展迫切程度较低的情况下,政府的效用较大,较为符合政府作为"守夜人"的作用,凸显了政府的理性和优先发展重工业的战略抉择。但产品完全自给时,政府效用与资本密集型产品的数量呈正相关,而当完全进口时,政府效用与所能换取的工业化产品数量呈正相关。因此,两种极端情境的分析大体上反映了资本品供给与政府效用正相关关系的结论。

7.1.2 一般情境考察

接下来,我们考察一般情境。一般情境下,政府会选择将一部分农产品出口换取资本品。因此,我们将(7-3)式代入(7-2)式可得

$$u_g = \left[\frac{p_a}{p_i} \cdot Y_1 \cdot \frac{1}{\rho(1-w)^w}\right] = \left[(1-w)^{(1-w)} \cdot Y_2 \cdot \frac{1}{\rho}\right] \tag{7-7}$$

类似地对两个极端情境进行分析,政府效用与资本密集型产品的丰裕呈正相关,而与发展的迫切程度呈负相关。此外,我们还注意到,由于本节考察的

是与国际产品之间的互通有无，因此，重工业优先发展战略强调的则是政府希望通过在国际市场上以高价出售农产品，而以较低的价格购进资本密集型产品。但是，结合已有文献也可以知道，政府重工业优先发展战略的实现是基于国内对农产品价格的扭曲而实现的。因此，一般情境下，政府是通过扭曲国内市场价格体系推动重工业发展，而在国际市场则是希冀通过农产品创汇购置资本密集型产品。

7.1.3 农业生产的考察

此时，我们仍然没有进行处理的是农产品的生产函数。农产品作为出口创汇的主项，参照 C-D 生产函数，本节将（7-4）式进一步具体化，从而给出农业部门的生产函数为

$$Y_1 = A_1 \cdot L_1^{\alpha} \cdot K_1^{\beta} \cdot (\Theta Y_2)^{1-\alpha-\beta} \tag{7-8}$$

将（7-7）式代入（7-8）式，并求农业部门对资本密集型部门生产的偏导数，可以得到

$$\frac{dY_1}{dY_2} = \gamma \cdot \Theta^{\gamma} \cdot \left[\frac{(1-w)^{(1-w)}}{u_g \cdot \rho}\right]^{(1-\gamma)}, \quad \gamma = 1 - \alpha - \beta \tag{7-9}$$

从上式，我们可以得出的结论是：①资本密集型部门能否推动农业部门生产进步，取决于资本密集型中间产品对农产品的产出弹性的大小，以及资本密集型产业的实质性融合程度的高低。②本节设定的政府效用函数与单位资本密集型中间品投入引起的农产品边际增量呈负相关。本节设定的政府效用函数类似于政府实行的赶超战略，即重工业优先发展战略，因此，重工业优先发展则符合政府发展意志。在重工业产品短缺的时代，政府重工业产品拥有量较少，则政府的效用较低，反之则较高。因此，政府效用与农业边际产出呈负相关。③按照理论模型的假定，要开展国际贸易，则需要加速农业生产，因此保持一定幅度的进口也会带动农业产业发展，在一定程度上也反映了政府战略意志对产业的影响。

综合上述分析，要推动农业甚至第一产业的发展，不仅非农产业要有较好的基础，而且非农产业要与农业产业有较好的融合，才会给农业产业带来较大的推动作用。此外，在政府发展战略的干预下，市场主体之间如何生产是影响农业生产的重要因素。上文的理论分析部分的贡献主要有：第一，理论分析部分勾画了本书对农业产业融合发展水平的测度框架。在测度中，不仅要考虑农业经营主体的生产行为，旁系产业的发展情况以及与农业产业的融合情况也关乎农业的发展。第二，印证了本书"政府、市场、经营主体"三个维度测度农业产业融合发展的适用性。

7.2 农村产业融合发展水平的测度

按照本书的研究目的，需要首先对农村产业融合发展水平进行测度。梳理相关文献可知，目前定量测度农村产业融合发展水平的文献相对较少，仅有李芸等（2017）依据农业产业融合发展的基本内涵设定相关指标构建指标体系，采用层次分析法对北京市农业产业融合发展指数进行了测度。该文具有一定的合理性，但是适用性相对有限，比如在农业产业链延伸的二级指标体系下，农业产业化经营带动农户程度的指标在多数地区统计年鉴中均较难获得相应的数据，且在这一指标下，也很难尽可能地延长考察时期。因此，本书在借鉴李芸等（2017）的研究的基础之上，结合农业产业融合发展的内涵对该指标体系进行相应的修改。

首先，对农业产业融合发展的内涵做进一步的梳理。我国农业的弱质性具有自身的特殊性，按照刘茂松等（2015）的研究，他们认为我国农业生产面临着产值和就业人员比重双重下降的趋势特征，并将其称为小部门化趋势，因此，得出引入工业和服务业从而增加农业的多功能性已经成为时代之必然的结论。陈学云（2018）认为工业和服务业反哺农业会引起农业的"工序性融合"与"结构性融合"，前者特指农业生产阶段的融合，后者指的是横向融合，对应于农业多功能性的实现。韩江波（2018）在对农业产业融合发展重要性进行概括的基础上，认为农村产业融合发展是要实现产业链、价值链以及利益链的升级。因此，在构建指标体系时，可以按照横向融合与纵向融合来进行科学划分。进一步地，本书认为横向融合可以增加农业的生产业态，推动范围经济发展，而纵向融合则更多的是对农业生产链的完善和强化，对农业生产能力和竞争力的提升会产生一个较大的推动作用，因此也可以从范围经济和规模经济的视角来对其进行审视。陈学云（2018）则更突出范围经济的作用，据此也进一步构建了农村产业融合发展水平的指标体系。

从整体看，现有的农业产业融合发展的指标体系或是基于农业产业融合发展的基本内涵以及社会影响而构建，或是通过对地区三次产业的发展水平的衡量而构建。本书认为这两者均存在一定的缺陷，主要表现在以下几个方面：第一，仅以农业为依托构建指标体系，虽然也可以体现农业的生产效率、发展质量、产业融合情况，但是忽视了对地区其他产业发展情况的统计可能会导致对农业产业融合发展潜力的考量有所欠缺。第二，通过衡量三次产业的规模以及绩效等指标来测度农业产业融合程度则显得较为粗糙,这种指标体系的构建方法由于忽视了产业的内在关联,从而并不能真正反映其他产业与农业的融合情况。第三,现有的指标体系忽视了其他产业在农业生产过程中作为中间品的投入情况,按照产业融合的概念,在农业生产过程中的中间品投入实则为产业融合发展的本质性内涵。

然后,基于上述对农村产业融合发展的内涵的梳理,结合本章理论框架,本书构建起农村产业融合发展水平的指标体系(见表7-1)。通过设定整体融合、深度融合、融合绩效和融合潜力四个维度来对产业融合指标体系进行刻画。其中,整体融合与深度融合反映农村一二三产业融合发展的现实状况,融合绩效则反映产业融合以来对农民收入以及消费情况的改善,融合潜力则主要从旁系产业的竞争力来进行说明。具体来说,整体融合主要依据投入产出表来测度第二产业和第三产业对农业产出的中间投入程度。深度融合则从价值链延伸与农业竞争力两个视域来进行阐释。其中,价值链延伸注重考察农业生产上下游产业是否发达,这可以通过以农产品为基础原料的轻工业的发展程度、乡村二三产业发展情况等进行反映;农业竞争力方面指标则包括农业增加值率、人均农业产值、地均农业产值等。融合绩效通过城乡间居民收入水平和消费水平之比来进行反映。融合潜力主要指的是旁系产业的竞争力,包括第二产业和第三产业的规模以及生产效率。本章通过构建上述指标体系反映农村产业融合发展的现状,以及农村产业融合发展的未来趋势和发展潜力,以期为农村产业融合发展提供较为科学的、完整的评测架构。

表7-1 农村产业融合发展水平的指标体系构建

子系统	一级指标 (准则层)	二级指标 (指标层)	指标说明	属性
整体融合	中间投入率	第二产业作为中间品投入占农业总产出的比重	第二产业投入/总产出(%)	+
		第三产业作为中间品投入占农业总产出的比重	第三产业投入/总产出(%)	+

表7-1(续)

子系统	一级指标（准则层）	二级指标（指标层）	指标说明	属性
深度融合	产业链延伸	轻工业（C13~C19）发展程度	人均轻工业主营业务收入（万元/人）	+
		乡村零售额	乡村零售额（亿元）	+
		农业保险深度	农业保费收入/第一产业增加值（%）	+
		金融扶持	中国农业银行贷款规模（亿元）	+
	农业竞争力	农业增加值率	农林牧副渔业增加值/总产值（%）	+
		机械化程度	机械化总动力/耕地面积（千瓦/公顷）	+
		乡村人均农业产值	第一产业增加值/乡村人口（万元/人）	+
		乡村人均耕地面积	耕地面积/乡村人口（公顷/人）	+
		单位耕地第一产业产值	第一产业增加值/耕地面积（万元/公顷）	+
		农村居民收入水平	农村居民人均纯收入（元）	+
融合绩效	融合的社会经济效力	城乡居民可支配收入比	城市可支配收入/农民人均纯收入（%）	−
		城乡居民消费水平对比	城市居民消费水平/农村居民消费水平（%）	−
融合潜力	旁系产业竞争力	第二产业生产规模	第二产业增加值（亿元）	+
		第三产业生产规模	第三产业增加值（亿元）	+
		第二产业生产效率	第二产业增加值/第二产业就业人员（万元/人）	+
		第三产业生产效率	第三产业增加值/第三产业就业人员（万元/人）	+

注：轻工业涵盖2017国民经济行业分类与代码（GB/T 4754-2017），包括农副食品加工业（C13）、食品制造业（C14）、酒、饮料和精制茶制造业（C15）、烟草制品业（C16）、纺织业（C17）、纺织服装、服饰业、皮革、毛皮、羽毛及其制品和制鞋业（C18+C19）。中间品投入率是依据各省份的《投入产出表》计算得出。涉及规模的变量，本书通过从业人员数或就业人员数进行统计。

最后，对农村产业融合发展水平进行测试。首先需要确定考察时期。考虑到我国政府在2004年之后开始对农业生产进行较强的政策干预，因此，以此为节点，本书选取的考察时段为2005—2016年。然后，对数据的统计情况进行简要说明。①整体融合统计。囿于《投入产出表》每逢2和7的年份进行统计，且发布的时间具有较长的滞后期，因此本书对该指标的统计主要是基于全国各省2002年、2007年、2012年的《投入产出表》。由于西藏在2002年和2007年并没有发布当年的《投入产出表》，且多为禁止开发区，因此本研究没有包含西藏，本书的研究范围为我国另外30个省（自治区、市）。在三年投入产出数据的基础上，我们将其转换为面板数据，具体的处理原则为：在相邻公布年份，中间投入率没有较大变动的，《投入产出表》公布的年份的下四年原则上统一按照发布年份的数据为准；若出现较大幅度变动，则对下四年的数据进行平滑处理。②产业链延伸统计。农业产业链延伸主要是通过将第二产业和第三产业植入第一产业从而带来农业多功能性的增强。通过借助第二产业来实现农业产业链的延伸主要是以基础农产品为原料进行的加工，因此我们选取了制造业中的C13~C19作为统计标准，相关数据源自《中国工业统计年鉴》。需要说明的是，C19在2012年后的统计年鉴中是单独统计的，为了保障统计口径的统一，我们将2012年后的C18和C19的数据进行了合并。此外，一些行业在2012年没有统计平均从业人员数，我们按照采取平均值的方法对相应年份的数据进行了平滑处理。在产业链延伸的背景下，乡村销售额会得到提高，数据源自三农数据库。农业保险深度和金融扶持水平的数据主要来自《中国金融统计年鉴》和《中国保险统计年鉴》。③农业竞争力统计。在该项指标的统计中，居民收入水平二级指标在2014年的统计口径为"农村居民人均可支配收入"，其余年份为"农村居民人均纯收入"，数据源自《中国统计年鉴》。④融合潜力的测度部分，第二产业和第三产业的就业人员数据源自《中国统计年鉴》《中国人口和就业统计年鉴》，2010年后的数据则多手工统计自各省（区、市）历年统计年鉴。在年鉴中出现统计数据不统一的情况时，本书以各省（区、市）历年统计年鉴为准。黑龙江2011—2013年三产就业人员的数据缺失，因此在统计中对三年数据进行了平滑处理。对于涉及价值的指标，本书通过居民消费价格指数进行平减，并以2000年为基期，数据源自《中国价格统计年鉴》。

在手工收集数据的基础上，参照刘明辉和卢飞（2018）的研究思路，借助主成分分析法对我国30个省份的农村产业融合发展水平进行评价。在进行主成分分析前，需要对数据进行预处理，主要包括数据的同向化处理和标准化处理，本书同向化处理采用的方法是对逆向指标求取其倒数以使其与正向指标具有同向化趋势，标准化处理采用的是 Z 标准化方法，即数据与平均值之差在与该变量的标准差之间的比值。进一步的，主成分分析显示，KMO = 0.746，四个主成分的累积方差达到 76.354%，因此适宜做主成分分析。在主成分分析中，有四个主成分特征根大于 1，因此我们在进行综合指标的测度中选取了四个主成分。按照测度结果，我们给出考察期内 2005 年、2010 年、2016 年三个代表性年份的各省农村产业融合发展水平的排序情况（见表 7-2）。

表 7-2　代表性年份 30 省份农村产业融合发展水平的排序情况

排序	2005 年	2010 年	2016 年
1	上海市	北京市	北京市
2	北京市	上海市	上海市
3	天津市	内蒙古自治区	天津市
4	内蒙古自治区	天津市	内蒙古自治区
5	黑龙江省	黑龙江省	江苏省
6	江苏省	江苏省	黑龙江省
7	浙江省	吉林省	浙江省
8	辽宁省	浙江省	福建省
9	福建省	辽宁省	吉林省
10	广东省	山东省	山东省
11	山东省	福建省	广东省
12	海南省	广东省	湖北省
13	吉林省	新疆维吾尔自治区	宁夏回族自治区
14	新疆维吾尔自治区	海南省	辽宁省
15	河北省	宁夏回族自治区	新疆维吾尔自治区
16	湖南省	湖北省	陕西省
17	宁夏回族自治区	河北省	海南省
18	江西省	湖南省	四川省
19	山西省	山西省	江西省
20	安徽省	江西省	河北省
21	湖北省	四川省	湖南省

表7-2(续)

排序	2005年	2010年	2016年
22	河南省	河南省	河南省
23	四川省	安徽省	山西省
24	广西壮族自治区	云南省	重庆市
25	云南省	陕西省	广西壮族自治区
26	重庆市	广西壮族自治区	安徽省
27	甘肃省	重庆市	贵州省
28	陕西省	贵州省	云南省
29	青海省	甘肃省	甘肃省
30	贵州省	青海省	青海省

注：表格为本书统计结果。

从评估结果可以看出，考察期内，上海市、北京市、天津市、内蒙古自治区、黑龙江省、江苏省和浙江省的农村产业融合发展水平在我国位于前列。湖北省、四川省、宁夏回族自治区等上升幅度较大，河北省、湖南省等则下降幅度较大。在考察期内，我国农村产业融合发展水平较高的地区主要位于我国的东部地区以及东北地区，这些地方主要包括北京市、天津市、内蒙古自治区、江苏省、浙江省等地。

7.3 模型构建与数据说明

按照前文的研究论述，政府、市场和经营主体之间的关系可以综合概括为政府干预下的市场机制对经营主体的作用，以及经营主体在政府与市场作用机制下表现出的综合博弈。因此，本书模型构建的基本内容包括三个方面：一是验证政府干预对农村产业融合发展的作用机理；二是考察市场机制作用下农村产业融合的发展态势；三是考察政府与市场交互干预下农业经营主体的成长。

7.3.1 政府干预与农村产业融合发展

由于政府是资源配置的主要手段之一，因此政府干预在诸多文献中均有涉及，包括制度环境、土地财政、利率缩放等。关于政府规模指标的量化，较多经济学家使用政府消费支出占GDP的比例（Landau，1983）、公共管理和社会组织人数占总人口比重（金玉国等，2008）或财政支出占GDP比重（卢飞等，2016）代表政府规模；也有学者认为几种指标的加权更加合理（Noeli，1974）。在本书中，笔者主要关注的是政府在资源配置中的资源补充、资源重置以及信号传递等的作用机制。针对这些作用机制，本书认为：第一，三种作用机制可以通过地方政府的财政支出导向来做出相应的刻画，如政府偏向于引导农村产业融合发展，则会增加相关的涉农资金；第二，政策环境也不失为一个较好的衡量视角，如政府通过制定相应的政策，可以引导社会资金流向政策扶持的领域，相反，社会资源则较少流入政府规制的部门。因此，本部分考察政府干预对农村产业融合发展的影响，本书分别从制度环境以及政府的财政支出结构来进行考察。

就政策制度而言，2015年，《国务院办公厅关于推进农村一二三产业融合发展的指导意见》（国办发〔2015〕93号）发布，财政部重点支持安徽、重庆等12个省（直辖市）开展农村一二三产业融合试点。为了贯彻落实这一文件精神，农业农村部组织实施"百县千乡万村"试点示范工程。进一步地，国家发展和改革委员会在2017年进一步公布了《农村一二三产业融合发展年度报告（2017年）》，指明了农村产业融合的新型经营主体、新业态新模式以及对农业经营主体收入增长的促进效用。但是若以2015年的政策为节点，则政策实施后的时间相对较短，并不能很好地对政府政策干预的效果做出相应的检验，因此我们对政策的选取另行考虑。

中央一号文件是国家对针对下年工作做出的首要部署，体现了国家对经济社会干预领域的调整。继1982—1986年五个中央一号文件后，我国自2004年到2018年，14份中央一号文件均是针对农业产业。随着时间的推移，这些文件对"三农"问题表现出不同的关注点，我们对2004—2018年的中央一号文件主要内容，尤其是对农村产业融合发展的指导意见进行了统计，具体见表7-3。

表7-3 2004—2018年中央一号文件的指导意见汇总

时间	主旨内容	有关农村产业融合的指导意见
2004	带动农民增收	发展农村二三产业；拓宽增收渠道；加强农业基础设施；改善进程环境
2005	促农业综合生产能力	加大补贴；强化耕地保护；加强水利设施建设、生态保护；加强科技研发
2006	建设新农村	强化产业支撑；加大补贴；加强基础设施建设
2007	发展现代农业	加大补贴；加快农业水利化、机械化、信息化；开发农业多功能性；培育新型农民

表7-3(续)

时间	主旨内容	有关农村产业融合的指导意见
2008	农民增收	加强科技研发；提高公共服务水平
2009	农民增收	加大补贴；加大金融对农业支持；加强农产品市场体系建设
2010	统筹城乡，夯实基础	多举措强化农业生产基础设施建设
2011	水利设施建设	合理开发、保护水利设施建设
2012	农业科技创新	加强技术推广、发展农业社会化服务
2013	发展现代农业	构建新型农业经营体系
2014	农业现代化	统筹城乡发展，破除城乡二元，推动城乡资源均衡配置
2015	农业现代化	优化农业结构，推动"四化"协同
2016	农业现代化	推动农业绿色发展、农村产业融合
2017	供给侧结构性改革	推动农业供给侧结构性改革
2018	乡村振兴	提升农业发展质量、推动农业绿色发展，增强制度供给、人才支撑等
2019	全面推进乡村振兴	健全农村一二三产业融合发展利益联结机制、发展乡村新型服务业、实施数字乡村战略
2020	农业现代化	发展富民乡村产业

结合表7-3对中央一号文件的梳理结果可以看出，农村产业融合发展在近年的中央一号文件中才明确以概念的形式提出，但是在之前的文件中也有所体现，包括农业机械化、农业信息化等。因此，本书在对政府干预绩效的考核中，选取2007年为节点，通过选取双重差分的方法进行估计。双重差分在估计中需要明确处理组和对照组，本书按照2016年财政部确定的12个农村一二三产业融合试点省份作为处理组，由于这12个省份农村产业融合发展并非一蹴而就的，因此以2007年为节点则具有一定的随机性，相反以2016年为节点则具有一定的必然性。最终选定2007年之前的12个试点省份为政策实施之前的处理组，其余18个省份（不包括西藏自治区）为政策实施之前的对照组，2007年之后则对应为政策实施之后的处理组和对照组。据此我们可以构建相关的模型，其基本形式为

$$I_{i,t} = \beta_0 + \beta_1 \text{treat}_{i,t} \times t_{i,t} + \beta_2 t_{i,t} + \beta_3 X_{i,t} + \alpha_i + \varepsilon_{i,t} \quad (7-10)$$

上式中，被解释变量为农村一二三产业融合发展水平，此处使用前文的测算结

果。等式右边，treat 反映是否为处理组样本，若为处理组样本，则 treat =1，否则 treat =0，该样本为对照组样本。t 为时间的虚拟变量，若处于政策实施年份，则 $t=1$，否则 $t=0$。本书还加入了控制变量（X），具体参见表7-4。ε 为随机误差项。包括地方政府规模（gov）、财政赤字（def）、固定资产投资（inv）、产业结构（is）、工业化程度（ind）、储蓄率（sav）、教育水平（edu）等。ε 为随机误差项。按照上述阐释可以得到，控制组在政策实施前后农村产业融合发展水平的变化幅度为 β_0 和 $\beta_0+\beta_2$，则其净效应为 β_2。相应地，处理组样本在政策实施前后的净效应为 β_0 和 $\beta_0+\beta_1+\beta_2$，则其净效应为 $\beta_1+\beta_2$，则 β_1 为本书关注的核心参数。进一步地，若政府促进农村产业融合的政策确实推动了农村产业融合发展水平的提升，则参数应为正向。

考虑到政策实施具有的滞后性和动态效应，本书进一步求取2007年中央一号文件以及后续文件的出台对农村产业融合发展的动态影响，动态边际效应的估测方程为

$$I_{i,t} = \beta_0 + \lambda_q \sum_{q=2007}^{2016} treat_{i,t} \times t_{i,t} \times YERA^q + \beta_1 t_{i,t} + \beta_2 X_{i,t} + \alpha_i + \varepsilon_{i,t}$$

(7-11)

式中 q 代表年份，显然，中央一号文件的实施对处理组和对照组的农村产业融合的变动分别为 $\beta_0+\beta_1+\lambda_q$ 和 $\beta_0+\beta_1$，因此 λ_q 为政策实施对处理组历年的动态边际处理效应。

表7-4 指标说明及主要变量描述性统计

变量符号	变量	统计方式	数据来源	最小值	最大值	中位数
I	农村产业融合发展水平	本书测度结果	本书测度结果	-2.030	2.802	-0.108
Gov	地方政府规模	政府财政支出规模（北京=1）	中国统计年鉴	0.135	2.236	0.807
Def	财政赤字	财政支出/财政收入	中国统计年鉴	0.298	6.393	1.443
Investment	固定资产投资规模	本期新增固定资产的对数	中国统计年鉴	-1.897	10.509	6.510
Structure	产业结构	第三产业占GDP比重	中国统计年鉴	0.044	0.803	0.400
Indus	工业化程度	工业占GDP比重	中国统计年鉴	0.092	0.527	0.408
Saving	储蓄率	年末城乡储蓄余额/GDP	中国统计年鉴	0.378	1.333	0.703
Edu	教育水平	高中及以上就业人员比重	中国劳动统计年鉴	5.066	27.502	13.675
Stru_exp1	支出结构	农林水事务/财政支出	中国财政统计年鉴	2.134	20.372	11.690
Stru_exp2	支出结构	农林水事务支出，取对数	中国财政统计年鉴	2.577	7.001	5.568

接下来结合PSM-DID方法对模型进行估计。在进行模型估计之前,为了避免出现伪回归问题,首先检验变量的平稳性,本书使用LLC、Fisher-ADF方法进行检验,平稳性检验结果如表7-5所示。LLC和Fisher-ADF为同根单位根和不同根单位根检验的指标。从表中看出,LLC方法检验显示,I变量的t值为-7.6189,远远小于1%显著性水平下的临界值,说明I变量在1%的显著性水平上拒绝存在单位根的原假设,即接受不存在单位根的结论,因此I变量为平稳的时间序列。同样地,gov、def、inv、is、ind、sav、edu、Stru_ exp1、Stru_ exp2变量都在1%的显著性水平上接受了不存在单位根的结论,都为平稳的时间序列。Fisher-ADF方法检验显示,各变量都在1%的显著性水平上拒绝原假设,与LLC方法检验的结果相一致,这也说明各变量均是平稳的时间序列。

表7-5 主要变量平稳性检验

变量	LLC	Fisher
I	-7.6198(0.000)	151.97(0.000)
Gov	-8.0667(0.000)	150.39(0.000)
Def	-8.4231(0.000)	189.40(0.000)
Investment	-9.4493(0.000)	195.08(0.000)
Structure	-8.7297(0.000)	169.44(0.000)
Indus	-9.4867(0.000)	169.66(0.000)
Saving	-8.1868(0.000)	149.87(0.000)
Edu1	-8.5718(0.000)	134.38(0.000)
Stru_ exp1	-9.7293(0.000)	173.27(0.000)
Stru_ exp2	-9.9216(0.000)	171.14(0.000)

注:表中选择的单位根检验方法为LLC和Fisher-ADF式,两个检验的原假设均为存在单位根。相应的汇报结果为t统计量和所有考察变量均为2阶单整。

进一步地,我们检验了各变量之间的多重共线性问题,相应结果见表7-6。通过"方差膨胀因子"VIF值来进行判定,Gov、Def、Investment、Structure、Indus、Saving、Edu、Stru_ exp1、Stru_ exp2的VIF检验结果依次为3.04、1.41、1.38、2.73、2.32、1.54、1.43、3.58、3.50、2.33,可以看出各变量的VIF检验值均远小于10,故不存在多重共线性问题。

表 7-6　多重共线性检验结果

变量	VIF 检验	1/VIF
Gov	3.04	0.329
Def	1.41	0.709
Investment	1.38	0.725
Structure	2.73	0.366
Indus	2.32	0.431
Saving	1.54	0.649
Edu	1.43	0.699
Stru_exp1	3.58	0.279
Stru_exp2	3.50	0.286
Mean	2.33	

在对数据进行初步检验后，下面开始进行实证估计部分。首先是对变量进行匹配。借鉴卢飞等（2019）的研究，本书选取 Logit 模型计算倾向得分并进行"核匹配"，同时附加"共同支持"假定，检验结果参见表 7-7。从表中可以看出，各变量在匹配后的标准化偏差均小于 10%，也通过了 t 检验，符合可比性原则，可以进一步做双重差分处理。

表 7-7　平行趋势检验结果

协变量	匹配与否	均值 处理组	均值 控制组	标准化偏差/%	标准化偏差缩小幅度/%	t 检验
Gov	匹配前	0.901 3	0.855 4	10.8	42.6	1.01
Gov	匹配后	0.905 6	0.879 3	6.2		0.49
Def	匹配前	1.846 7	1.577 5	30.9	81.8	2.88
Def	匹配后	1.848 4	1.799 4	5.6		0.41
Investment	匹配前	5.827 8	6.548 2	−30.0	80.3	−2.81
Investment	匹配后	5.880 6	5.738 7	5.9		0.45
Structure	匹配前	0.397 9	0.426 8	−31.7	86.6	−2.83
Structure	匹配后	0.396 8	0.392 9	4.2		0.51

表7-7(续)

协变量	匹配与否	均值 处理组	均值 控制组	标准化偏差/%	标准化偏差缩小幅度/%	t检验
Indus	匹配前	0.394 4	0.390 6	4.6	6.8	0.42
	匹配后	0.935 3	0.391 8	4.3		0.41
Saving	匹配前	0.687 8	0.743 3	−34.1	85.2	−3.09
	匹配后	0.687 5	0.679 2	5.1		0.54
Edu	匹配前	12.26	15.496	−76.1	92.2	−6.82
	匹配后	12.349	12.096	5.9		0.60
Stru_exp1	匹配前	12.335	10.402	58.6	94.7	5.38
	匹配后	12.277	12.173	3.1		0.30
Stru_exp2	匹配前	5.563 3	5.313 1	26.7	70.7	2.47
	匹配后	5.564 1	5.490 7	7.8		0.69

接下来对PSM-DID模型进行估计。在进行双重差分处理时，本书还进一步加入了固定效应进行处理，分别控制了地区固定效应和时间固定效应，双重差分方法（DID）对基准模型进行回归，估计结果如表7-8所示。表中展示了模型（1）和模型（2）分别加入控制变量前后的回归结果。根据模型（1），政府干预对我国农村产业融合发展的净影响系数为正的0.139 7，在1%的水平下显著，说明在不加入控制变量的模型估计中，政府支持农村产业融合政策使得处理组相比控制组提升了13.97%。在加入控制变量的模型（2）中，政府干预对我国农村产业融合发展的净影响系数为0.169 1，在1%的水平下显著，可以看出加入控制变量后的影响系数提升了2.94个百分点，也说明政府支持农村产业融合的发展战略确实加快了处理组农村产业融合发展的进程，即政府支持是推动农村产业融合发展水平提升的重要助推力量。此外，控制变量中的固定资产投资、储蓄率、教育水平、支出结构对农村产业融合发展呈现显著负效应，而工业化程度对农村产业融合发展呈现显著正效应。

表7-8 双重差分估计结果

变量	模型（1）估计结果	模型（2）估计结果
Treat	−1.777 2*** (0.136 4)	−2.373 5*** (0.188 5)

表7-8(续)

变量	模型(1)估计结果	模型(2)估计结果
T	1.979 0*** (0.051 0)	2.123 2*** (0.242 0)
Treat×T	0.139 7*** (0.051 1)	0.169 1*** (0.048 1)
Gov		-0.109 6 (0.132 0)
Def		-0.021 6 (0.016 2)
Investment		-0.013 1** (0.006 3)
Structure		0.054 5 (0.232 1)
Indus		0.459 3* (0.276 4)
Saving		-0.910 9*** (0.164 6)
Edu		-0.026 0*** (0.006 7)
Stru_exp1		-0.026 0*** (0.006 7)
Stru_exp2		-0.023 6 (0.099 2)
_cons	0.752 4*** (0.125 9)	2.316 8*** (0.476 9)
地区固定	固定	固定
时间固定	固定	固定
Adjusted_R^2	0.973 1	0.978 2

注：括号中为标准误，*** $p<0.001$，** $p<0.005$，* $p<0.01$。

考虑到政府政策实施一般是为未来经济发展提供指引作用的，政策实施效果通常具有滞后性，因此，接下来，本书进一步考察政策实施的动态边际效应，相应的估计结果见表7-9。表中展示了模型(3)和模型(4)分别加入控制变量前后的回归结果。模型(3)估计结果显示，2007年至2009年和

2011年的政策干预对农村产业融合发展的影响不显著，其余年份都呈现出显著正效应，并且随着年份的推进，净影响系数呈现逐渐增大的趋势。加入控制变量后的模型（4）估计结果显示，2007—2009年的政府干预对农村产业融合发展的影响不显著，之后的年份都呈现显著正效应，其净影响系数分别为0.187 2、0.149 9、0.204 3、0.213 4、0.233 7、0.275 3、0.320 5，都至少在5%的水平下显著。整体上看，鼓励实行农村产业融合发展的政策效用在2010年后开始逐步显现，政策效用除在2011年有所下降外，其余年份均呈现出上升趋势。可能的原因是：一方面，在响应政府号召初期，包括政策的推广、部署以及落实等需要花费相应的时间成本，二三产业的支农惠农方式也需要时间进行相应的转换等；另一方面，随着政策的实行，农村产业融合发展的经验积累日益丰富，加之政府财力的增长、后续政策的完善以及促进地区充分发展和均衡发展的政策导向，推动了农村产业融合发展相关政策影响效力的进一步加大。

表7-9 动态边际处理效应估计结果

解释变量	模型（3）估计结果	模型（4）估计结果
$YEAR^{2007} \times t \times treat$	0.000 4 (0.079 6)	0.009 0 (0.071 6)
$YEAR^{2008} \times t \times treat$	0.020 9 (0.078 6)	0.038 9 (0.071 5)
$YEAR^{2009} \times t \times treat$	0.099 3 (0.080 1)	0.105 0 (0.073 0)
$YEAR^{2010} \times t \times treat$	0.157 9** (0.080 1)	0.187 2** (0.072 3)
$YEAR^{2011} \times t \times treat$	0.124 9 (0.080 5)	0.149 9** (0.074 2)
$YEAR^{2012} \times t \times treat$	0.154 4* (0.080 5)	0.204 3*** (0.074 7)
$YEAR^{2013} \times t \times treat$	0.194 9** (0.081 5)	0.213 4*** (0.074 2)
$YEAR^{2014} \times t \times treat$	0.226 8*** (0.081 5)	0.233 7*** (0.074 1)
$YEAR^{2015} \times t \times treat$	0.175 2** (0.078 0)	0.275 3*** (0.071 4)

表7-9(续)

解释变量	模型（3）估计结果	模型（4）估计结果
$YEAR^{2016} \times t \times treat$	0.246 0*** （0.078 0）	0.320 5*** （0.070 9）
_cons	0.783 6*** （0.126 0）	2.719 1*** （0.478 2）
地区固定	固定	固定
时间固定	固定	固定
控制变量	不控制	控制

注：括号中为标准误，*** $p<0.001$，** $p<0.005$，* $p<0.01$。

7.3.2 市场化与农村产业融合发展

市场化和政府规模如何通过指标量化是研究该问题首先需要回答的，在国外较为常见的是经济自由度指数报告，我国学者通常是基于市场化的基本内涵对市场化程度进行度量，主要包括：①市场化构成方面的指标设定。较早的如卢中原和胡鞍钢（1993）的"四分法"①、国家计委的"两分法"②。②行业方面的指标设定。如白重恩等（2004）提出两种测度方法，一种是在测度区域专业化时构建的 Hoover 指数，该指标与 Gini 系数类似，并证实了区域专业化与市场化程度呈现负相关。另一种则是通过利税率和国有成分来检验地方保护主义从而市场化程度对经济增长的影响③。③综合方面，主要指樊纲等所著的市场化进程相关的报告。本书中，市场化水平尤其关注的是政府与市场间的相关作用以及产品市场、要素市场的发育程度等，从这一含义上讲，樊纲等编写的《中国市场化指数》报告更符合本书市场化的内涵。基于数据整理，本书首先给出市场化指数与农村产业融合的散点图，见图7-1。从图7-1中可以看出，农村产业融合发展水平与市场化指数整体上表现出正向的相关关系。在这里，我们进一步需要阐明的是，二者之间是否存在非线性关系呢？我们进一步给出了农村产业融合发展水平与市场化水平之间的高次拟合项。经做图比较，本书发现高次拟合后，二者关系仍表现出单调递增的关系，本书再次给出三次

---

① "四分法"即将社会化水平分为投资市场化、价格市场化、生产市场化和商品市场化。
② "两分法"即将社会化水平分为商品流动市场化和要素流动市场化。
③ 利税率的计算方法为国有企业税收与利润之和除以总销售额；国有成分比例为按总产出计算的国有成分比重。

和四次拟合的图谱，见图7-2。

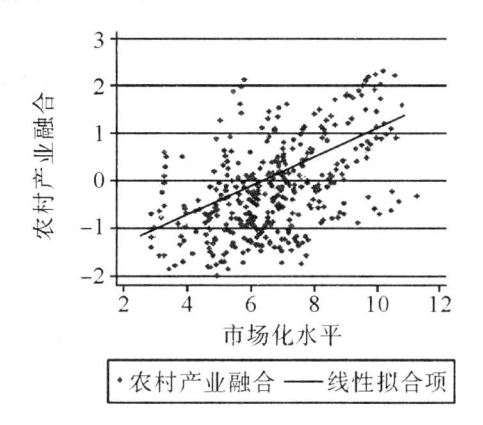

图7-1 市场化指数与农村产业融合发展水平

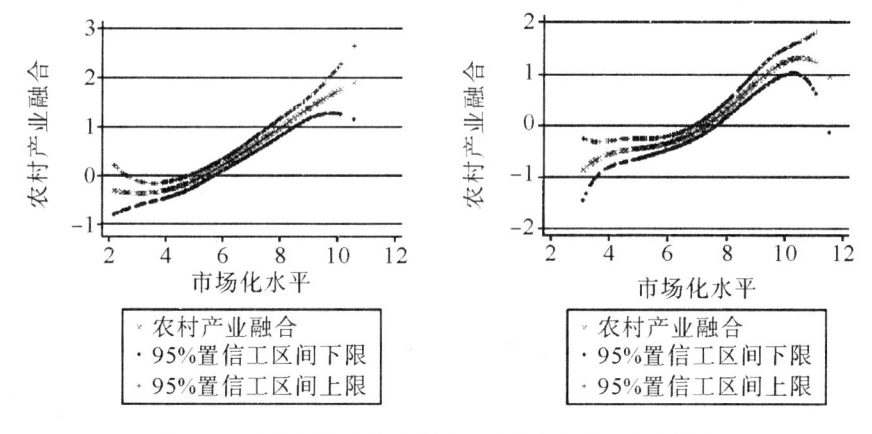

图7-2 市场化指数与农村产业融合发展水平高次拟合

结合上述分析可以看出，市场化水平与农村产业融合发展水平整体上表现出单调递增的特征。接下来，本书通过实证模型给出具体考证，估计结果见表7-10。表7-10中，估计结果（1）和估计结果（2）为使用固定效应模型估计所得，该估测结果也证实了上述分析，市场化水平的提升对农村产业融合发展表现出正向的促进作用。此外，考虑到本书的农村产业融合发展指数为多个指标的综合结果，因此难免存在与解释变量之间的内生性问题。同时，由于所选数据为"T小N大"的样本，且非随机数据，因此本书通过DWH对变量的内生性进行检验，结果拒绝了"变量外生"的原假设，市场化指数属于内生变量。继而，本书选取内生变量滞后1~3次项作为工具变量，选用xtabond2命令，借助工具变量和广义矩估计的方法（IV-GMM）消除内生性，所得结果见

表7-10中的估计结果（3）。可以看出，市场化指数也显著为正，单位市场化指数的提高会带动市场融合指数提升7.54%，结果较为稳健。

表7-10 市场化指数与农村产业融合发展的参数估计结果

变量	估计结果（1）	估计结果（2）	估计结果（3）
Market	0.109 3** (0.045 0)	0.081 5* (0.046 3)	0.075 4** (0.035 2)
_cons	-1.674 7** (0.295 3)	-0.919 8* (0.480 4)	-1.067 9** (0.434 3)
地区固定	固定	固定	固定
时间固定	固定	固定	固定
Adjusted_R^2	0.949 8	0.954 5	
估计方法	FE	FE	Sys-GMM
DWH检验F统计量 P值			8.643 1 (0.000)
AR（1）			0.786
AR（2）			0.102
Hansen			1.000

注：括号内为标准误，标准误聚类到地区，*<0.1，**<0.05，***<0.01。

7.3.3 农业经营主体成长与农村产业融合发展

本小节主要考察政府与市场综合作用下农业经营主体成长对农村产业融合发展的影响。本部分选取家庭农场和农副产品加工企业为研究对象。家庭农场作为我国现代农业发展最重要的组织形式，也是构建新型农业经营体系的基础支撑，主要集中在种养业生产环节（张红宇等，2017），并且近年家庭农场范围逐渐走向种养加的融合发展模式。家庭农场的数据源自《中国家庭农场发展报告（2016）》，农副产品加工企业的数据源自中国工业企业数据库。囿于数据获取受限以及工业企业数据库数据与本书研究考察时段相比年份较为久远，因此本部分以截面数据的分析为主。

需要说明的是，表7-11中的解释变量种植类农场比重指的是种植类家庭农场占总农场数量之比，土地转入比重指的是家庭农场土地流转的面积占其生产经营总面积的比重。表7-11的混合OLS回归结果显示：其一，从模型（1）~模型（4），种植类农场比重对农村产业融合发展都在1%的显著性水平上呈现正效应，说明家庭农场是农业生产环节的重要力量，是提供农产品加工企业原料的主要来源，为延伸农业产业链价值链奠定了基础，显著推动着农村产业融合发展。其二，家庭农场获取补贴金额对农村产业融合发展也呈现显著正效应，这说明对家庭农场进行财政补贴能够显著推动农村产业融合发展。其三，农场主年龄在10%的显著性水平上呈现正效应，说明土地转入比重对农村产业融合发展的影响呈现了一个"U"形曲线的特征。其四，该变量的一次项、二次项都在5%的显著性水平上分别呈现负、正效应，说明土地转入比重在农村产业融合发展的起始阶段为负向影响，随着土地流转制度、各项农业政策的完善，土地转入比重对农村产业融合发展的推动效应越来越大。种植面积的估计结果不显著。

表7-11 家庭农场发展与农村产业融合发展的参数估计结果

	模型（1）	模型（2）	模型（3）	模型（4）
种植类农场比重	2.8987*** (0.8798)	2.5675*** (0.9034)	2.6628** (1.1554)	3.7569*** (0.7009)
补贴金额	0.0529** (0.0250)	0.0447* (0.0282)		0.0638*** (0.0222)
种植面积			0.0272 (0.0841)	
农场主年龄		0.1525* (0.0775)	0.1700* (0.0829)	
土地转入比重				-21.2127** (9.0255)
土地转入 比重二次项				12.8481** (6.0800)
_cons	-1.1334* (0.6577)	-8.0234** (3.5237)	-8.7170** (3.8323)	6.7195** (3.2760)
R^2	0.2773	0.3477	0.3154	0.5251

注：括号内为标准误，标准误聚类到地区层面，*<0.1，**<0.05，***<0.01。

接着，结合中国工业企业数据库提供的数据进行分析。该数据虽距今时间较久，但考虑到其样本量大、统计详细等特征，现有的诸多文献中仍广泛采用该数据库的数据。由于2008年后，该数据库提供的一些关键指标，如增加值、总产值等的数据缺失，故而1999—2007年的数据样本被广泛使用。由于本书在该节的分析中希望分析以原材料为基础的农业企业的生产效率、企业特征等与农村产业融合发展的关系，因此我们选取2007年作为考察的时期。因此，本书对该部分的数据的处理过程大致可以概括为两步：第一步，对样本数据进行筛查；第二步，则是对甄别是否为农业企业的范畴。

参照聂辉华等（2012），本书对2007年工业企业数据的处理过程具体为：第一，剔除不符合会计准则的样本。主要剔除了总产值、工业增加值、就业人员、中间物品投入、总资产以及销售额等关键指标缺失、为0或者小于0的观测值；剔除了流动资产或固定资产当期净值小于总资产的样本，以及累计折旧小于当期折旧的企业样本；剔除了实收资本小于或等于0的样本企业，最终本书得到了2007年192 310个企业样本。对于企业是否为以农产品为原料，本书则是以该企业所属行业是否处于C13~C21的行业大类为判断依据，最终本书得到2007年的53 969例样本。

接着，本书对指标进行了选取。首先是对企业全要素生产率的测度，在现有文献中，对于微观企业样本进行TFP测度的主要是半参数方法，但是本书为截面数据，且选取年份为2007年，故而按照一般的研究时期（1998—2007年）无法判断企业的退出时间，因此本书选取OLS进行TFP的测算（测算结果见表7-12）。此外，本书的解释变量部分还包括企业存在时间、从业人员、增加值率、固定资产投资以及折旧等。其中，企业存在时间为2007减去企业成立时间；增加值率为增加值与总产值比值；折旧选取当期折旧，固定资产投资选取固定资产当期净值，并取对数。通过测度，除固定资产投资与折旧存在较大的相关性，大于0.5之外，其余变量均小于0.5，因此本书在进行实证估计时，选取分别添加固定资产投资和折旧的方法进行。

表7-12　农业企业发展与农村产业融合发展的参数估计结果

	模型（5）	模型（6）
全要素生产率	0.095（0.008）***	0.079（0.008）***
企业存在年限	0.002（0.000）**	0.002（0.001）**
从业人员	0.012（0.002）***	0.01（0.002）***
增加值率	0.218（0.044）***	0.285（0.044）***
折旧	0.007（0.001）***	
固定资产投资		0.019（0.001）***
_cons	-0.393（0.015）***	-0.275（0.018）***
R^2	0.326	0.321

注：括号内为标准误，*<0.1, **<0.05, ***<0.01。

表 7-12 的估计结果显示，模型（5）~模型（6）的农业企业全要素生产率对农村产业融合发展在 1% 的显著性水平上呈现显著正效应，两个模型的影响系数依次为 0.095、0.079。这说明技术创新是农村产业融合发展的重要动力，正是技术进步逐渐打破产业边界，使得产业边界模糊，从而促进产业交叉融合发展。此外，企业存在年限、从业人员、增加值率、折旧、固定资产投资这几个变量也都至少在 5% 以上的显著性水平呈现显著正效应，农业企业发展显著推动了农村产业融合发展。农业企业拥有先进技术、管理经验、融资平台等优势，是现代农业发展的中坚力量，也是引领农户脱贫致富的基础支撑。要通过完善政策支持和制度供给，以及完善要素市场配置为农业企业营造良好的外部环境，充分发挥农业企业在带动农户共同发展和推动农村产业融合发展中的重要作用。

7.4 小结

本章基于"政府、市场、经营主体"三个维度的基本框架，构建了一个"一政府、两部门"的理论模型，接着依据农村产业融合发展的内涵和外延从"整体融合、深度融合、融合绩效、融合潜力"四个维度对产业融合指标体系进行刻画，运用主成分分析方法测度出 2005—2016 年我国 30 个省（西藏除外）的农村产业融合发展水平，并进行了可视化分析。在理论模型推导和农村产业融合发展水平测度的基础之上，进一步进行"三个维度"的实证检验，分别是验证政府干预对农村产业融合发展的作用机理、考察市场机制作用下农村产业融合发展的态势，以及政府与市场的综合作用下农业经营主体成长对农村产业融合发展的影响。实证检验结果显示：

①政府支持是推动农村产业融合发展的重要力量，同时政策实施的动态边际效应表明，鼓励实行农村产业融合的政策效用在 2010 年后开始逐步显现。政策效用除在 2011 年有所下降外，其余年份均呈现出上升趋势，并且近年政策的影响系数上升较快。反之，政策支持和制度供给不足也是制约当前我国农村产业融合发展水平提升的重要因素。

②市场化水平提升对农村产业融合发展表现出正向的促进作用，并进行了内生性处理和稳健性检验，结果都支持该结论。反之，要素市场机制扭曲导致的要素流动瓶颈、交易成本高昂等，制约着市场化水平的提升，进而阻碍着我国农村产业融合发展。

③政府与市场综合作用下的家庭农场发展、农业企业成长对农村产业融合发展呈现显著正效应,说明发展壮大新型农业经营主体、充分发挥经营主体功能是实现农村产业融合发展的重要动力。

8 国外农村产业融合发展的经验借鉴

目前，不论是在发达市场经济体制国家，还是在发展中国家，农村产业融合发展已经成为全球农业产业发展的趋势。本书对比分析了日本、韩国以及法国、荷兰、美国的农村产业融合经验。日本、韩国与我国农村产业发展较为相似，具有小农经营的特征，法国、荷兰则为欧洲农业生产大国，美国为世界农业强国，都具有农村产业融合的成功经验，对这些国家的农村产业融合经验进行梳理和总结，可为我国促进农村产业融合发展提供经验借鉴。尤其是在中国特色社会主义新时代下，我国城乡关系进入深化改革阶段，农村产业融合发展是推动城乡关系走向融合的关键抓手，借鉴相关国家农村产业融合历程中成功或失败的经验，有利于我国突破在农村产业融合发展过程中存在的瓶颈。

8.1 日本农村产业融合发展的经验

8.1.1 日本农村产业融合发展的基本现实

20 世纪 90 年代，针对日本农村农业发展面临的困境，学者今村奈良臣提出"六次产业"的概念，其内涵就是第一产业与第二产业、第三产业的相加或相乘产生新的经济效应。他从强调农业生产、加工、流通、休闲农业等产业链的延伸转变为强调农村相关产业的整合与渗透。由于 1+2+3 或 1×2×3 都等于 6，因此称为"六次产业"，其实质是通过农业产业链的延伸和产业范围的拓展推动农村产业融合发展。21 世纪以来，在"六次产业"的农业发展理论的指导下，日本政府积极推进农业主导型的"六次产业化"发展战略，这其中有着深刻的社会经济背景。

日本是一个东方岛国，农业发展具有人口多、耕地面积极其有限的特征。在第二次世界大战之前，日本半封建土地制度下的农业生产水平很低，粮食产量不能满足国内需求。第二次世界大战后，日本农业生产遭到很大破坏，全国性的粮食危机成为战后初期面临的主要问题。受寄生地主土地所有制对农业生产的约束影响，大部分耕地集中在少数寄生地主手中，广大农民被迫租种地主的土地进行零散的小农经营。粮食危机激发了地主与佃农的矛盾，政府不得不对农地进行改革，颁布了一系列确保粮食增产、扩大耕地面积、提高农业生产率等的政策法规。比如，日本政府政府制定了《紧急开垦实施要领》《农业协同组合法》《土地改良法》《土地法》等各项农业政策法规。通过农地改革日本打破了封建土地所有制，形成了以小规模自耕农为主导的农业经营形式，促进了战后日本农业生产力的恢复和发展，为此后日本农业的现代化奠定了坚实基础。20世纪50年代中后期，日本推行了新农村建设运动与产业融合发展的实践。1956—1962年，日本农村产业融合取得了长足发展，这与政府的支持和引导有着直接的关系。一方面，制度层面的支持与引导。这一时期，日本政府积极建立和健全农村各种体制机制，为农村开展产业融合提供了较好的制度环境。另一方面，政府提供资金支持，并引导社会资金扶持农业发展。日本政府通过财政补贴加大农业技术研发、推动农村基础设施建设等。同时，强调"工业反哺农业、城市支持乡村"运动，鼓励经营主体自行完善农村基础设施，引导农村挖掘当地发展资源，提振乡村产业发展，提高农民的收入水平。2011年，日本进一步通过法律的形式确立了产业融合政策的地位。第二次世界大战后，日本政府对乡村产业发展的政策支持和相关法律的演变如表8-1所示。

表8-1　日本政府对乡村产业发展的相关政策和法律支持

时间	政策和法律（颁布时间）
1946—1960年	农业协同组合法（1947）、《土地改良法》（1949）、《农业委员会法》（1951）、《农地法》（1952）、《农地改革法》（1964）
1961—1980年	《农业基本法》（1961）、《山村振兴法》（1965）、《农业振兴地域整备法》（1969）、《农地法修订》（1970）、《农村区域工业化导入法》（1971）、《生产绿地法》（1974）、《农振法（修订）》（1975）、《农用地利用增进法》（1980）
1991—2000年	农林水产省"新食品·农业·农村政策方向"（1992）、《农业经营基础强化促进法》（1993）、《可持续农业法》（1999）
2001—2010年	《农林水产省设立农村振兴局》（2001）、《有机农业推进法》（2006）、《农地修订法》（2009）、《六次产业化：地产地销法》（2010）
2011年至今	《六次化基金法》（2012）、《农地中间管理事业法》（2013）、《农业多功能发挥促进法》（2015）

注：根据相关文献整理得来。

20世纪50年代到80年代中后期,日本经济进入高度发展时期,工业化和城镇化的快速发展带动农业劳动力大量转移到城镇和工业部门。这一时期日本工业和城市工商业迅猛扩大,大规模的资本积累也引起对劳动力的需求急速扩张,因此正是日本经济的恢复和快速发展,为农业剩余劳动力的转移奠定了基础。1950年,日本第一产业就业人数为1 720万人,占当时就业总人数几乎一半,然而到了1995年第一产业就业人数只有382万人,只占就业总人数的6%(史美史,2006)。表8-2列出了日本1950—1980年农业劳动力的变化。

表8-2　1950—1980年日本劳动力的变化

年份	就业人数/万人	第一产业就业人数/万人	就业人口构成		
			第一类产业/%	第二类产业/%	第三类产业/%
1950	3 562	1 720	48.3	21.9	29.8
1955	3 926	1 611	41.0	23.5	35.5
1960	4 369	1 423	32.6	29.2	38.2
1965	4 761	1 173	24.6	32.3	43.0
1970	5 223	1 007	19.3	34.1	46.5
1975	5 314	735	13.8	34.1	51.8
1980	5 566	606	10.9	33.5	55.4

资料来源:韩俊,1994. 跨世纪的难题[M]. 太原:山西经济出版社:94-95.

第二次世界大战后,日本农业劳动力转移速度甚至超过了同时期内许多发达国家,日本仅用三十多年就完成了欧美发达国家需要近百年才能完成的农业劳动力转移任务。2003年日本的农业劳动力只占就业总人数的3%。表8-3列出了日本农业劳动力转移速度和其他国家的比较情况。但是劳动力转移太快也导致农村经济发展严重滞后的困境。统计数据显示,1980年日本的户均规模只有1.01公顷,农户经营规模小导致农业生产成本过高、国际竞争力不强、乡村劳动力供给出现不足的问题,以及快速城镇化和工业化过程中将工业和生活废弃物转向农村地区,导致农村地区生态环境日趋恶化。正是在这些现实困境下,日本政府积极开展了农地改革、乡村振兴、农村产业融合等,以提供政策支持和法律保护,推动农村经济发展和乡村产业振兴。

表 8-3　日本农业剩余劳动力转移速度与其他国家的比较

国家	观察期间	相隔年数/年	农业劳动力份额变动/%	年均递减百分率/%
日本	1930—1980 年	50	49.7~10.9	2.99
韩国	1950—1980 年	30	48.3~10.9	4.84
美国	1880—1960 年	80	51.3~9.5	2.09
法国	1856—1975 年	119	51.7~10.0	1.37
丹麦	1874—1970 年	96	51.1~10.6	1.63
加拿大	1871—1965 年	94	52.9~9.5	1.81

资料来源：韩俊，1994. 跨世纪的难题 [M]. 太原：山西经济出版社：58.

在振兴乡村经济的推动作用下，日本的农村经济发展取得了显著成效，六次产业融合发展水平也有很大幅度的提升，日本农业现代化水平迅速发展。20 世纪 60 年代，日本的田间耕作、植保、运输等环节基本实现了现代化，农户的机械拥有率很高，农业生产率显著提高。关键性农产品也得到有效供给，比如，20 世纪八九十年代日本稻米始终可以满足国内 90% 以上的消费需求，其间甚至高达 99% 以上（徐雪，2018）。农村产业融合发展的成效显著，根据日本金融公库对全国范围的六次产业化追踪调查发现，六次产业化对农村和农民都带来了积极影响。调查结果显示，与传统的经营方式相比，采用六次产业化经营方式对经营主体增收具有显著正效应。在接受等量资金援助的情况下，采用六次产业化经营方式的经营主体销售量增加了 24.7%，附加值增加了 29.3%，并且创造的附加值的 60% 返回到了从业人员的工资收入之中，这类经营主体的收入增长率达到 32.0%。而相对应地保持传统经营方式的农户销售量只增加了 14.6%，附加值额增加了 17.8%，其中附加值仅有 31.8% 归属于从业人员的工资，收入增长率只有 9.1%（路征，2016）。从宏观上看，2015 年，日本六次产业化的相关销售额为 1.97 万亿日元，其中农产品直销店销售额为 9 974 亿日元，农产品加工增加额为 8 923 亿日元，休闲农业营销额为 378 亿日元，六次产业化与农业相关的销售额年均增速达 18.4%（路征，2016）。在政府对农村产业融合发展的政策支持和法律保护的推动作用下，日本的第六次产业化取得快速发展，给农村和农民都带来了显著的社会经济效益。

8.1.2　日本农村产业融合发展的经验性事实

日本作为一个后发的资本主义国家，着手实现农业现代化的时间较短，但发展速度很快，其中一个显著特征就是日本政府对农业发展的高度重视。第二次世界大战后的日本政府积极推进农地改革、制定了一系列支持农业发展的政策措施和法律，形成了独具特色的农业支持体系和农业保护体系。20 世纪 90 年代中后期，在六次产业化理念的引导下，日本政府开始实施六次产业化发展的计划，农村产业融合发展的成效显著，其成功经验主要得益于以下三个方面。

一是政府强有力的政策支持。日本政府一直高度重视农业发展问题，保障对农村和农业的资金投入，推行有利于增加农民收入的价格政策，实施产业政策支持和农业补贴，以及促进农村产业融合发展的相关制度改革和建设等。2008 年，日本政府依据"六次产业化"发展理念推出《农工商合作促进法》，目的在于鼓励农业经营者与中小企业之间的合作发展。到了 2013 年，日本政府正式提出大力推进"六次产业化"发展方针，强调延伸农业产业链。之后政府陆续发布了有关"六次产业化"发展的相关政策文件，如《六次产业化白皮书》《农山渔村六次产业化政策实施纲要》《农业主导型六次产业化准备工作实施纲要》等，并对"六次产业化"进行全面规划，建立专门的组织机构保障该战略的有效实施。同时，日本政府的财政支持也是政府作用机制的关键所在。20 世纪 50 年代后，日本政府对农业发展的资金投入已占国民经济投资的 20% 左右（史美兰，2006），20 世纪 60 年代后更是加大了农业的资金投入力度，也为"六次产业化"提供了基础条件。日本政府为了推动"六次产业化"，还推出了定额补贴、比例补贴等财政补贴，以及低息贷款。2010 年日本政府和企业合作出资成立农林渔业成长基金，通过政府补助金、股权投资、贷款等形式提供资金支持。日本政府对农业的支持和保护机制是推动"六次产业化"迅速发展的重要保障。

二是培育和加强经营主体功能。在推进"六次产业化"发展的过程中，日本政府大力支持和鼓励本土化的经营主体成长，加强经营主体参与农村产业融合发展的能力。比如，2008 年政府颁布的《农工商合作促进法》中鼓励中小企业与农林渔生产者合作开发新产品和提高农业生产经营的综合价值，其目标就是促进农林渔业的生产者成为农工商经营主体。并且为了保护其利益，政府将工商业的出资股份控制在 49% 以下，在 2010 年政府颁布的《六次产业化：地产地销法》，因地制宜地通过"地产地销"将农业与工商业紧密结合起来，构建起农工商合作体系。同时，充分发挥农业协会的作用，提高农民的组织化程度。农业协同工会（下称"农协"）是日本农民自主、自助、自治的经济组织，也是在政府的积极扶助下积极为农户提供服务的农民合作组织。它将分散的农户组织起来，为农户提供农业生产、经营方面的服务，包括指导农业生产、农村信贷和保险、采购生产资料、共同利用大型基础设施、销售农副产品等，与农户结成了经济利益共同体。这为日本农业的专业化、规模化、社会化发展提供了有力保障，也为"六次产业化"发展奠定了组织基础。

三是健全和完善法律法规体系。日本政府为了农村和农业发展，构建了全面的法律法规体系。为了推进土地制度改革，先后制定和修改了农业土地利用有关的法律法规六十多部，比如《农地法》《土地改良法》《农业振兴地域整备法》等。为了城乡协调发展，制定了《半岛振兴法》《山区振兴法》《向农村地区引入工业促进法》等。为了提升农业生产效率，制定了《农业者认定制度》。为了减轻农业生产的自然风险，建立了较为全面的农业保险制度。目前，日本已经陆续建立较为健全的农业法律体系。与"六次产业化"发展相关的法律主要有《农山渔村"第六产业"发展目标》《第六产业法》以及《中小企业新事业活动促进法》《地区产业集群形成法》等，这些法律法规在促进日本"六次产业化"中发挥着法律保护作用。

四是重视农业技术的研发和推广。日本一直重视农业技术的研发，1893年就成立了专门从事农业研发活动的国立农业试验场。到了1978年，与农业相关的科研机构就已经超过七百多家，其中国立与公立机构占比为60%，逐渐形成了一个全国农业科研网络（金明善等，1990）。并且构建了"产学研企"结合的模式，以市场需求为导向进行农产品的研发和销售，促进科技创新的应用和转化。同时，日本政府十分重视对农业经营主体的综合培训，从产前的技术研发到产后的营销技能等均有完备的培训项目，并通过中央层面或地方层面的农业技术交流、品牌建设研讨会、实地调研等活动提高农业从业者的综合能力，为延伸农业产业链、提升价值链提供了技术支持。

8.1.3 日本农村产业融合发展的基本经验

综合来看，日本推动农村产业融合发展的经验可总结为四个方面：一是政府强有力的政策支持，通过保障农村农业发展的资金投入、产业政策支持与农业补贴、增加农民收入的价格机制以及相关制度改革等作用机制，为提高日本农村产业融合发展水平提供了重要保障。二是大力鼓励和支持本土化的经营主体成长，并加强经营主体参与农村产业融合发展的能力。充分发挥农协组织的带动作用，农协与农户之间形成了紧密的经济利益共同体，提高了农户的组织化程度，为农村产业融合发展提供了扎实的组织基础。三是为农村产业融合发展健全和完善相关的法律法规体系，尤其是为推进土地制度改革陆续制定和修改农业土地利用有关的法律法规，为了减轻农业生产的自然风险健全了农业保险制度，以及近年为推动农村产业融合发展陆续健全了相关法律。四是重视农业科技的研发和推广。成立了专门从事农业研发活动的国立农业实验场，并构建"产学研企"模式，重视对农业从业者综合能力的培训，促进了农业科技的研发和应用，为延伸农业产业链、提升价值链提供了技术支持。

8.2 韩国农村产业融合发展的经验

8.2.1 韩国农村产业融合发展的基本现实

韩国农业是典型的东亚国家人多地少的生产条件，耕地面积有限，约占韩国面积的22%，耕地面积只有200万顷，耕地中的60%是水田、40%的旱地，人口承载压力较大，因而小规模生产是农业组织的主要方式。第二次世界大战之后，韩国的经济陷入困境，粮食短缺成为战后农业生产的一大难题。政府为了解决严重的粮食短缺、恢复农业生产而进行了土地改革。这次土地改革的宗旨是废除旧的租佃关系，平均地权，实行耕者有其田。韩国的土地改革对其农业发展和农村的社会结构产生了重要影响，为后来的"新村运动"奠定了基础。

进入20世纪60年代后，韩国的农业制度和农业政策逐渐完善。1962年，政府制定了第一个经济开发五年计划、和之后的第二个五年计划，并制定了《土地改良事业法》《开垦促进法》《农渔村高利贷整顿法》等法律法规。这一系列的政策和法律的出台对恢复农业生产起了重要作用。同时，韩国政府也认识到韩国自然资源缺乏，人多地少，以农业为基础的发展不能取得成功，因此，政府积极推行以制造业出口为导向的经济发展战略。这一战略的实施不仅促进了工业发展，而且带动了农村剩余劳动力向城市和工业转移，农村劳动力市场发生了显著变化。随着工业化的快速发展、现代化水平的提高，韩国经济出现了不均衡发展的情况，农业生产明显滞后，比如，出现了农村和农业结构性矛盾突出、农民增收困难、城乡收入差距持续拉大等问题。也正是农村农业发展中的一系列问题使得韩国农业生产出现较大幅度波动，迫使韩国政府推行了"新村运动"，继而出台了一系列支持农村农业发展的政策措施，涉及农产品价格体系的调整，比如多项支农惠农补贴政策、多种经营政策、"开放农政"与"综合开发"政策。同时，韩国政府加大了对农业各类现代要素的投入，借此提升农业劳动生产率，提升农业生产的增加值率，从而进一步加速农村产业融合。

　　20世纪70年代后,韩国政府推动农村产业融合发展的实践可以分为四个阶段:1971—1976年,韩国政府积极改善农村基础设施建设,补齐公共设施短板,为农村产业融合发展奠定基础。1977—1980年,政府鼓励和支持农产品加工业、特产农业以及农村金融业、流通业等发展,促进农业经营方式多元化。20世纪80年代后到2010年,政府职能的转变,提升社会管理水平,政府主要侧重社会文明建设和经济开发,同时也出现了农村综合开发、六次产业研究等组织机构为六次产业发展提供配套服务。自2010年前后起,韩国政府进一步推广"农工商+政产学研"模式实现农业多功能的价值增值,加大对农村产业融合发展的政策支持。

　　综合来看,第二次世界大战后,韩国确立了以工业为中心的经济发展战略,将农业作为工业发展的手段,为工业提供廉价劳动力和粮食供应,这种以牺牲农业和农村为代价的发展战略必定会对农业农村发展造成损害。但是政府积极实施农业振兴政策,推行农地改革,出台了一系列农业保护政策,推动了以"自足、勤劳、合作"为基本精神的"新村运动",对恢复和促进农业发展具有重要意义,也为韩国农业第六次产业发展奠定了基础。在20世纪80年代,韩国的农业发展思路和政策都发生了转变,转变为积极开放农产品市场、推行农业自由化。为此,韩国政府采取了农业的资本化为核心的一系列措施,这种政府的资本化农业政策使韩国农业陷入危机。1995年韩国对外开放取得了重大进展,这一年韩国加入世界贸易组织,对韩国农业而言,国内市场的进一步开放随之而来的是世界市场的冲击,这也进一步加重了韩国的农业危机,农产品价格下跌、农民收入下滑、农村衰退成为这一阶段的典型表现,传统农业的发展面临巨大挑战。在20世纪90年代末,韩国政府主导的产业政策强调产业融合对乡村产业发展的重要性,因此在政府主导与农民、组织机构参与的共同作用下开展了六次产业化实践,逐步推进申请、经营主体认定、规划、实施四个阶段的工作。由国家农业部门负责执行工作,地方各级农业部门负责实施推进工作。2014年韩国政府颁布了《农村复合产业培育与发展支援法》,为六次产业化发展提供法律保障。目前,韩国的六次产业化在政府的积极推动、地方政府的大力支持以及农民与合作社的参与作用下,对农村经济发展、农户收入增长等方面都发挥了一定作用。2014年,韩国农林部认定的四百家六次产业经验示范体的销售额比上年增长了11.2%,一些合作社通过发展六次产业,带动入社农户收入显著增加(王乐君等,2016)。

8.2.2 韩国农村产业融合发展的经验性事实

韩国农业的发展离不开政府一直以来的支持和保护,从第二次世界大战后的农地改革、政府鼓励和支持农业发展的政策体系、新村运动到六次产业化发展,政府的政策支持和保护是农业发展的重要基础。政府在推动六次产业化发展中不能缺位,但也要看到政府推行的农业政策是否符合本国国情、是否适应生产力发展水平。不可否认韩国政府的政策支持对农业发展的贡献,但同时,在20世纪80年代后,随着对外开放农产品市场的加深,韩国政府积极推行市场化的农业政策,推进土地规模经营和农业的资本化,但是这种政策并未持续促进农业发展,反而随着韩国对外开放的加深,引起了农业的急剧衰退、竞争力下降,加深了农村经济的衰落。因此,从政府作用机制的角度来说,只有当政府实行的农业政策符合本国经济发展规律时才能促进农村农业的发展。从经营主体来看,韩国的农协组织、合作社等经营主体通过带动农户加入组织,经营主体之间的融合互动推动了农村产业链的延伸,促进了六次产业化的发展。目前,韩国的六次产业化发展取得了显著成效,其成功的经验可以归结为以下三个因素:

一是政府的政策支持和农业保护机制。为了推进六次产业化发展,韩国政府大力推行财政金融支持政策。政府设立了专项资金,为六次产业化经营主体提供补贴、投资以及贴息等服务,比如低利率贷款、无偿还贷款和特定数额补助、最大限额补助等,以保证六次产业化经营主体在农业生产的各环节拥有充裕的资金支持。2013年,韩国农林食品部与民间共同出资构建起"农业产业融合相生资金"(共计100亿韩元,政府和民间出资的比例为7∶3);2014年韩国政府继续追加投资用于农业基础设施的兴建以及对经营主体的补贴(陈曦等,2018)。同时,政府建立和完善了管理体制。韩国在中央层面和地方层面都设有专门负责六次产业化发展的司局和处室,主要负责发展规划、六次产业认定、投资支持与指导等。中央和地方政府都设立了六次产业化支援促进中心,并建立了专家服务团队,为农民提供产品设计、包装设计、技术培训等服务。到了2015年,韩国政府认定了九个以绿茶、酱菜、葡萄等为主导产业的六次产业示范区,1 400多个六次产业化经营示范主体(王乐君等,2016)。

二是韩国政府建立健全了与农村产业融合发展相关的法律。1983年,韩国政府制定了《农渔村收入源开发促进法》,该法律的出台为农业经营主体获得合理的非农收入提供了法律上的支持。2004—2010年,韩国政府进一步健全了法律来支持"第六产业"发展,相关法律包括《食品产业振兴》《农渔业经营主体培育及支持法》《农民等非农收入支援法》《农村融合复合产业培育及支援法》等，形成了韩国六次产业化发展的法律支持体系。

三是充分发挥农协组织、合作组织的作用。韩国各地区的农协组织在农业发展中发挥着重要作用，而且是政府推行政策的重要窗口。一方面，政府凭借其自身的权威性设立专门的部门对农协组织起着引导、协调作用，可以有效放大农协组织在农产品流通、生产资料补给等方面发挥重要作用，有利于降低交易成本，完善农产品生产价值链。另一方面，政府可以依托自身的资质，借助农协组织为农业经营主体提供低息贷款，农协组织、专业合作社等组织将农户组织起来进行农业生产活动，提高了农户的组织化程度与应对市场风险的能力，有利于解决分散农户、小规模农户与大市场相对接的问题，让农民直接参与和分享到产业融合发展的增值收益，对促进六次产业化发展发挥着重要作用。

8.2.3 韩国农村产业融合发展的基本经验

综合来看，韩国推动农村产业融合发展的经验有三点：一是政府的政策支持和农业保护机制。为了推动农村产业融合发展，政府大力推行财政金融支持政策，为经营主体提供补贴、投资以及贴息等服务，重视对农业基础设施、水利建设、农产品的补贴等。同时，健全和完善有关农村产业融合发展的管理体制，在中央政府和地方政府都设有专门负责农村产业融合发展的管理机构与支援促进中心。二是健全和完善了有关农村产业融合发展的法律法规，针对农民非农收入增长、农业观光业发展、经营主体培育与支持、农村融合产业培育和支援制定了相关法律，形成了韩国农村产业融合发展的法律支持体系。三是充分发挥农协组织、合作组织的引导作用，通过农协组织、专业合作社等组织将农户组织起来，提高了农户的组织化程度和应对市场风险的能力，推动了农村产业融合发展。

8.3 法国农村产业融合发展的经验

8.3.1 法国农村产业融合发展的基本现实

法国拥有欧洲最大的农业生产规模，2017年农业增加值达到389.86亿美元，相当于意大利和德国的1.05倍和1.67倍。根据数据可知，2017年法国农村人口占总人口的比重为19.82%，低于欧盟平均水平[1]。但是，从农村人口的绝对量来看，法国农村人口的数量在20世纪60年代相当于意大利人口的0.87，2017年这一比值降低至0.74。根据世界银行统计数据，欧洲多数国家的人均耕地面积在20世纪60年代以来均呈现下降趋势。与意大利和德国相比，法国人均耕地面积虽有下降，但是仍处在较高水平。2017年法国人均耕地面积达到0.28公顷/人，相当于意大利和德国的2.55倍和1.91倍[2]。相对丰裕的土地资源不仅塑造了法国的农业结构，也使得法国成为欧洲重要的粮食生产基地，牲畜存栏数在欧洲也是首屈一指。但是2016年法国粮食产量达到7 570千克/公顷，相当于意大利和德国的1.41倍和1.01倍。据法国统计局数据，法国的牛的存栏数占欧盟的22%，也显示出法国是欧洲重要的农业强国。

法国农业用地面积由20世纪60年代占欧盟的16.43%降至2015年的15.57%；农业增加值则占欧盟的16.30%（2017年），其间在1995年甚至高达17.29%，可以看出农业产业仍具有较高的附加值。法国农业人口占欧盟的比重始终在10%以上。与我国相比，法国农业用地面积在20世纪60年代仅相当于我国的10.09%，这一比重在2017年降低至5.44%。与之相对，农业产业整体的附加值则由相当于我国的47.62%降低至4.02%。但是，法国农村人口的人均产值相当于中国的1.76倍。这其中较为典型的也是值得说明的是，我国单位面积耕地化肥使用量畸高，机械化程度较法国仍有较大差距。按照世界银行的统计，法国每100平方千米耕地拥有的拖拉机数量在1981年达到峰值，为847.08台，远高于我国。我国农业机械拥有量与之相比，直到进入21世纪后这一差距才降至10倍以内。此外，农村产业融合是法国农业发展的关键措施，法国农村产业融合始终处于较高水平。按照法国投入产出表统计[3]，法国2014年制造业对农业生产（大农业范畴）的中间投入（含进口制造）占总产出的22.80%，第三产业中间投入的比重约为13.90%。而这两者的比重在2000年已经分别达到为21.45%和11.86%，可以看出法国农村产业融合处于较高水平。

制造业与第三产业对农业生产的中间投入是法国农业发展、农村繁荣的重要推进手段和实践经验，是法国农村产业融合在数据上的直观展示。制造业产品作为中间品投入主要体现在法国农业发展的机械化、智能化、数字化，从而较大幅度提升了农业产业附加值，强化了农业产业竞争力，促进了法国农业农

---

[1] 数据来源：世界银行官网，https://data.worldbank.org。
[2] 数据来源：世界银行官网，https://data.worldbank.org。
[3] 数据来源：World Input-Output Database，http://www.wiod.org/home。

村的现代化，为第三产业与农业的融合奠定了坚实基础。第三产业的融合不仅推动了"旅游+农业""互联网+农业"等模式的兴起，农村创意产业、文化产业的繁荣也是践行产业融合的重要体现。

第二次世界大战之后，法国农业衰退、农村凋敝。起初，法国通过土地集中分配等政策，规避了小规模经营的弊病，扩大了土地经营规模，加之推行农业补贴、生产奖励、借贷支持等的政策，极大地推动了农业现代化，农业机械化广泛普及。随着欧洲共同体共同农业政策的实行，法国逐渐从仅关注农业生产到以农村优先发展为支撑，综合关注农村经济、社会、环境发展。2014年以来，新一轮的共同农业政策注重提升农业绿色发展和产品质量。在整个农业的发展过程中，法国实现了农业发展、乡村发展到综合平衡发展的转变。在这一转变过程中，法国注重培育新型农业经营主体，如对农业合作社进行补贴、鼓励合资购买农机具等，提升了农业机械化水平。同时，智慧农业也是重点推进的方向，自动化、智能化的庄园经济在法国较为常见。此外，政府着力推动以农村旅游为核心的农业产业融合发展，并形成当地农产品为主，采取即时消费的方式，形成了独具特色的乡村旅游。创意产业是法国农业的名片，如波尔多的葡萄酒产业等，均具有特殊的文化内涵，品牌外溢效应显著。法国农业借助互联网、多媒体等新兴传媒方式，打造农产品营销平台，推出个性化定制服务等节省农业经营主体生产和经营成本。此外，政府积极为经营主体服务，履行了政策宣传、科技推广、职能培训等多项义务，为农业经营主体享受政策优惠、提升自身素质等起到了积极作用。按照马洁（2016）的统计，2010年，乡村旅游是法国旅游的重要组成部分，乡村旅游的收入额占到法国旅游的50%，达到200多亿欧元。时下，法国更加注重农业生产的生态效应，并出台相关的文件力争在2050年前实现农业的碳均衡，更加注重农业生产的绿色化、生态化，以保障农产品的质量，提升农产品的安全性，包括：农业生产"氮"的高效管理；可再生能源（如粪肥）的合理使用；土壤、水源、草地等的保护；生物经济的发展等。[1]

8.3.2 法国农村产业融合发展的经验性事实

法国农村产业融合发展的典型特征是"农业"与"旅游业"的融合，打破了两种不同产业之间的边界，并且将旅游产业的生产方式移植到农产品生产

---

[1] 数据来源：Overview of French climate actions for agriculture, agrifood, forestry and the bio-economy，法国统计局官网，https://www.insee.fr/fr/accueil。

过程，从而有效发挥了农业产业的多功能性，培育了农业生产的不同组织模式，从而拓展了农业产业链和价值链，推动了农业与旅游业的深度融合。第二次世界大战后，法国农村经济发展落后，在政府的政策支持与法律保护机制、技术创新与运用，以及经营主体的推动作用下，法国乡村旅游发展起来，促进了农产品的"地产地销"，为法国农村经济发展提供了持续动力，其成功经验主要来自以下几个方面。

一是政府的政策支持和法律保护机制。法国的乡村旅游是在政府的引导、支持和保护作用下发展起来的，政府积极制定推动乡村旅游发展的政策措施与发展规划，引导农会等与农业发展相关的组织机构在政府发展规划的基础上进一步细化行业标准，从而构建政府与经营主体间的沟通平台，政府的作用机制主要表现在以下三个方面。

第一，政府作为农业信息传递机制，通常发布与维护农业发展的相关咨询信息，以及根据农产品价格波动做出预判，并对农户的农业生产活动提出相关建议，形成了农业生产活动的信息支持体系，继而可以对农户提供信息支持、技术培训以及品牌宣传等多项功能。20世纪80年代，法国提出了"理性农业"的农业发展理念，政府制定了"理性农业"的发展标准和原则，对符合"理性农业"资格认定的农场提供资金、技术以及公共服务等支撑，为农场主规避经营风险。政府高度重视通过二三产业改造传统农业，丰富和拓展农业生产的多功能性，农业生产的上下游产业发展迅猛。比如，为了推动乡村旅游业的发展，政府不仅推出了乡村环境、基础设施等的整治工作，而且积极挖掘当地的风土人文，利用文化资源、自然资源等推动乡村旅游跨越式发展，极大地推动了农业附加值的跨越式增长（芦千文等，2018）。

第二，从财政支持方面看，20世纪初期，法国政府就出台了多项政策以及成立农业信管局等机构支持农业的发展，凡是符合政府鼓励发展的农业项目，政策性金融机构都可以无偿为农户提供涉农信息的科学研发设备。1962年，政府设立"调整农业结构行动基金"。20世纪70年代初期又设立"非退休金的补助金"、组建"土地整治与农村安置公司"，以及向农户提供低息贷款、建立集体购买和共同使用农业机械的合作社，推动着法国传统农业转变为现代农业，为了支持乡村旅游发展，法国政府专门针对乡村旅游的经营者设立了税收优惠、财政补贴，积极提供经费资助对具有传统风格的农庄进行维护，同时政府还大力拨款支持乡村旅游景点的公路建设、基础设施建设、文化遗产保护、旅游资源开发与保护等。

第三，从法律保护机制角度看，法国政府颁布了多项法律直接或间接地推动着农村产业融合发展。比如，1962年颁布的《马尔罗法》保护了历史性街区，使得法国古老的建筑得以保存下来，也为乡村旅游业的发展奠定了基础；1974年，法国政府颁布的《质量宪章》对民宿的住宅质量、服务质量以及周边环境都制定了严格的标准和规定；1982年，法国政府修改的《劳动法典》中规定了普通工作者拥有30个非假日的带薪假也带动了乡村旅游的需求增加。为了维护市场秩序的稳定，2014年，法国政府颁布了《未来农业法》，开始在国内推广发展生态农业，以保证农业的健康持续发展，这一系列的法律措施为法国农村产业融合发展奠定了法律基础。概而言之，在法国农村产业融合发展进程中，政府通过产业政策引导、农业补贴、金融支持、基础设施建设以及法律保护等机制推动着农村产业融合发展。

二是重视技术创新与运用。法国农旅融合发展的经验还在于技术创新因素的贡献，法国农业部门建立起全面智慧的农业数据库，政府积极将农业科技研发成果进行推广、转化和运用。比如在2010年，法国的农科院与农业企业共同开发了一百多项专利，其下属机构已将近五百项与农业发展的相关创新成果进行了市场推广和应用。农业科技的创新使得农业产业链中的生产、经营管理、物联流通等环节都采用了先进的信息技术，能对农业发展的相关数据进行判断、跟踪以及分析，为延伸农业产业链、价值链提供技术支撑。同时，在法国农旅融合发展的过程中，信息技术的应用为法国构建较完善的营销体系奠定了基础。比如法国农会常委会（APCA）设计了组织网络平台，将各地区的农庄都链接起来，各地区的经营主体充分利用互联网站与旅行社展开合作，也注重与旅客沟通，通过会员制度、邮件宣传以及高品质服务留住客源，推动了法国农旅融合发展。

三是重视经营主体功能，充分发挥中介组织的指导和服务作用。法国农村产业融合发展充分发挥着经营主体、中介组织的引导作用。法国的乡村旅游业的经营主体通常是乡村居民和所有农业开发者，并不是外来的投资开发商，正是这种以本地农户作为乡村旅游的经营主体的经营模式，才能将乡村旅游打造出本土化特色。本土农户根据当地农业生产、传统工艺、本土烹饪方式等将当地的特色产品打造成具有文化内涵的品牌，凸显了农场特色，逐渐形成了法国乡村旅游发展的特色名片。以合作社为主体的农业社会化服务组织在法国农村产业融合发展过程中起着重要作用。比如，农业供销合作社和服务合作社以及联社、农业工会、专业产品联合会、企业跨行业协会等能够为农业生产活动提供技术服务、机械设备等，在流通领域中能够提供农产品收购、加工、储存、销售以及供应生产资料等服务。此外，法国农会是连接政府和农民的重要沟通桥梁，一方面可以为农户提供指导、培训服务，另一方面可以将农民的意见反馈到政府部门。1935年成立的法国农会常委会代表农民利益对农业部进行监督，并为农民提供法律、营销以及培训服务，同时法国农业协会也有力推动了乡村旅游向标准化、规范化方向发展。

8.3.3 法国农村产业融合发展的基本经验

综合来看，法国推动农村产业融合发展的经验：一是政府的政策支持和法律保护作用机制。政府通过产业政策引导、农业补贴、财政金融支持、基础设施建设以及健全的法律法规体系等推动着农村产业融合发展。二是重视技术创新与运用。法国建立了全面智慧的农业数据库、组织网络平台，促进农业科技的研发、转化和运用。三是加速培育适应农村产业融合的职业农户。尤其是在乡村旅游业发展中要着力提升乡村居民的经营能力，将乡村旅游打造出了本土化特色。同时以合作社为主体的农业社会化服务组织、法国农会组织等为农村产业融合发展提供了农产品的收购、加工、储存、销售以及技术指导、培训、法律咨询等服务。

8.4 荷兰农村产业融合发展的经验

8.4.1 荷兰农村产业融合发展的基本现实

农村产业融合发展不仅受农业产业发展的影响，非农产业的发展水平也决定着产业融合的深度和广度。荷兰农村产业融合的经验具有借鉴的必要性和可行性。①按照经济总量来看，荷兰与我国总产出相去甚远。1960年，荷兰GDP相当于我国GDP的20.558%。改革开放初期（1980年），荷兰GDP一度达到与我国相当的规模。随后，我国经济实现高速增长，2017年，荷兰GDP仅相当于我国的6.751%。然而，从人均GDP的角度来看，我国却始终处于追赶阶段。1960年以来，我国人均GDP仅由荷兰的8.376%增长到18.304%。然而，两国不同产业对GDP的贡献度有着显著差异。从产业结构来看，我国工业产业经过了较长时期的高位徘徊，近年降低至40%左右；荷兰的工业产值比重则在1960年左右就已经降至40%以下，并随着时间的推移在2017年已经降低至17.528%。其中，我国工业产业中的制造业占GDP的比重为29.344%，荷兰则为10.75%，可以看出我国制造业比重还有一定的提升空间。2017年，荷兰农业增加值153.719亿美元，相当于中国农业增加值的1.587%，但是荷兰农业增加值占GDP的比重为1.861%，中国同期为7.915%。具体地，中国的耕地面积占国土面积的比重为12.675%，而荷兰则达到30.662%，耕地面积总量荷兰仅为中国的0.5%，然而中国的人均耕地数仅为0.087公顷/人，只相当于荷兰的1.42倍。可以看出，荷兰在农业生产方面的竞争力高于我国，我国每公顷谷物的产量在20世纪60年代初期仅为荷兰的30%~40%。随着我国农业生产率的不断提高，这一比重在近年达到70%左右，我国农业生产率仍有较大的增长空间。① ②按照《全球农业趣闻》的报道，荷兰现代农业已具备相当规模，全国约3%的农业人口（低于世界的0.02%）创造了全国2%的价值，利用半个重庆市的面积（不足世界的0.07%）创造了相当庞大的农产品出口数量（高于我国，出口占世界9%）。（庄至威，2011）设施农业以及农业生产率水平较高，我国单位耕地面积蔬菜产出甚至不足荷兰的一半，有机农业面积比重相对荷兰低7个百分点。然而这些光鲜成绩的背景是第二次世界大战结束后初期荷兰国内存在严重的粮食短缺，因此，荷兰农业是如何在几十年之内发生翻天覆地的变化的，值得我们深入学习。产业融合在其中扮演着重要的角色，具体概括如下：

第一，适应比较优势，调整农业结构。荷兰属于温带海洋性气候，常年降雨丰沛，但日照不足，因此并不利于粮食作物生长。然而地势低下、平坦的土地资源，河流纵横的水资源等条件有利于牧草、花卉等的种植，加之农业科技研发投入较大，设施农业的投入也为牧场资源和园艺产业的经营提供了较好的发展环境。据荷兰国家统计局数据，2000年，荷兰各类农场数量共计97 389个，这一数量到2018年降低至53 857个。其中，放牧牲畜和经营园艺的农场比重最高，在2000年分别达到46.31%、15.20%。这两类农场在21世纪之后的数量逐步减少，但放牧牲畜所占比重则有所抬升，2018年为49.94%，经营园艺的农场比重则有所下降为12.57%。② 因此，一方面，荷兰农场数量有所减少，但是规模在不断扩大；另一方面，畜牧业和园艺是农业经营的主体部分。③ 结合表8-4可以看出，荷兰农产品出口规模在2014年之后有所下降，但仍保持在较高水平。从具体分类来看，园艺、乳制品、肉类、蔬菜等是荷兰主要的农产品出口产品。

---

① 数据来源：世界银行官网，https://data.worldbank.org。
② 数据源自：CBS.（https://opendata.cbs.nl/statline/#/CBS/en/dataset/80783eng/table?dl=15237）。
③ 数据源自：CBS.（https://opendata.cbs.nl/statline/#/CBS/en/dataset/80783eng/table?dl=15237）。

表 8-4 荷兰农产品进出口规模

年份	出口/亿欧元	进口/亿欧元	顺差/亿欧元
2008	652	416	236
2009	615	379	236
2010	674	420	253
2011	737	491	246
2012	769	520	249
2013	810	536	273
2014	817	529	288
2015	814	559	254
2016	855	575	280
2017	917	626	291

资料来源：CBS until Nov. 2017, estimate Nov. and Dec. 2017 by Wageningen Economic Research and CBS。

第二，发挥政府职能，着力因势利导。荷兰发达的现代化农业发展与政府的支持和干预紧密相关，政府是推进荷兰农村产业融合的主要力量，这不仅包括荷兰政府，也与欧盟共同农业政策相关。一是政府积极提升农产品附加值，着力推动农业产业链的打造升级。从农业种植、农产品研发到农产品质量认证、农产品展览、农业食品制造等方面，荷兰政府均有通过各类法律文件或政府机构进行监督、监管和运营。荷兰政府注重发展设施农业，并将现代农业生产技术（如机器人、信息化、生物技术等）嫁接农业生产过程，促进农业节能、高效、优质地进行生产。在农产品生产的各个环节还存在质量监管，严格控制农业生产过程中各类生产资料如化肥等的使用，鼓励发展绿色农业，并对可能导致的农业生产中的环境破坏进行"开源节流"式的干预。比如，对农家肥等的投入实施无害化处理，通过征税等财政措施进行环境规制。二是政策引导农业农村发展。第二次世界大战后，由于农产品严重短缺，荷兰政府推行农产品保护政策，农业产业发展进入快车道。20世纪60年代开始，随着"欧盟共同农业政策"的实行，荷兰获得了来自欧盟的大量的农业发展支持资金，并在"共同农业政策"的指引下，由挂钩补贴推进农场大规模发展转向更加注重提升农业生产质量、培育农业经营主体和加强农村发展的发展方式。三是法律为荷兰农业发展保驾护航。荷兰政府在土地使用、环境保护、农产品质量等方面均有较为严格的法律出台，为农业产业发展提供了坚实保障。

第三，顺应市场规律，繁荣经营主体。顺应市场经济发展规律，需要加深农业一二三产业融合，提升农业附加值。荷兰政府在农业生产上游阶段加大对农业技术的研发力度，注重进行农业教育，形成了以农户为核心的科技推广体系。在补贴方面推动以农场为单位实施挂钩补贴和专业化经营。鼓励农业经营主体通过合作社的形式壮大经营规模，或以订单等的形式形成一体化经营，增强经营主体抵御风险的能力。

8.4.2 荷兰农村产业融合发展的经验性事实

荷兰是典型的人多地少、农业资源匮乏的小国，但荷兰的花卉、畜牧业、农产品加工业在国际市场上都具有很强的竞争力。尤其是20世纪90年代后，荷兰创意农业的兴起延伸了农业产业链、价值链，农村产业融合发展取得显著成效。其成功主要受益于政府的大力扶持、产业整合、创新要素的重视与开发等。

一是政府的大力扶持。在荷兰农业产业链延伸、农村产业融合发展过程中，政府积极做好配套的财政支持和法律保护服务。荷兰政府高度重视农业产业链、价值链，重点对该类试点项目进行资金资助，完善农业补贴政策推动农村农业的发展。从第二次世界大战后的政府干预农业，推行农业保护政策，到20世纪60年代政府执行欧共体农业政策，荷兰的农业发展获得了大额的农业补贴。除了欧盟的补贴，荷兰政府还对农村发展、农业技术创新、基础农业建设、农业教育等进行补贴，为农业产业链的延伸和发展提供充足的资金支持。同时，为了保护稀缺的土地资源，在20世纪20年代荷兰就陆续出台了一系列法律法规，为保障荷兰农用地合理的开发和使用提供法律保障。20世纪80年代，荷兰政府进一步实施生态环境保护制度，构建了严格的农产品质量保护体系，保障了荷兰农业的可持续发展。

二是重视产业整合。随着信息技术逐渐渗透农业产业发展，荷兰政府高度重视农业产业链的分工、协作。20世纪90年代，创意农业在荷兰逐渐兴起，政府投入了大量的资金资助农业产业链的延伸和整合，并在农业产业链的管理中重点关注农产品交易成本的物流链和农产品价值的信息链，同时重视产业链在区域内和跨区域之间的整合，因而逐渐形成了完整的、发达的创意农业产业链、价值链。花卉产业就是其创意农业产业链、价值链整合的典型体现。同时，在产业链的整合中突出经营主体的功能和作用，培育壮大合作社和专业协会。合作社在荷兰农业生产、加工、销售等领域发挥着重要作用，引导农民进行质量改进、精深加工与市场营销等服务；各种协会则将农民组织起来，提高农户组织化程度，增强农户的农业经营主体地位。此外，充分发挥农业科技园区的带动效应，农业科技园集聚了优质生产要素，形成了高效率供应链、完善的农业社会化服务体系、国际化的市场及农业政策的一体化。荷兰以农工商一体化的设施农业园区在农产品的资金、加工及销售等环节为农户提供服务，农户只需负责农业生产活动，从而形成了高度专业化、集约化、分工化的农业产业体系，推动了农业产业链价值链的延伸和产业之间的融合发展。

三是重视创新因素提高产品附加值。荷兰的创意农业发展融入了科技创新以及制度、组织等非技术因素，推动创意农业产业链的附加值大幅度增加。比如，荷兰的花卉产业绝大部分都是现代化的温室无土栽培，从播种、移栽、采收、分级、包装等环节都实现了机械化。同时以"文化牌"提升市场吸引力，荷兰的花农将传统的花卉产业发展模式转化为以市场需求为导向的现代农业模式，推动郁金香生产，并在相关产品中融入现代创意等多种创新因素，延伸了农业产业链、价值链，提升了产品附加值。

8.4.3　荷兰农村产业融合发展的基本经验

综合来看，荷兰农村产业融合发展的经验有三点：一是政府的大力支持，通过财政补贴、法律保护机制为农村产业融合发展提供充足的资金支持和法律保障。二是重视农业产业链、价值链的分工、协作与整合，在产业链管理中尤其关注农产品的物流链和信息链，同时培育和壮大合作社、专业协会等组织，将农户组织起来，提高农户的组织化程度，充分发挥经营主体在产业链整合中的作用。三是重视创新因素提高产品附加值，荷兰的创意农业在发展过程中融入了科技创新、制度因素、组织因素等，从而推动了农业产业链的延伸。

8.5　美国农村产业融合发展的经验

8.5.1　美国农村产业融合发展的基本现实

美国作为世界上最发达的国家，农业生产优势明显，农业产业规模化程度较高。按照世界银行统计，2017 年，美国乡村人均农地面积为 0.069 平方千米/人，世界乡村人均农地面积为 0.014 平方千米/人，中高等收入国家为 0.021 5 平方千米/人，而我国则仅为 0.009 1 平方千米/人，可以看出美国农业在规模化方面具有较大优势。农场是美国农业作业的基本单元，具体来看，美国农业普查数据统计显示①，2012年，美国农场数量较2007年有所下滑，尤其是2 000亩以下的农场数量均出现减少态势，这种农场规模的转变显著促进了大农场规模的继续扩大，2 000亩以上的农场数量出现明显抬高，较2007年增长了2.26%，家庭农场平均面积达到434亩。

农业生产的规模化以及美国发达的二三产业为农业产业融合提供了较好的基础条件。美国农村产业融合水平较高，不仅远高于发展中国家，在发达国家中也是翘楚。按照世界投入产出表的统计②，2014年美国工业、服务业与农业的融合程度分别为17.75%和14.71%，同年我国工业与服务业对农业生产的中间投入率分别21.24%和4.60%（刘灿等，2017），因此，美国的农业产业融合中，工业和服务业作为中间品投入的水平处于较高水平且较为均衡。为了进一步阐释美国农业产业融合的发展情况，本书接下来借助美国2014年公布的2012年农业普查数据进行说明。

第一，美国第二产业与农业融合程度较深。一方面，经营规模的扩大显著推动了美国农场建设，农场机械化以及固定资产投资均有明显提升，按照名义价值计算，2012年，美国单个农场土地和建筑价值、机械和设备价值较2007年分别提高了31.13%和30.95%。然而，早在2000年，美国每100平方千米耕地拥有的拖拉机就达到256.81台，相当于世界平均水平的4.28倍③，远高于我国农业机械化水平。在机械化水平提升的同时，其他第二产业的发展对农业产业的中间投入的多样化和融合程度也有明显提升。2012年农场的种养成本中，购买肥料等土壤调理剂的比重达20.64%，机械用油、气的成本支出占总经营成本的比重为7.60%。

第二，发达的服务业及服务要素的注入也是美国农业发展甚至农户增收的重要保障。美国农业普查数据显示，2012年农场收入的分项中，现金租赁与股权报酬（cash rent and share payments）较2007年增长了58.05%，农业旅游与娱乐服务（agri-tourism and recreational services）增长了24.21%④，且农业旅游与娱乐服务收入在2012年超过了林产品的销售收入。2012年农作物、牲畜的保险给付金额相当于2007年的4.12倍。定制和其他农业服务增长了22.71%。可以看出，在美国农业发展过程中，服务业与农业的融合不仅为农

---

① 美国历次农业普查的数据一般在公布年份两年后发布，最新的美国农业普查资料仅更新到2012年，相关文件源自美国农业部网站：https://www.usda.gov/open。
② 数据来源：World Input-Output Database, http://www.wiod.org/home。
③ 数据来源：美国农业部网站，https://www.usda.gov/open。
④ 数据来源：美国农业部网站：https://www.usda.gov/open。

业发展提供了借贷、保险等金融服务，同时也创新了农业发展的新模式、新业态，打造了全新的农业服务形态，不仅延伸了农业产业链，拓展了农业多功能性，而且提升了农产品附加值，提高了经营主体收入。

8.5.2 美国农村产业融合发展的经验性事实

在美国农业发展过程中，产业融合发挥了关键作用。在产业融合推进中，仍需要关注的几个方面事实是：一是新型农业经营主体较为成熟；二是家庭农场管理模式有所创新；三是政府的政策支持和服务。

第一，新型农业经营主体较为成熟。美国农业生产以家庭农场为基础单元，农场通常规模较大，机械化水平较高。同时，除农场之外的其他经营主体也较为成熟，比如，在2012年美国家庭农场的收入的分项中，合作社赞助或退款（patronage dividends and refunds from cooperatives）较2007年增长了35.74%[1]。在信贷统计中，也有家庭农场向商品信贷公司（commodity credit corporation loans）寻求贷款，2012年虽然向市场组织借贷的农场数量大幅下降，但单位农场的贷款额度大幅提升，且多由收入较高的家庭农场获取。在家庭农场的收入来源中，也有资金租赁所获取的收入，因此可以看出美国发达的民间资本体系。

第二，家庭农场管理模式有所创新。主要体现在：一是，若按照法律地位对农场进行分组，2012年，家庭农场按照公司与合作社的形式，以及信托机构形式运营的数量增长较为明显，分别较2007年增长了11.08%和26.72%，而家庭或个人以及合伙人的形式则分别降低了4.06%和20.81%。显然，公司制的经营更利于农场提高生产效率和开展合作。二是，农场主要的经营者年龄较2007年年长1岁，达到58.3岁，这表明农场主通常具有丰富的种养经验。

第三，政府的政策支持和服务。政府通过财政资金引导也是农村产业融合的重要推手。一是，注重引导。政府单位农场支出在2012年达到9 925美元，2007—2012年，增长了4.22个百分点。较为明显的是，美国政府在2012年提高了补贴农场比例，尤其是更加注重对大农场的补贴，与2007年相比，2012年美国政府加大了对销售产值在25亿美元以上的农场的补贴力度，各类不同销售产值层级的农场的平均覆盖比例由61.94%升至68.85%[2]。二是，项目支撑。整体上看，美国政府在农场方面的支出相对变动较小，其他方面的支出调

---

[1] 数据来源：美国农业部网站，https://www.usda.gov/open。
[2] 数据来源：美国农业部网站：https://www.usda.gov/open。

整则是通过政府的农业发展项目。与2007年相比，2012年涉及保护区（湿地）项目等由保护储备金（conservation reserve）扶持的农场数量出现下降，配额资金也有所下降，而其他联邦项目则出现上涨，单位农场的政府支出平均上涨265美元，这也可以看出政府在农场扶持方向上的调整。三是，价税调整。2012年农场的种养成本中，机械油气、雇佣工人成本以及利息所占比重均有所下降，可能是由于政府信贷的支持以及相应领域的补贴导致。

结合上述分析可以看出，美国在家庭农场上追求发挥大农场的生产优势，这种效应也较为明显。2012年农场平均收入相比2007年提升了50.93%，与2007年相比，2012年1~999、1 000~4 999、5 000~9 999、10 000~24 999、25 000~49 999、50 000美元以上组别的农场数分别增长了11.23%、8.78%、9.43%、15.60%、29.74%和82.59%，可以看出收入5万美元以上农场增长最为迅猛，2012年5万美元以上农场的收入总和比2007年的2倍还多[①]。

8.5.3 美国农村产业融合发展的基本经验

通过上述对美国农村产业融合发展历程的梳理，本书认为虽然美国与我国农业发展从根本上存在土地私有制与土地公有的本质区别，但是仍存在诸多可借鉴之处：第一，美国确立的土地私有制，使得经营主体拥有明晰的产权，便于经营主体对农地进行流转，为规模化经营提供了制度保障。在我国推进土地流转的过程中，应进一步明晰产权，完善"三权分置"制度，合理保障经营主体权益，逐步建立健全土地要素的市场化，减轻农地流转和推动适度规模经营的前置性障碍。第二，培育壮大新型农业经营主体，加速二三产业与农业的深度融合。进一步提升农业机械化水平，构建立体的农业产业发展模式。借助二三产业生产模式嫁接农业生产，通过发展创新产业等延伸农业产业链、价值链，实现农业产业生态、绿色、高效生产。完善农业社会化服务体系，促进民间支农惠农组织建设，推动管理模式创新，提高农业经营主体的组织化程度。第三，着力发挥有为政府在农村产业融合过程中的效力。逐步构建完善的政府支农体系，发挥政府补贴的引导力度，搭建政府资金支持、项目支撑、降税减费等平台。

---

① 数据来源：美国农业部网站，https://www.usda.gov/open。

8.6 小结

通过以上日本、韩国、法国、荷兰、美国五个国家农村产业融合发展的经验，可以看出：第一，政府的政策支持和法律保护是农村产业融合发展的主要动力。产业政策支持与农业补贴、基础设施建设、公共服务平台建设、金融支持、产权确认与保护等为加速农村产业融合提供了实践基础和基本保障。同时，通过要素市场内在的价格机制、竞争机制与信息机制实现要素在城乡之间、产业之间的自由流动，而政府部门要积极引导，着力支持，推动要素实现集聚，以集聚降低交易成本，为产业融合的加速深化提供良好的制度环境。第二，培育和壮大经营主体是实现农村产业融合发展的重要方面，尤其是加强对本土化农户的培育和支持。通过合作社、农协组织以及其他组织形式将分散的农户组织起来，同时经营主体之间以紧密的利益链接机制、激励与共享机制等联合起来，有助于提高组织化程度和市场应对能力，从而推动农村产业融合发展。第三，技术创新也是农村产业融合发展的重要因素，现代信息技术、农业科技创新有利于延伸农业产业链、价值链，加快农村产业融合步伐。

当前，我国农村产业融合发展仍处在起步阶段，政府的政策支持是农村产业融合发展的外部保障，政府应积极发挥在产业政策支持与农业补贴、创新金融支持、公共服务平台、基础设施建设、产权确认与保护等方面的作用，为农村产业融合发展创造良好的外部环境。同时，要加强要素市场化配置，通过构建完备的要素市场，打破要素自由流动的体制机制障碍，实现要素价格市场化，以要素自由流动为推手加速农村产业融合。此外，借鉴国内外产业融合的成功经验，加大力度培育和壮大农村产业融合经营主体，尤其是重视对本土化农户进行培育和支持，提高农户的组织化程度和市场能力，并且要注重加强合作社、农户、农业企业之间的利益链接机制、激励机制与共享机制的构建，通过经营主体之间的竞争和合作机制推动农村产业融合发展。

9 研究结论与政策建议

9.1 研究结论

资源配置是经济学研究的中心问题。理论上，在完美市场的假设条件下，市场通过价格机制、供求机制和竞争机制等的作用能够实现资源有效配置，然而，现实经济中政府对市场的干预往往导致市场机制扭曲，因而资源无法实现有效配置。针对农业产业的弱质性特征，政府的制度供给和政策支持是农村产业融合发展的重要外部保障，但是在我国当前财政分权体制、城乡二元体制机制等约束作用下政府对要素市场的干预产生了价格机制扭曲、竞争机制与信息机制失灵，并且在这种政府过度干预与市场机制扭曲的双重影响下。经营主体功能无法有效发挥，因而制约着农村产业融合发展水平的提升。本书基于上述逻辑从政府、市场和经营主体的三个维度研究了我国农村产业融合发展的作用机制，并从政府、要素市场、经营主体的三个维度提出政策建议，得出以下基本结论：

9.1.1 政府的制度供给与政策支持是农村产业融合发展的重要保障

政府通过信息传递机制、资源补充机制与资源重置机制影响农村产业融合的经营主体行为，具体表现为通过产业政策支持与农业补贴、基础设施建设、公共服务平台、产权确认与保护以及创新金融支持等方式作用农村产业融合发展。农业产业具有弱质性，表现为农业劳动生产率提升空间有限以及农业生产所注资本回报率偏低，导致资本"逃离"农村的现象成为常态。从市场机制的角度考虑，生产资本以追逐利润为原则的流动取向无疑会在剩余价值的驱使下投入非农产业，从而在城镇化的加速推进过程中必然会伴随着农业的衰落和农村的衰败，因此农业的生产特质要求对其进行干预。政府对经济干预的手段是政府作用机制形成的逻辑基础，本书将政府作用机制概括为信号传递机制、资源补充机制和资源重置机制。信号传递机制作为市场信号传递机制的重要补充，不仅是政府行政手段的直接体现，也反映出政府在特定时间的执政理念。资源补充机制则是政府直接进行补贴的一种形式。最后，在政府信号传递机制和资源补充机制的作用下会诱发要素在不同地区和部门之间的调整和重置，我们称其为资源重置机制。具体地，本书以产业政策和补贴、交通基础设施建设、平台构建、创新金融支持以及产权确认等为作为政府的施政方针对机制的适用性进行探讨，并认为上述几项均表现出政府对经营主体的作用机制。比如，政府出台的政策文件通过信号传递机制诱导社会要素的流动，直接或间接的补贴会激发经济主体活力；基础设施建设、公共服务平台构建、产权确认与保护、创新金融支持等则为经营主体减少了生产经营成本，推动要素在部门之间的重置，引发不同部门实行策略性扶农或实质性扶农。在政府的制度供给和政策支持下助推农业经营主体做强做大，从而推动农村产业融合发展。

9.1.2 要素市场扭曲是制约农村产业融合发展的重要原因

在产权制度健全与要素市场化配置的结合下，要素的主体可以获得决策自由和保障的空间，激活要素和要素主体也将进一步增进市场活力，充分发挥市场在资源配置中的基础性作用，从而要素本身和要素市场更加灵活。一般而言，城市的资本、技术等要素相对丰富，劳动、土地要素较为稀缺，而农村地区的劳动、土地要素丰富，而资本、技术要素更为稀缺。在我国工业化进程的过程中，农村的劳动力要素、土地要素都流向城市，产生集聚效应，降低了交易成本，提高了城市的发展效率，而农村和农业因生产要素的流失而日渐凋敝。当前，我国要素市场化改革滞后，各个要素进入市场的程度不平衡，主要是体制性障碍的制约作用，比如户籍制度、城乡地缘行业的分割和身份性别歧视导致城乡劳动力流动出现瓶颈，从而导致劳动力要素价格出现扭曲，因此影响着农村产业融合发展的劳动力要素需求。要素市场要实现有效配置，就要充分发挥要素市场的价格机制、竞争机制与信息机制的调节作用。这其中要素市场的价格机制作为核心，通过市场中形成的各个生产要素的价格比例调节资源配置。这种要素价格比例对供求双方都起着调节作用，要素供给方和要素需求方会根据要素价格比例进行要素供给和要素有效组合，这就是要素市场实现有效配置的重要表现。因此，加快要素市场化改革，大幅度减少政府对资源的直接配置，充分发挥要素市场机制的作用，带动城乡或产业之间要素自由流动，突破要素流动瓶颈，发挥要素集聚功能，降低交易成本，推动农村产业融合发展。

9.1.3 经营主体之间通过竞争与合作机制推动着农村产业融合发展

在政府作用机制与市场机制下，经营主体通过有限理性选择，即通过竞争和合作机制推动农村产业融合发展。竞争凸显了市场在配置资源中的基础性作用，合作则要发挥政府以及经营主体自身的主观能动性。一方面，经营主体的行为需要符合农业发展的市场规律，市场机制会调节生产要素在经营主体之间的分配，并通过产品价格调节供需，甚至借助竞争机制实现优胜劣汰。因此，经营主体需要实时掌握市场信息、提高劳动生产效率、调优农业生产方式等，以实现农业作业决策最优和获取较好农业收入，并在市场竞争中得以生存。现实中，农业经营者为了在市场中立足并长期经营，不仅选择了竞争策略以壮大自己，还会选择合作的方式来确保经营状况稳中向好。另一方面，政府制定发展战略具有较强的主观性，并在政策实施前会以不同的信号传递方式散布于市场上，政策信号传递后至政策发布和执行期间，经营主体则会对现有的作业领域、作业方式、农业投入等进行再选择，以通过这种策略性调整获取政府的扶持或避免政府的惩罚等。因此，面对政府的发展意志，经营主体也可以通过竞争与合作的形式迎合政府发展需要抑或规避政府的扭曲意图。其中，经营主体之间的竞争主要体现在同生产链上的经营主体之间，合作指的是农业经营者之间的相互融合和相互渗透，既有横向的合作也有纵向的合作。横向合作指的是以农业为原点，通过嫁接二三产业生产方式、运作方式的融合，纵向融合则指的是通过延伸农业产业链，增强农业多功能性的融合方式，二者均可以提高农业的增加值率。简而言之，就是要加强培育和壮大经营主体，提高经营主体的组织化程度和市场应对能力，加强农户、合作社、农业企业、家庭农场等经营主体之间的利益链接机制、激励机制与共享机制的构建，通过经营主体之间的竞争和合作机制推动农村产业融合发展。

9.1.4 我国实现农村产业融合发展需要从政府、要素市场与经营主体等多方面着手

现阶段我国农村产业融合发展还处于起步阶段，从本书的分析可以看出，实现农村产业融合发展需要深化体制机制改革、加强政府制度供给，从产业政策支持与农业补贴、加强基础设施建设、构建公共服务平台、产权确认与保护、创新金融支持等方面入手，为农村产业融合的经营主体营造良好的外部环境。并且要大力促进竞争有效的要素市场形成，打破城乡之间的地区分割，完善市场作用机制，实现信息共享，充分发挥要素市场的价格机制、竞争机制与

信息机制对资源的优化配置作用。同时,要强化经营主体的地位,加强经营主体的功能,促进经营主体之间构建紧密的利益链接机制、激励机制与共享机制,提高经营主体的市场应对能力,推动经营主体之间通过竞争与合作方式促进农村产业融合发展。此外,加强技术创新驱动农村产业融合发展。比如,以遥感技术、地理信息系统、网络技术等为基础,将农业信息贯穿农业发展的全过程,技术创新也是推动农村产业融合发展的重要方面。

9.1.5 城乡关系演变与农村产业融合发展之间存在双向效应

在城乡分离、对立与阻隔阶段,体制机制约束造成城乡市场分割,城乡之间的劳动力、资本、土地等生产要素不能在城乡之间、工农业之间进行流动。此时的农村市场化水平低,农业发展水平滞后,城市本身具有要素集聚功能,并在市场机制的诱导力量下进一步加强对农村农业生产要素的"吸纳效应",农村要素空心化问题凸显,城乡差距大。在城乡关系逐渐走向融合的阶段,城乡二元结构逐渐被打破,城市和农村之间实现一体化发展,城乡之间的要素实现自由流动和互动补充,消除了农村产业融合的体制机制障碍,带动农村产业兴旺、产业融合发展。同时,推动农村产业融合发展也是重塑城乡关系、走城乡融合发展之路的必要条件。农村产业融合引导城市地区的资源和要素流向农村地区,开发并拓展农业多功能,延伸农业产业链、价值链,这能为城乡融合发展提供产业空间,提升城乡经济融合程度,并缩小城乡之间的发展差距。

9.2 政策建议

本书通过梳理我国城乡关系进程,剖析了农村产业融合发展机制的内在机理。"城镇化"与"乡村振兴"是我国进入新时代继续全面深化改革的关键领域,需要"两手抓",其中"乡村振兴"更是重点和难点所在。乡村振兴需要紧抓农村产业融合发展,盘活农村生产要素,着力提升农产品附加值,发展农业产业新形态,延伸农业产业链、价值链,实现小农户融入现代农业经营体系。在借鉴国外实现农村产业融合发展经验的基础上,本书认为要从政府、市场与经营主体三个维度进行深化改革,巩固市场在资源配置中的基础性作用,强化政府制度供给,提升经营主体主观能动性。一方面坚持依靠经营主体围绕市场需求进行生产,充分利用市场的价格机制、信息机制、竞争机制等选择要素投入规模、产业发展与布局、融合模式等提高比较收益与综合效应;另一方面发挥政府在农村制度改革的制定产业发展规划与农业补贴、健全公共服务平台、强化基础设施建设、加强产权确认与保护以及创新金融支持等方面的作用，为经营主体推动农村产业融合发展提供良好的制度环境和外部环境。

9.2.1 深化体制机制改革，强化政府制度供给与服务

一是加强政府对农村产业融合规划与布局的引领作用，强化产业融合的政策支持。要充分发挥政府对农村产业融合发展统筹规划、综合协调的作用，逐渐建立健全产业融合发展的政策支持体系。在中央政府制定的相关规划、方案与实施意见的引导下，地方政府结合本地农村产业发展实际推进相关的政策措施。加强政府的制度供给，完善相关政策。健全与农村土地、农村金融、农村休闲旅游业、农产品电子商务、企业技改等相关的政策支持，解决农村产业融合发展的用地难题、贷款难题、技术落后等相关问题。支持农村产业融合发展壮大，重点在于深化农村集体产权制度改革、农村土地制度改革、城乡社会保障制度改革等，为城乡要素自由流动创造良好的外部环境。同时加强科技创新在农业发展中的应用，为农业新品种、新技术以及农产品精深加工、新工艺研发提供政策扶持。加强对职业农民、休闲旅游业经营者等的技术培训，提高农村产业融合发展的技术水平。此外，努力健全各类支农惠农政策体系，壮大新型经营主体。

二是加强建设农村基础设施与搭建公共服务平台。加大农村基础设施建设，加快完善农村水利、交通通信、信息化建设、停车场以及环保有关的基础设施，并建设一些配套设施，为乡村旅游、休闲农业、农村电商、农产品物流等产业创造条件。同时，农村产业融合发展需要技术支持、人才供给、信息服务，仅依靠市场机制调节无法满足需求，应加强政府提供公共服务的功能，尤其是在农村产业融合发展的关键领域。比如，健全与农村产业融合发展相关的农村综合信息服务平台、优化农村创业与法律支持平台、农产品营销平台、农村产权评估与交易平台等。通过政府购买服务或民办公助等方式扶持多元化公共服务平台建设，鼓励和支持科研院校、产业协会、服务机构等建立合作伙伴关系，开展信息、技术、设备共享等服务，扩大公共服务的范围。

三是创新农村金融支持和服务。针对农村产业融合发展的金融支持需求，加强中央政府层面的政策设计和指导，制定相关的金融支持政策，比如针对新型经营主体提供贷款优惠以及财税配套政策，各地方政府因地制宜，制定具体的实施细则。政府加强引导更多金融资源支持农村产业融合发展，打破农村金融的垄断局面，增强新型经营主体在金融市场上的议价能力，降低其融资成

本，积极发挥政策性金融作用，为农村产业融合发展主体提供融资担保的配套优惠政策，以无息、低息或信贷等方式支持经营主体发展壮大。设立农村产业融合发展的风险补偿基金，引导产业融合的相关项目向产业园区、县城、村镇集中，以拓宽长期贷款业务、风险补偿资金鼓励农业龙头企业进行产业链融资，引导信用社等金融机构向低收入群体提供小微贷款等服务。加快建设农村信用体系，在政府、企业、银行等机构的合作推动下，运用大数据等信息技术建立农村信用信息平台，将农村产业融合发展的经营主体纳入农村信用系统，强化产业融合主体的诚信意识和金融知识。此外，运用互联网金融、移动金融等创新农村金融产品。

四是加强产权制度深化改革，充分发挥政府在产权确认与保护中的作用。政府是产权确认与保护的主体，在农村产业融合发展过程中，需要政府健全产权制度，为建立有序的市场秩序提供基础条件。其中重点就是农村集体产权制度改革，要逐渐放活农村土地经营权，完善土地流转制度，盘活和利用好农村建设用地，完善土地征收制度，将更多的收益分配转向农户，让农民分享产权制度改革成果。逐渐完善和总结"农村宅基地、集体建设用地、土地征收"改革经验，在农村集体土地确权的基础上建立农村产权交易中心，同时鼓励中国人民银行、农村信用社等金融机构结合农村土地经营权创新信贷机制和农村金融产品。比如，开展"土地经营权抵押+基本担保/农户联保"等模式，成立股份经济合作社，打造股份农民，推进"三变"改革，逐渐盘活农村土地资源和资产，为农村产业融合发展提供用地保障和资金来源。

9.2.2 大力促进竞争有效要素市场形成

一是构建城乡统一的要素市场体系，要逐渐打破城乡二元体制机制的障碍，为建设城乡统一的要素市场创造条件。城乡要素市场体系的形成有利于盘活农村土地、劳动力、资本等生产要素，推动城乡要素平等交换、城乡要素自由流动，突破要素流动瓶颈，进而满足农村产业融合发展的要素需求。其一，构建城乡统一的土地市场。近年来，我国城乡土地要素市场化进程较快，而农村土地要素市场发展滞后，城乡土地要素市场分割的问题仍然十分明显。主要表现为城乡土地要素的不平等交换、单向流动，尽管开展了"三块地"试点改革，目前仍存在集体建设用地入市分配中农民所获收益低、土地征收后农民所获收益低等问题，土地深化改革的相关的制度和法律还不完善，农村土地要素没有有效地盘活，从而制约着农村土地要素市场的发展进程。因此，要通过进一步的土地制度改革，明晰农村土地产权，盘活农村的土地要素，并构建城乡统一的土地交易市场，完善相关法律法规和市场规则，推动城乡土地要素平等交换、双向流动。其二，构建城乡统一的劳动力市场。目前城乡劳动力市场分割明显，尽管近年来我国加快了户籍制度改革、就业制度改革等措施，力求打破城乡劳动力流动限制，但是农民进城仍受到一些限制，因此还需要彻底改革城乡二元的户籍制度，构建城乡均等的基础设施和公共服务以及就业制度等，从而推动城乡劳动力要素自由流动。其三，构建城乡统一的资本市场。相对于劳动力、土地要素市场，目前我国城乡资本要素市场发展极其不平衡，由于农业产业本身具有弱质性特征，而资本的逐利性就会导致资本逃离农村地区和农业发展，这就造成了城乡资本要素配置不平衡的问题。因此，应加强完善农村金融服务，通过创新信贷担保方式、信贷抵押方式、农业保险等为新型经营主体拓宽融资渠道、增强贷款能力、降低贷款成本和风险，推动农村金融产品与农业产业链、价值链延伸的需求相匹配。

二是完善要素市场价格机制，维护要素市场竞争环境。当前我国要素价格扭曲问题十分突出，要素价格市场化就是要最大限度地减少政府对经济活动的过度干预，充分发挥市场在要素价格形成中的决定性作用，激发市场主体的活力，促进资源优化配置和公平性。我国商品价格市场化已经基本实现，但是资本、土地、劳动、技术、管理等要素还未实现价格的市场化。其突出表现为要素价格形成中政府过度干预、定价规则不够透明、不完全由市场供求关系来决定。要加快推动各类生产要素的价格市场化，不仅取决于要素价格本身的改革，还依赖一系列相关经济体制的配套改革。首先是产权制度的深化改革。通过完善产权保护制度、产权流转制度以及完善产权结构等推动产权的界定、配置以及产权流转，尤其是农村土地产权制度的深化改革，集体经营性建设用地入市改革对农村产业融合发展具有重要意义，应加快构建城乡统一的建设用地市场，为农业产业新形态提供用地保障。其次是企业制度、金融制度、社会保障制度、工资制度等配套改革。最后是建立健全生产要素的价格法规体系，逐渐打破行政垄断，并抑制市场垄断，健全市场准入制度，保障市场主体拥有平等的权利与机会，创造有序竞争的市场环境。

三是建立信息服务平台，实现信息畅通。在市场配置资源的作用机制中，信息机制发挥着重要作用，若能保持市场主体的信息畅通和共享，将能有效提高资源配置效率。在推动农村产业融合发展的过程中，通过建立信息服务平台，对行业发展形势、市场需求总量变化、市场需求结构变化等信息进行收集和整理，运用"互联网+农业"等信息技术方式实现各类农业经营主体之间的信息畅通和共享，这对农村产业融合发展具有重要意义。其一，推广和优化

"互联网+"模式。加快互联网技术在农村产业融合发展中的推广应用，不断完善数字农业建设，充分发挥现代信息技术对农业转型升级的作用。同时还需要加快完善网络基础设施，通过推广宽带覆盖、智能手机应用等为"互联网+农业"提供基础和支撑。其二，加快发展农村农业电子商务。通过电子商务带动农村新产业形态的兴起和发展，逐渐构建起休闲农业、鲜活农产品、农业生产资料等电子商务模式，促进农产品的需求和供求与市场相对接，带动农村就业情况改善和农民收入增长。其三，逐渐完善已经建成的"新型农业经营主体信息""重点农产品市场信息""农兽药基础数据""农产品质量安全追溯"四大信息平台，将大数据运用到重点农产品供需之中，健全监测和预警机制，实现数据化管理和服务。其四，加快信息进村工程建设。通过政府加强部门之间的合作，以及调动企业等社会力量的加入，集聚农业发展的相关信息资源，为农民提高电子商务服务、培训服务、公益服务等，提升农村信息服务功能和服务水平。

9.2.3 强化经营主体地位，优化经营主体功能

一是完善新型农业经营主体与农户之间的利益联结关系。政府推进农村产业融合发展的重要目标是实现乡村振兴，真正让普通农户共享发展成果，通过完善新型经营主体与农户之间的利益联结机制、构建激励机制与共享机制让一般农户能够获取更多的收益。其一，健全利益分配机制。农村产业融合发展中经营主体类型较多，利益关系复杂，普通小农户在利益博弈中处于劣势地位，因而需要为农户参与产业融合构建更多平台，为其提供更好的机会分享产业融合的成果。引导农户加入合作社或其他合作组织，提高农民的组织化程度，增强农户与其他经营主体之间的谈判能力，发展农民股份合作社，将集体资产折股量化到农户，逐渐形成以土地经营权入股合作社的利润分配机制。此外，完善相关的法律法规，保障农户在参与农村产业融合中的参与权、选择权等，积极维护农户的主动权。其二，完善激励机制。加大对新型经营主体的支持力度，可以通过设立专项扶持资金，对发展新型农业产业的经营主体提供一定的补贴。这扩大了农村产业的就业容量，为农户提供了更多的就业机会。同时，支持通过土地经营权、资金、林权等方式入股，以"保底收益+股金分红"方式拓宽农户增收的渠道。其三，构建共享机制。为推动农村产业融合发展培育联合体，以农业龙头企业为核心、以合作社为纽带、以家庭农场、以专业大户为基础形成紧密的联合体，通过股份合作、订单农业等方式共享产业融合发展带来的收益，积极构建共享机制，将政府补贴农户的资金量化后以入股的形式

参与农村产业融合发展的生产经营的过程之中，让农户分享农村产业融合发展带来的收益。

二是加强对农民土地财产权利的法律保护。农村土地是农村产业融合发展的用地保障，目前存在农村集体土地产权范围模糊、宅基地入市改革方向不明确、土地征用价格不合理、缺乏法律法规保障农民的合法权益等问题，因此需要还权于民，保障农民的主体地位。其一，对集体经济组织的职能进行改革，将其职能限定在村集体生产、资源开发、协调成员关系等规划和服务层面，让农民自主参与土地流转，保障农民的主体地位。其二，完善农村宅基地制度改革，加快推进农村土地登记制度改革，赋予宅基地完整的用益物权，完善和修订《中华人民共和国物权法》中对农村宅基地抵押的限制。其三，完善土地征收制度，明晰政府征收价格机制。健全土地征收补偿方法，尊重农民意愿，政府不强制进行征收，政府的土地定价机制要公开透明、合理化。其四，完善土地交易制度，搭建农村土地产权流转和交易的平台、建立农村土地产权价值评估机制、建立健全农村土地产权交易监督管理机制。其五，建立农村社会保障制度。建立健全农村最低生活保障制度、农村养老保险制度、农村医疗保险制度以及农村社会救助制度等，通过农村社会保障的全覆盖，弱化土地的社会保障功能，推动农村土地合理流转，保障农民的土地合法权益。

三是积极培育多元化的农村产业融合经营主体。农村产业融合发展需要以经营主体作为支撑，需要健全对新型经营主体的政策支持体系，逐渐培育起一批支撑农村产业融合发展的具有带动效应、技术水平高、市场能力强的经营主体。其一，支持家庭农场发展。家庭农场具有家庭经营的基本特征，是支撑农村产业融合发展的重要主体，要注重延伸家庭农场的产业链、价值链，鼓励发展农产品初加工、直销模式，并结合本土特色发展"观光+采摘+农家乐"的产业融合形态。其二，发展农民合作社。发挥农民合作社的基础性作用，鼓励农民自愿地加入合作社；规范合作社的管理制度，保障农户的主体地位和权利，积极引导新型职业农民、务工经商的返乡人员等领办合作社；政府的涉农项目多投向符合条件的合作社，落实资金支持和保护政策。其三，鼓励农业龙头企业发挥带动作用。支持农业龙头企业在农村产业融合过程中发展壮大，引导其主要发展农产品的精深加工与流通服务、农业生产性服务以及电子商务等，充分发挥其资金、技术、管理等优势参与农村产业融合发展，并带动农户、合作社等主体共同分享增值收益。此外，还需发挥供销合作社、产业协会或联盟等主体的作用，推动多元化的新型经营主体之间有效对接合作。对于供销合作社而言，要培育和发展大型的农产品加工企业、流通企业等，健全经网络，搭建电子商务平台，并要向提供农业社会化服务延伸、拓展。同时鼓励和支持农业龙头企业、合作社、科研院所等之间形成联盟，通过信息共享、优势互补推动农村产业融合发展。

　　四是培育职业农民、支持小农户融入农村产业融合发展。鼓励和支持返乡的经商人员、务工返乡人员、大学毕业生参与乡村产业振兴，创办家庭农场、领办合作社、发展产业协会等。同时结合本土化特色，挖掘农业多功能，推动农产品供给多元化发展、乡村休闲旅游发展、文化产业发展、康疗养老产业发展，实现农业的多元化增值。加强对职业农民、农村实用人才的培训，鼓励其创新创业，并举办农村创业项目大赛，引导投资机构进行支持，提升职业农民的综合能力。小农经营模式在今后很长一段时间仍将是我国主要的农业经营方式，农村产业融合发展需要将小农户组织、联合起来。一方面要发展多种形式的合作社，引导小农户加入合作社；另一方面要加强龙头企业的带动作用，通过"公司+农户"或"公司+农户+合作社"等方式提高农户的组织化程度和市场应对能力，支持龙头企业以股份合作、保底分红、二次返利等形式带动小农户共同发展。

参考文献

岸根卓郎, 1985. 迈向 21 世纪的国土规划：城乡融合系统设计 [M]. 高文琛, 译. 北京：科学出版社.

巴泽尔, 1997. 产权的经济分析 [M]. 费方域, 段毅才, 译. 上海：上海三联书店, 上海人民出版社.

白永秀, 王颂吉, 2013. 城乡发展一体化的实质及其实现路径 [J]. 复旦学报（社会科学版）(4)：149-156.

白重恩, 杜颖娟, 陶志刚, 等, 2004. 地方保护主义及产业地区集中度的决定因素和变动趋势 [J]. 经济研究 (4)：29-40.

柏拉图, 1986. 理想国 [M]. 郭斌和, 张竹明, 译. 北京：商务印书馆.

布坎南, 1989. 自由、市场与国家：80 年代的政治经济学 [M]. 平新乔, 莫扶民, 译. 上海：上海三联书店.

布坎南, 2009. 公共物品的需求与供给 [M]. 马珺, 译. 上海：上海人民出版社.

曾福生, 蔡保忠, 2018. 农村基础设施是实现乡村振兴战略的基础 [J]. 农业经济问题 (7)：88-95.

陈伯庚, 陈承明, 2013. 新型城镇化与城乡一体化疑难问题探析 [J]. 社会科学 (9)：34-43.

陈吉元, 韩俊, 1994. 邓小平的农业"两个飞跃"思想与中国农村改革 [J]. 中国农村经济 (10)：3-13.

陈柳钦, 2006. 产业发展的集群化、融合化和生态化 [J]. 经济与管理研究 (1)：56-60.

陈曦, 欧晓明, 韩江波, 2018. 农业产业融合形态与生态治理：日韩案例及其启示 [J]. 现代经济探讨 (6)：112-118.

陈翔云, 包林梅, 1996. 当代西方交易费用理论述评 [J]. 教学与研究 (6)：66-70.

陈小红，2012. 中国与西方国家城乡二元结构的比较分析［J］.特区经济（2）：97-99.

陈学云，程长明，2018. 乡村振兴战略的三产融合路径：逻辑必然与实证判定［J］.农业经济问题，(11)：91-100.

陈钊，2011. 中国城乡发展的政治经济学［J］.南方经济（8）：3-17.

陈钊，陆铭，2008. 从分割到融合：城乡经济增长与社会和谐的政治经济学［J］.经济研究（1）：21-32.

陈志中，徐文华，1986. 发展乡镇企业与城乡一体化［J］.苏州大学学报（1）：26-29.

陈宗胜，钟茂初，周云波，2008. 中国二元经济结构与农村经济增长和发展［M］.北京：经济科学出版社.

程国强，2000. WTO农业规划与中国农业发展［M］.北京：中国经济出版社.

程玉春，夏志强，2003. 西方产业组织理论的演进及启示［J］.四川大学学报（哲学社会科学版）（1）：132-137.

迟福林，2008. 城乡基本公共服务均等化与城乡一体化［J］.农村工作通讯（24）：34-35.

德姆塞茨，1994. 关于产权的理论［C］//科斯，等.财产权利与制度变迁.上海：上海人民出版社.

邓小平，1994. 邓小平文选：第一卷［M］.北京：人民出版社.

邓小平，1994. 邓小平文选：第二卷［M］.北京：人民出版社.

邓秀新，2014. 现代农业与农业发展［J］.华中农业大学学报（社会科学版）（1）：1-4.

丁家新，1990. 中国城乡经济关系合理化问题探讨［J］.经济研究（3）：64-67.

丁泽霁，1991. 协调城乡关系，发展农业生产［J］.中国农村经济（2）：19-21.

杜为公，等，2016. 西方农业经济学理论与方法的新进展［M］.北京：中国人民大学出版社.

恩格斯，1973. 共产主义原理［M］.北京：人民出版社.

范从来，陈超，刘金友，2000. 论城乡经济的可持续发展战略［J］.南京社会科学（5）：5-9.

方军，1999. 三元经济背景下产业空间结构的系统转变［J］.中国农村经济（1）：59-62.

费景汉，拉尼斯，2004. 增长和发展：演进观点［M］. 洪银兴，郑江淮，等，译. 北京：商务印书馆.

冯雷，2010. 从城乡割裂到城乡融合 从分割发展到统筹发展［J］. 中国人口·资源与环境（S2）：207-210.

弗鲁博顿，芮切特，2006. 新制度经济学一个交易费用分析范式［M］. 姜建强，罗长远，译. 上海：上海人民出版社.

高鸣，郑庆宇，2022. 党的十八大以来我国农村改革进展与深化方向［J］. 改革（6）：38-50.

高帆，汪亚楠，2016. 劳动力市场扭曲与城乡消费差距：基于省际面板数据的实证研究［J］. 学术月刊（12）：75-85.

巩农，1974. 加强工业对农业的支援建立为农业服务的地方工业体系［J］. 辽宁大学学报（哲学社会科学版）（3）：85-89.

郭承先，2017. 产业融合研究：基于企业行为的分析视角［D］. 北京：中共中央党校.

郭海清，申秀清，2018. 农村三产融合发展的阻力何在［J］. 人民论坛（20）：82-83.

郭熙保，1997. 农业发展论［M］. 武汉：武汉大学出版社.

国务院发展研究中心农村部课题组，叶兴庆，徐小青，2014. 从城乡二元到城乡一体：我国城乡二元体制的突出矛盾与未来走向［J］. 管理世界（9）：1-12.

韩江波，2018. "环-链-层"：农业产业链运作模式及其价值集成治理创新：基于农业产业融合的视角［J］. 经济学家，（10）：97-104.

韩俊，1996. 本世纪末农村富余劳动力转移研究［J］. 浙江社会科学（1）：22-28.

韩俊，2009. 中国城乡关系演变60年：回顾与展望［J］. 改革（11）：5-14.

韩顺法，李向民，2009. 基于产业融合的产业类型演变及划分研究［J］. 中国工业经济（12）：66-75.

何国文，1958. 试论在优先发展重工业的基础上、发展工业和发展农业同时并举的方针［J］. 理论与实践（2）：6-11.

何立胜，李世新，2005. 产业融合与农业发展［J］. 晋阳学刊（1）：37-40.

赫希曼, 1991. 经济发展战略 [M]. 潘照东, 曹征海, 译. 北京: 经济科学出版社.

洪银兴, 2006. 发展经济学与中国经济发展 [M]. 北京: 高等教育出版社.

洪银兴, 2008. 反哺农业、农村和农民的路径和机制 [M]. 北京: 经济科学出版社.

洪银兴, 2018. 完善产权制度和要素市场化配置机制研究 [J]. 中国工业经济 (6): 5-14.

胡锦涛, 2016. 胡锦涛文选: 第二卷 [M]. 北京: 人民出版社.

胡锦涛, 2016. 胡锦涛文选: 第三卷 [M]. 北京: 人民出版社.

胡永佳, 2007. 从分工角度看产业融合的实质 [J]. 理论前沿 (8): 30-31.

黄世杰, 1963. 工业如何更好地支援农业 [J]. 中国经济问题 (5): 5-6.

江泽民, 2006. 江泽民文选: 第一卷 [M]. 北京: 人民出版社.

姜长云, 2016. 推进农村一二三产业融合发展的路径和着力点 [J]. 中州学刊 (5): 43-49.

蒋永穆, 鲜荣生, 张晓磊, 2015. 马克思恩格斯城乡经济关系思想刍论 [J]. 政治经济学评论 (4): 102-117.

焦必方, 林娣, 彭婧妮, 2011. 城乡一体化评价体系的全新构建及其应用: 长三角地区城乡一体化评价 [J]. 复旦学报 (社会科学版) (4): 75-83.

解安, 2018. 三产融合: 构建中国现代农业经济体系的有效路径 [J]. 河北学刊 (2): 124-128.

金明善, 徐平, 1990. 日本: 走向现代化 [M]. 沈阳: 辽宁大学出版社.

金容烈、金光善. 一二三产业融合提升农业附加值 [R]. 成都: 第五届中韩农村发展研讨会, 2014.

金玉国, 崔友平, 2008. 行业属性对劳动报酬的边际效应及其细部特征: 基于分位数回归模型的实证研究 [J]. 财经研究 (7): 4-15.

凯恩斯, 1983. 就业利息和货币通货 [M]. 徐毓枬, 译. 北京: 商务印书馆.

康芒斯, 1962. 制度经济学 (上下) [M]. 于树生, 译. 北京: 商务应印书馆.

克拉克, 2008. 财富的分配 [M]. 王翼龙, 译. 北京: 华夏出版社.

科斯, 2009. 企业、市场与法律 [M]. 盛洪, 陈郁, 译. 上海: 上海三联书店.

李嘉图，2005. 政治经济学及赋税原理［M］. 周洁，译. 北京：华夏出版社.

李建国，李智慧，2017. 区域经济协调发展与城乡一体化的中国探索［J］. 当代经济研究（4）：78-85.

李建建，许彩玲，2014. 毛泽东城乡关系思想：脉络梳理及经验启示［J］. 当代经济研究（11）：5-12.

李俊岭，2009. 我国多功能农业发展研究：基于产业融合的研究［J］. 农业经济问题（3）：4-7.

李美云，2005. 国外产业融合研究新进展［J］. 外国经济与管理（12）：12-20，27.

李萍，2010. 马克思主义经济学视阈中的城乡、市场与政府观［J］. 当代经济研究（6）：37-41.

李天芳，2017. 我国新型城镇化进程中城乡关系协调路径研究［M］. 北京：人民出版社.

李迎生，1992. "城乡一体化"评析［J］. 社会科学研究（2）：61-66.

李云新，戴紫芸，丁士军，2017. 农村一二三产业融合的农户增收效应研究：基于对345个农户调查的PSM分析［J］. 华中农业大学学报（社会科学版）（4）：37-44.

李芸，陈俊红，陈慈，2017. 农业产业融合评价指标体系研究及对北京市的应用［J］. 科技管理研究，37（4）：55-63.

李志杰，2009. 我国城乡一体化评价体系设计及实证分析：基于时间序列数据和截面数据的综合考察［J］. 经济与管理研究（12）：95-101.

李治，王东阳，2017. 交易成本视角下农村一二三产业融合发展问题研究［J］. 中州学刊（9）：54-59.

梁荣，2000. 农业产业化与农业现代化［J］. 中国农村观察（2）：43-48.

梁伟军，2010. 我国现代农业发展的路径分析：一个产业融合理论的解释框架［J］. 求实（3）：69-73.

列宁，1984. 列宁全集：第2卷［M］. 北京：人民出版社.

列宁，1986. 列宁全集：第7卷［M］. 北京：人民出版社.

列宁，1990. 列宁全集：第26卷［M］. 北京：人民出版社.

列宁，1995. 列宁选集：第3卷［M］. 北京：人民出版社.

列宁，2009. 列宁专题文集：论社会主义［M］. 北京：人民出版社.

林蕴晖，2009. 中华人民共和国史：向社会主义过渡：中国经济与社会的转型（1953—1955）［M］. 香港：香港中文大学当代中国文化研究中心.

刘灿，刘明辉，2017. 产业融合发展、农产品供需结构与农业供给侧改革 [J]. 当代经济研究（11）：32-41.

刘海洋，2016. 农村一二三产业融合发展的案例研究 [J]. 经济纵横（10）：88-91.

刘红梅，张忠杰，王克强，2012. 中国城乡一体化影响因素分析：基于省级面板数据的引力模型 [J]. 中国农村经济（8）：4-15.

刘华玲，1999. 二元经济结构的突破与城乡一体化发展：中国城乡经济相互渗透研究 [J]. 文史哲（4）：115-118.

刘明辉，卢飞，2019. 城乡要素错配与城乡融合发展：基于中国省级面板数据的实证研究 [J]. 农业技术经济（2）：33-46.

刘守英，2014. 中国城乡二元土地制度的特征、问题与改革 [J]. 国际经济评论（3）：9-25.

刘易斯，1989. 二元经济论 [M]. 北京：北京经济学院出版社.

卢飞，蒙永胜，刘明辉，2016. 要素重心、空间匹配与地区差异分析：以"丝绸之路经济带"核心区为例 [J]. 上海财经大学学报，18（2）：29-43.

卢文，1986. 我国城乡关系的新发展 [J]. 中国农村经济（11）：29-31.

卢中原，胡鞍钢，1993. 市场化改革对我国经济运行的影响 [J]. 经济研究，（12）：49-55.

芦千文，姜长云，2016. 关于推进农村一二三产业融合发展的分析与思考：基于对湖北省宜昌市的调查 [J]. 江淮论坛（10）：12-16.

芦千文，姜长云，2018. 欧盟农业农村政策的演变及其对中国实施乡村振兴战略的启示 [J]. 中国农村经济（10）：119-135.

路征，2016. 第六产业：日本实践及其借鉴意义 [J]. 现代日本经济（4）：16-25.

罗宾逊，2012. 不完全竞争经济学 [M]. 王翼龙，译. 北京：华夏出版社.

吕岩威，刘洋，2017. 农村一二三产业融合发展：实践模式、优劣比较与政策建议 [J]. 农村经济（12）：16-21.

马本，郑新业，2018. 产业政策理论研究新进展及启示 [J]. 教学与研究（8）：101-108.

马丁，2003. 高级产业经济学 [M]. 史东辉，等，译. 上海：上海财经大学出版社.

马健，2002. 产业融合理论研究评述 [J]. 经济学动态（5）：78-81.

马健，2005. 产业融合识别的理论探讨 [J]. 社会科学辑刊（3）：86-89.

马洁，2016. 法国农业旅游的发展经验与启示［J］. 世界农业（4）：144-147.

马克思，1961. 哲学的贫困［M］. 北京：人民出版社.

马克思，2000.1844年经济哲学手稿［M］. 北京：人民出版社.

马克思，2004. 资本论：第1卷［M］. 北京：人民出版社.

马克思，2004. 资本论：第2卷［M］. 北京：人民出版社.

马克思，2004. 资本论：第3卷［M］. 北京：人民出版社.

马克思，恩格斯，1972. 马克思恩格斯全集：第20卷［M］. 北京：人民出版社.

马克思，恩格斯，1972. 马克思恩格斯全集：第23卷［M］. 北京：人民出版社.

马克思，恩格斯，1974. 马克思恩格斯全集：第25卷［M］. 北京：人民出版社.

马克思，恩格斯，1975. 马克思恩格斯全集：第13卷［M］. 北京：人民出版社.

马克思，恩格斯，1975. 马克思恩格斯全集：第30卷［M］. 北京：人民出版社.

马克思，恩格斯，1979. 马克思恩格斯全集：第46卷［M］. 北京：人民出版社.

马克思，恩格斯，1979. 马克思恩格斯全集：第47卷［M］. 北京：人民出版社.

马克思，恩格斯，1982. 马克思恩格斯全集：第49卷［M］. 北京：人民出版社.

马克思，恩格斯，1995. 马克思恩格斯选集：第1卷［M］. 北京：人民出版社.

马克思，恩格斯，2003. 马克思恩格斯全集：第21卷［M］. 北京：人民出版社.

马克思，恩格斯，2009. 马克思恩格斯文集：第2卷［M］. 北京：人民出版社.

马克思，恩格斯，2009. 马克思恩格斯文集：第4卷［M］. 北京：人民出版社.

马克思，恩格斯，2009. 马克思恩格斯文集：第7卷［M］. 北京：人民出版社.

马克思，恩格斯，2018. 德意志意识形态［M］. 北京：人民出版社.

马晓河，蓝海涛，黄汉权，2005. 工业反哺农业的国际经验及我国的政策调整思路［J］. 管理世界，(7)：55-63.

马歇尔，2005. 经济学原理［M］. 廉运杰，译. 北京：华夏出版社.

毛泽东，1991. 毛泽东选集：第一卷［M］. 北京：人民出版社.

毛泽东，1996. 毛泽东文集：第三卷［M］. 北京：人民出版社.

毛泽东，1999. 毛泽东文集：第六卷［M］. 北京：人民出版社.

毛泽东，1999. 毛泽东文集：第七卷［M］. 北京：人民出版社.

穆勒，1999. 公共选择理论［M］. 杨春学，李绍荣，等，译. 北京：中国社会科学出版社.

聂辉华，江艇，杨汝岱，2012. 中国工业企业数据库的使用现状和潜在问题［J］. 世界经济，35 (5)：142-158.

牛丽贤，张寿庭，2010. 产业组织理论研究综述［J］. 技术经济与管理研究 (6)：136-139.

牛晓帆，2004. 西方产业组织理论的演化与新发展［J］. 经济研究 (3)：116-123.

诺思，1994. 经济史中的结构与变迁［M］. 陈郁，罗华平，译. 上海：上海三联书店.

欧阳胜，2017. 贫困地区农村一二三产业融合发展模式研究：基于武陵山片区的案例分析［J］. 贵州社会科学 (10)：156-161.

配第，2006. 赋税论［M］. 邱霞，原磊，译. 北京：华夏出版社.

萨缪尔森，诺德豪斯，2008. 经济学：第18版［M］. 萧琛，译. 北京：商务印书馆，231.

沈满洪，张兵兵，2013. 交易费用理论综述［J］. 浙江大学学报（人文社会科学版）(2)：44-58.

石玉顶，1998. 应建立城乡一体的劳动力市场［J］. 财经科学 (4)：49-50.

史美兰，2006. 农业现代化：发展的国际比较［M］. 北京：民族出版社.

舒尔茨，2006. 改造传统农业［M］. 梁小民，译. 北京：商务印书馆.

斯大林，1958. 斯大林全集：第七卷［M］. 北京：人民出版社.

斯大林，1979. 斯大林选集：下卷［M］. 北京：人民出版社.

斯蒂格利茨，2000. 经济学：上册［M］. 2版. 梁小民，黄险峰，译. 北京：中国人民大学出版社.

斯密, 2008. 国民财富的性质和原因的研究: 上下卷 [M]. 郭大力, 王亚南, 译. 北京: 商务印书馆.

斯密, 1981. 国富论 [M]. 郭大力, 王亚南, 译. 北京: 商务印书馆.

苏毅清, 游玉婷, 王志刚, 2016. 农村一二三产业融合发展: 理论探讨、现状分析与对策建议 [J]. 中国软科学 (8): 17-28.

速水佑次郎, 拉坦, 2000. 农业发展的国际分析 [M]. 郭熙保, 张进铭, 等, 译. 北京: 中国社会科学出版社.

速水佑次朗, 拉坦, 2014. 农业发展: 国际前景 [M]. 吴伟东, 翟正惠, 译. 北京: 商务印书馆.

孙中叶, 2005. 农业产业化的路径转换: 产业融合与产业集聚 [J]. 经济经纬 (4): 37-39.

索托, 2007. 资本的秘密 [M]. 于海生, 译. 北京: 华夏出版社.

谭崇台, 2001. 发展经济学概论 [M]. 武汉: 武汉人民出版社.

汤洪俊, 朱宗友, 2017. 农村一二三产业融合发展的若干思考 [J]. 宏观经济管理 (8): 48-52.

唐仁健, 1987. 论城乡利益关系 [J]. 财经科学 (5): 16-20.

王乐君, 寇广增, 2017. 促进农村一二三产业融合发展的若干思考 [J]. 农业经济问题 (6): 3, 82-88.

王乐君, 赵海, 2016. 日本韩国发展六次产业的启示与借鉴 [J]. 农村经营管理 (7): 9-14.

王颂吉, 白永秀, 2013. 中国城乡二元经济结构的转化趋向及影响因素: 基于产业和空间两种分解方法的测度与分析 [J]. 中国软科学 (8): 92-103.

王铁生, 张桂林, 1999. 城乡一体化是通向农业现代化的有效途径 [J]. 农业经济 (1): 14-15.

王小鲁, 1999. 农村工业化对经济增长的贡献 [J]. 改革 (5): 97-106.

王昕坤, 2007. 产业融合: 农业产业化的新内涵 [J]. 农业现代化研究 (3): 303-306.

王兴国, 2016. 推进农村一二三产业融合发展的思路与政策研究 [J]. 东岳论丛 (2): 30-37.

威茨曼, 1986. 分享经济: 用分享制代替工资制 [M]. 林青松, 何家成, 华生, 译. 北京: 中国经济出版社.

威廉姆森, 2003. 资本主义经济制度 [M]. 段毅才, 王伟, 译. 北京: 商务印书馆.

卫志民，2002. 20世纪产业组织理论的演进与最新前沿［J］. 国外社会科学（5）：17-24.

魏后凯，2016. 新常态下中国城乡一体化格局及推进战略［J］. 中国农村经济（1）：2-16.

温特斯，2000. 工业化国家农业政策的政治经济学［M］//雷纳，科尔曼. 农业经济学前沿问题. 唐忠，孔祥智，译. 北京：中国税务出版社，北京腾图电子出版社.

沃尔夫，1994. 市场或政府：权衡两种不完善的选择/兰德公司的一项研究［M］. 谢旭，译. 北京：中国发展出版社.

吴丰华，白永秀，2013. 城乡发展一体化：战略特征、战略内容、战略目标［J］. 学术月刊（4）：86-94.

吴丰华，韩文龙，2018. 改革开放四十年的城乡关系：历史脉络、阶段特征和未来展望［J］. 学术月刊（4）：58-68.

吴敬琏，周小川，1988. 以市场经济为目标，以价格改革为中心，将搞活大中企业放在首位，协调配套改革［J］. 经济学动态（8）：2-3.

吴宣恭，2000. 西方现代产权理论的影响和社会实践：从与马克思主义产权理论的比较看［J］. 学术月刊（2）：35-43.

吴业苗，2010. 居村农民市民化：何以可能？：基于城乡一体化进路的理论与实证分析［J］. 社会科学（7）：54-62.

吴易风，2007. 产权理论：马克思和科斯的比较［J］. 中国社会科学（2）：4-18，204.

吴易风，2008. 马克思的产权理论：纪念《资本论》第一卷出版140周年［J］. 福建论坛（人文社会科学版）（1）：64-69.

吴振磊，2011. 马克思经济学与西方经济学城乡关系理论的比较［J］. 经济纵横（8）：23-26.

武力，2007. 1949—2006年城乡关系演变的历史分析［J］. 中国经济史研究（1）：23-31.

武小龙，2018. 城乡对称互惠共生发展：一种新型城乡关系的解释框架［J］. 农业经济问题（4）：14-22.

中共中央宣传部，2014. 习近平总书记系列重要讲话读本［M］. 北京：人民出版社，学习出版社.

中共中央宣传部，2016. 习近平总书记系列重要讲话读本［M］. 北京：人民出版社，学习出版社.

席晓丽, 2007. 产业融合与我国多功能农业建设初探 [J]. 福建论坛（人文社会科学版）(9): 20-23.

项继权, 周长友, 2017. "新三农"问题的演变与政策选择 [J]. 中国农村经济 (10): 13-25.

徐雪, 2018. 日本乡村振兴运动的经验及其借鉴 [J]. 湖南农业大学学报（社会科学版）(5): 62-67.

徐盈之, 孙剑, 2009. 信息产业与制造业的融合: 基于绩效分析的研究 [J]. 中国工业经济 (7): 56-66.

亚里士多德, 1983. 政治学 [M]. 吴寿彭, 译. 北京: 商务印书馆.

杨格, 1996. 报酬递增与经济进步 [J]. 经济社会体制比较 (2): 57.

杨艳琳, 1999. 农业产业化与乡镇企业再创新 [J]. 经济评论 (4): 55-58.

叶昌友, 张量, 2009. 论马克思、恩格斯的城乡融合思想 [J]. 求索 (12): 54-56.

伊特韦尔, 1996. 新帕尔格雷夫经济学大辞典 [M]. 陈岱孙, 译. 北京: 经济科学出版社.

易炼红, 1992. 我国城乡利益关系格局及其调整 [J]. 贵州社会科学 (6): 1-4.

于刃刚, 1997. 三次产业分类与产业融合趋势 [J]. 世界经济与政治 (1): 42-43.

袁志刚, 2008. 新的历史起点: 中国经济的非均衡表现与走势 [J]. 学术月刊 (11): 70-78.

约翰逊, 2005. 经济发展中的农业、农村、农民问题 [M]. 林毅夫, 赵耀辉, 译. 北京: 商务印书馆.

张伯伦, 2013. 垄断竞争理论 [M]. 周文, 译. 北京: 华夏出版社.

张定鑫, 熊杰, 2017. 马克思生产方式理论视野下的我国城乡一体化 [J]. 上海财经大学学报 (2): 4-12.

张桂文, 2011. 从古典二元论到理论综合基础上的转型增长: 二元经济理论演进与发展 [J]. 当代经济研究 (8): 39-44.

张红宇, 杨凯波, 2017. 我国家庭农场的功能定位与发展方向 [J]. 农业经济问题 (10): 4-10.

张晖, 2018. 马克思恩格斯城乡融合理论与我国城乡关系的演进路径 [J]. 学术交流 (12): 122-127.

张辉，2018. 以土地市场化为抓手，推动要素市场化改革［EB/OL］. http：//finance.huanqiu.com/cjrd/2018-03/11658342.html.

张慧鹏，2017. 毛泽东构建新型工农城乡关系的探索与启示［J］. 马克思主义与现实（6）：185-192.

张磊，2001. 产业融合于互联网管制［M］. 上海：上海财经大学出版社.

张玲，1999. 推进城乡经济一体化的若干思考［J］. 江汉论坛（10）：53-54.

张培刚，2002. 农业与工业化（中下合卷）［M］. 武汉：华中科技大学出版社.

张日新，万俊毅，2011. 要素配置与新农村建设研究［M］. 北京：中国经济出版社.

张义博，2015. 农业现代化视野的产业融合互动及其路径找寻［J］. 改革（2）：98-107.

张勇，2017. 提高认识 找准定位 深入推进农村一二三产业融合发展［J］. 宏观经济管理（2）：4-8.

张余燕，2005. 强化市场型政府［J］. 读书（3）：150-156.

赵霞，韩一军，姜楠，2017. 农村三产融合：内涵界定、现实意义及驱动因素分析［J］. 农业经济问题（4）：49-57.

赵洋，2011. 当代中国城乡关系的变迁［J］. 科学社会主义（6）：120-123.

赵洋，2011. 统筹城乡发展视阈下马克思恩格斯城乡发展思想研究［J］. 学术论坛（3）：9-12.

郑明高，2010. 产业融合趋势下的企业战略［J］. 中国流通经济（6）：46-49.

植草益，2001. 信息通讯业的产业融合［J］. 中国工业经济（2）：24-27.

周黎安，2008. 转型中的地方政府：官员激励与治理［M］. 上海：格致出版社.

周立，等，2018. 乡村振兴战略中的产业融合和六次产业发展［J］. 新疆师范大学学报（哲学社会科学版）（3）：16-24.

周金泉，2019. 一二三产业融合提升农业附加值［N/OL］. 四川农村日报，（2014-03-28）［2019-01-16］. http：//finance.sina.com.cn/nongye/nygd/20140522/055919186580.shtml.

周叔莲，郭克莎，1994. 地区城乡经济关系研究的内容和特点［J］. 经济学家（2）：19-27.

周振华, 2003. 产业融合: 产业发展及经济增长的新动力 [J]. 中国工业经济 (4): 46-52.

朱信凯, 徐星美, 2017. 一二三产业融合发展的问题与对策研究 [J]. 华中农业大学学报 (社会科学版) (4): 9-12, 145.

庄至威, 2011. 小农之王: 荷兰农业奇迹是怎样炼成的? [J]. 农村·农业·农民 (A版) (3): 52-54.

宗锦耀, 2017. 农村一二三产业融合发展: 理论与实践 [M]. 北京: 中国农业出版社.

Australian Government National office for the Information Economy, 2000. Convergence Report [Z]. http://www.noie.gov.au.

BINSWANGER H P, DEININGER K, FEDER G, 1993. Power, Distortions, revolt and reform in agricultural land relations [J]. Handbook of development economics, 95 (3): 2659-2772.

BOEK J H, 1953. Economics and economic policy of dual societies as exemplified by Indonesia [J]. New York: Institute of Pacific Relation, 30 (2): 186.

BOEKE J H, 1953. Economics and Economic Policy of Dual Societies as Exemplified by Indonesia [M]. New York: Institute of Pacific Relations.

BRYCE D J, WINTER S G, 2009. A general interindustry relatedness index [J]. Management Science, 55 (9): 1570-1585.

CAMERON G, PROUDMAN J, REDDING S, 2005. Technological convergence, R&D, trade and productivity growth [J]. European Economic Review, 49 (3): 775-807.

CASTELLS M, 1977. The urban question: A Marxist approach [M]. Cambridge: The MIT Press: 28-49.

COASE R H, 1960. The problem of social cost [J]. Journal of Law and Economics, 3: 1-44.

COLLINS R, 1998. Back to future-Digital television and convergence in the United Kingdom [J]. Telecommunications Policy, 22 (4): 383-396.

CRAMER G L, CLARENCE W J, 1991. Agricultural economics and agribusiness [M]. New York: John Wiley and Sons Inc.

DAVIS J H, GOLDBERG R A, 1957. A concept of agribusiness [M]. Boston: Harvard University: 155.

DOUGLASS M, 1998. A regional network strategy for reciprocal rural urban linkage: An agenda for policy research with reference to Indonesia [J]. Third World Planning Review, 20 (1): 1.

DOUGLASS M, 1998. A regional network strategy for reciprocal rural urban linkage [J]. Third world planning review, 20 (1): 1.

DUSTERS G, HAGEDOOM J, 1998. Technological convergence in the IT industry: The role of strategic technology alliances and technological competencies [J]. International Journal of the Economics of Business, 5 (3): 355-368.

European Commission, 1997. Green Paper on the Convergence of Telecommunications, media and information technology sectors, and the implications for regulation [R]. http://www.ab.gov.tr.

FAI F, TUNZELMANN V N, 2001. Industry-specific competencies and converging technological systems: evidence from patents [J]. Structural Chang and Economic Dynamics, 12 (2): 141-170.

FAN S, CHAN-KANG C, MUKHERJEE A, 2005. Rural and urban dynamics and poverty: Evidence from China and India [J]. IFPRI Discussion Paper.

FRYE T, SHLEIFER A, 1997. The invisible hand and the grabbing hand [J]. American Economic Review Papers and Proceedings, 87 (2): 354-358.

GAMBARDELLA A, TORRISI S, 1998. Does Technological convergence imply convergence in markets? Evidence from the electronics industry [J]. Research Policy, 27 (5): 445-463.

GEUM Y, JEON H, LEE H, 2016. Developing new smart services using integrated morphological analysis: Intergration of the market-pull and technology-push approach [J]. Service Business, 10 (3): 531-555.

GILLWALD A, 2005. Good intentions, poor outcomes: Telecommunications reform in South Africa [J]. Telecommunications policy, 29 (7): 469-491.

GOTTDIENER M, 1994. The social production of urban space [M]. Ausin: University of Texas Press: 6-15.

GREENSTIEN S, KHANNA T, 1997. What does industry convergence mean? [C] // YOFFIE D B. Competing in the age of digital convergence. Boston: Harvard Business School Press.

HACKLIN F, MARXT C, FAHRNI F, 2010. An evolutionary perspective on convergence: Inducing a stage model of interindustry innovation [J]. International Journal of Technology Management (49): 220-249.

HAKILIN F, et al., 2005. Design for convergence: managing technology partnerships and competencies across and within industries. international partnerships and competencies acorss and within Industies [R]. International Conference on Engineering Design ICEDO Melbourne: 15-18.

HARRIS J R, TODARO M P, 1970. Migration unemployment anddevelopment: A two-sector analysis [J]. American Economic Review, 60 (3): 126-142.

HARVEY D, 1985. The urbanization of capital [M]. Batimore: Jones Hopkins University Press: 68-90.

JANSSEN M, ESTEVEZ E, 2013. Lean government and platform-based government-doing more with less [J]. Government Information Quarterly, 30 (1): 1-8.

JORGENSON D W, 1961. The development of a dual economy [J]. Economic Journal, 71 (282): 309-334.

JORGENSON D W, 1961. The Development of A Dual Economy [J]. The Economic Journal, 71 (282): 309-334.

KIM N, et al., 2015. Dynamic patterns of industry convergence: evidence from a large amount of unstructured data [J]. Resrach Policy, 44 (9): 1734-1748.

LANDAU D, 1983. Government expenditure and economic growth: A cross-country study, Southern economic journal, 49 (3): 783-792.

LEFEBVRE H, 1991. The production of space [M]. Oxford: Blackwell: 25-30.

LEI D T, 2000. Industry evolution and competence development: the imperatives of technological convergence [J]. International Journal of Technology Management, 19 (7-8): 699-738.

LEWIS W A, 1954. Economics development with unlimited supply of labour [J]. The Manchester School of Economic and Social Studies, 22 (2): 139-191.

LIND J, 2005. Ubiquitous convergence: market redefinitions generated by technological change and the industry life cycle [R]. Paper for the DRUID Academy, Winter 2005 conference.

LIPTON M, 1977. Why poor people stay poor: urban bias in world development [M]. Cambridge: Harvard University Press.

LYNCH K, 2005. Rural-urban interaction in the developing world [D]. London: Routledge: 26-38.

MALHOTRA A, 2001. Firm strategy in converging industries: an investigation of

US commercial bank responses to US commercial investment banking convergence [D]. Maryland University.

MCCANN L, EASTER K W, 2000. Estimates of public sector transaction costs in NRCS programs [J]. Journal of Agricultural and Applied Economics, 32 (3): 555-563.

MCGEE T G, 1989. Urbanisasi or kotadesasi? Evolving patterns of urbanization Asia [C] // COSTAF J, et al. Urbanization in Asia: spatial dimensions and policy issues. Honolulu: University of Hawaii Press: 93-108.

MERRIFIELD A, 2002. Metromarxism: A marxist tale of the city [M]. London, New York: Routledge

MYRDAL G, 1957. Economic theory and Undeveloped Regions [M]. London: Duckworth.

NIEDERGASSEL B, et al., 2009. Open innovation: chances and challenges for the pharmaceutical industry [J]. Future Medicinal Chemistry, 1 (7): 1197-1200.

NOELI J J, 1974. On the administrative sector of social system: An analysis of the size and complexity of government bureaucracies in the American states [J]. Social Force, 52 (4): 549-558.

NOMAN A, STIGLITZ J E, 2017. Learning, industrial, and technology policies: an overview [C] //NOMAN A, STIGLITZ J E. Efficiency, finance, and varieties of industrial policy: guiding resources, learning, and technology for sustained growth. New York: Columbia University Press.

PACK H, SAGGI K, 2006. Is there a case for industrial policy? A critical survey [J]. The World Bank Research Observer, 21 (2): 267-269.

PENNINGS J M, PURINAM P, 2001. Market convergence & firm strategy: new directions for theory and research [R]. Paper Presented at the Conference, "The Future of Innovation Studies", Eindhoven University of Technology.

PERROUX F, 1950. Economic Space: Theory and Applications [J]. The Quarterly Journal of Economics, 64 (1): 89-104.

PICKVANCE C, 1995. Marxist theories of urban politics [M]. London: Sage: 253-275.

RAINS G, FEI J C H, 1961. A theory of economics development [J]. American Economic Review, 51 (4): 533-565.

RENKOW M, HALLSTROM D G, KARANJA D D, 2004. Rural infrastructure, transaction costs and market participation in Kenya [J]. Journal of Development Economics, 73 (1): 349-367.

RONDINELLI D A, EVANS H, 1983. Integrated regional development planning: linking urban centres and rural areas in Bolivia [J]. In Word Development, 11 (1): 31-53.

ROSEBERG N, 1963. Technological change in the machine tool industry [J]. the Journal of Economic History: 414-447.

STIEGLITZ N, 2002. Industry dynamics and types of market convergence [R]. Paper to be presented at the DRUID Summet Conference on "Industrial Dynamic of the New and Old Economy-who is Embracing whom ?" Copenhagen/Elsinore: 1-6.

STOHR W B, TAYLOR F, 1981. Development from above or below? The Dialecticsof Regional Planning in Developing Countries [M]. Wiley, Chichester.

TACOLI C, 1998. Bridging the divide: Rural-urban interactions and livelihood strategies [J]. International Institute for Environment and Development, 43 (6): 98-101.

WALLIS J J, NORTH D C, 1986. Measuring the transaction section in the American economy: 1870-1970 [C] // ENGERMAN S L, GALLMAN R E. Long-term factors in American economic growth. Chicago: University of Chicago Press: 95-162.

XING W, YE X, KUI L, 2011. Measuring convergence of China's ICT industry: An input-output analysis [J]. Telecommunications Policy, 35 (4): 301-313.

YOFFIE D B, 1996. Competing in the age of digital convergence [J]. California Management Review, 38 (4): 31-53.

YOUNG A, 1928. Increasing Returns and Economic Progress [J]. The Economic Journal, 38 (152): 527-542.

ZHANG P G, 1949. Agriculture and industrialization [D]. Cambridge: Harvard University Press.